Kerstin E. Finkelstein
Eingewandert

Kerstin E. Finkelstein

Eingewandert

Deutschlands »Parallelgesellschaften«

Ch. Links Verlag, Berlin

Die Deutsche Bibliothek verzeichnet diese Publikation
in der Deutschen Nationalbibliographie;
detaillierte bibliographische Daten sind im Internet über
http://dnb.ddb.de abrufbar.

1. Auflage, September 2006

Schönhauser Allee 36, 10435 Berlin, Tel.: (030) 44 02 32-0
www.linksverlag.de; mail@linksverlag.de
Umschlaggestaltung: KahaneDesign Berlin
unter Verwendung von Fotos von Paul Glaser (Vorderseite)
und Paulus Ponizak (Rückseite)
Satz: Ch. Links Verlag, Berlin
Lithos und Grafiken: typegerecht berlin, GbR
Druck und Bindung: Friedrich Pustet, Regensburg

ISBN-10: 3-86153-403-7
ISBN-13: 978-3-86153-403-7

Inhalt

Vorwort

Ein Buch über Einwanderer in Deutschland zu schreiben – diese Idee kam mir bei meinen Recherchen über Deutsche, die es ins Ausland gezogen hat.[1] Unzähligen deutschen Schulen, Zeitungen, Radiostationen, Kirchen, Restaurants, Vereinen und Kulturorganisationen war ich begegnet – ebenso wie Menschen, die zwar schon seit Generationen im Ausland lebten, sich aber dennoch als »Deutsche« bezeichneten und fühlten. Sie versuchten auch bei 35°C Hitze noch, ein ordentliches deutsches Weihnachtsfest mit Plätzchen und Gesang hinzubekommen, vermissten vom ökologischen Bewusstsein bis hin zum Biergarten so einiges in der neuen Heimat und waren sich insgesamt zumindest in der ersten Generation der Zuwanderer sicher: So richtige, hundertprozentige Australier, Amerikaner, Spanier oder Thailänder würden sie nie werden! »Man bleibt deutsch« hieß also die Devise bei den deutschen Auswanderern.

Die logische Gegenfrage war für mich: Inwieweit bleibt man auch hierzulande Ausländer? Wie sieht sie aus, die viel beschworene und immer wieder eingeforderte »Integration«? Wie lebt man hierzulande als Zugewanderter? Will man unter sich bleiben, in abgezirkelten Parallelgesellschaften und alles Deutsche nur wohl dosiert gefiltert an sich herankommen lassen? Oder hat man das Gefühl, im Gegenteil von den Deutschen nicht heran- oder hereingelassen zu werden? Hat man womöglich nur deutsche Freunde und sieht den eigenen Hintergrund eher als zusätzlichen, kulturellen Bonbon, nicht aber als etwas Trennendes? Wie fühlt es sich an, durch Deutschlands Straßen zu laufen, mit einem Gesicht, das nicht nach »made in Germany« ausschaut? Ist es ein Unterschied, sich in Ost oder West, auf dem Land oder in der Stadt wiederzufinden? Welche Geschichte und welche Geschichten stecken hinter diesen Einwanderern? Ich wollte sie gern wirklich kennenlernen, die Eigenwahrnehmung dieser Einwanderer, die so viele Deutsche gut zu kennen meinen.

Denn hatte ich mich während der Recherchen zu »Ausgewandert« noch begeistert-interessierten Fragen seitens meines Umfeldes gegenübergesehen, wurde mir bei »Eingewandert« nun vielerorts klar und deutlich die Meinung gesagt – und das interessanterweise vor allem von jenen Deutschen, deren alltäglicher Kontakt zu Migranten selten über Sätze wie »Einen Döner, bitte!« hinausgeht. Die Rechnung dieser Deutschen, so sie etwas über das »Eingewandert«-Buch hörten, war klar: Ausländer = Türken = Islam = Probleme.

Nun, auch an diesem Buch sollten weder Türken, noch Islam und Probleme spurlos vorbeigehen – indes will es doch den Fächer ein bisschen weiter aufspannen und zeigen, welche Bandbreite sich hinter der Zahl von 6,7 Millionen Nichtdeutschen und weiteren 3 Millionen eingebürgerten Neudeutschen in der Bundesrepublik verbirgt. Wo kamen und kommen diese Menschen her? Was machen und wollen sie hier? Und wohin soll und kann uns diese Migrationsgeschichte führen?

Dieses Buch will weder den Anspruch erfüllen, semantisch und politisch korrekt bestimmte »richtige« Meinungen zu kolportieren, noch kann es gelingen, alle Facetten eingewanderten Lebens hier in Deutschland abzubilden. Stattdessen soll das Buch einen Einblick in die ganz unterschiedlichen Denkweisen, Wahrnehmungen und Lebenswelten von Menschen geben, die als »Ausländer« oftmals nicht viel mehr verbindet als der nichtdeutsche Pass.

Hierfür habe ich, die ich selbst fünf Jahre lang Ausländerin war, mich auf die Suche gemacht nach ausländischen Vereinen und Glaubensgemeinschaften, nach Hilfsorganisationen und Einzelpersonen, die jenseits ihres traditionellen Gefüges mitten in Deutschland lebten. Die Interviews wurden auf Deutsch, Englisch, Spanisch und Französisch geführt, wobei vielleicht Kenntnisse weiterer Sprachen auch ein noch weiteres Bild der Situation von Eingewanderten hätten ergeben können. Ohne den Mut zur Lücke indes kann eine Reise durch die diversen Welten hier lebender Migranten ohnehin nicht angetreten werden.

Bedanken möchte ich mich bei meinen mehr als 200 Gesprächspartnern, die sich Zeit genommen haben, mir ihre Sicht auf das Leben in Deutschland zu schildern; ebenso bei den Mitarbeitern diverser Vereinigungen, die mich bei meinen Recherchen unterstützten, besonders Michael Hugo vom Rostocker Verein »Diên Hông – Gemeinsam unter einem Dach e.V.« und Bernd Knopf vom Amt der Bundesbeauftragten für Migration, Flüchtlinge und Integration.

Einwanderungsland Deutschland – Die Entstehungsgeschichte

»Es mag chauvinistisch klingen ›Deutschland den Deutschen‹. Aber es soll nicht chauvinistisch sein, und es steckt in diesen Worten eine Wahrheit, deren Verkennung sich bitter rächen wird, falls die Zuwanderung im gleichen Tempo weitergeht. Lassen wir ausländische Arbeiter in demselben Maße nach dem Belieben der Unternehmer zu, so gehen wir ernster Gefahr entgegen. Denn die Vermischung mit all diesen fremden Elementen kann für die Reinheit der germanischen Stämme nur verhängnisvoll sein. Möge die Vorsehung Deutschland davor bewahren, seine eigenen Landeskinder zugunsten fremder Staatsangehöriger verkümmern zu sehen!«[2]

So sprach bereits 1910 der Leipziger Professor Stieda auf dem 6. Arbeitsnachweis-Kongress in Breslau und fasste damit die damals in konservativ-agrarischen wie bürgerlichen Kreisen übliche Sorge vor »volkstumspolitischen Gefahren« zusammen.

»Ausländerpolitik« gehört also seit Jahren zu den intensiv debattierten Themen Deutschlands – und zwar seit über 100 Jahren. Bedenkt man, dass es »Deutschland« überhaupt erst seit 135 Jahren gibt und sich auf hiesigem Territorium zuvor noch etliche Einzelstaaten gegenseitig als »Ausland« bezeichneten, kommt Staunen auf: Fragestellungen und Frontlinien beim immer wieder entbrennenden Thema »Zuzug von Ausländern« haben sich nämlich in all diesen Jahren nicht wesentlich geändert. Ebenfalls gleich bleibt, dass jedes Mal der Anschein entsteht, man habe es mit ganz neu aufgetauchten Probleme zu tun.[3]

Der Austausch über Zuwanderung ist und bleibt indes schwierig. Während die eine Seite im massenhaften Zuzug in erster Linie eine Bedrohung sieht, meint die andere Fraktion, es bestehe eine moralische Verpflichtung zur Öffnung der Grenzen – und alle

Konflikte des Zusammenlebens fußten lediglich auf ideologischen Verwirrungen. Eine sachliche Auseinandersetzung mit den durch Einwanderung entstehenden Problemen fällt da oft schwer – zumal das Thema schließlich stark von Angst besetzt ist: Angst, den Arbeitsplatz zu verlieren, die soziale Position und nicht zuletzt auch das, was unter kultureller Identität verstanden wird.

Trotz der offenkundigen Schwierigkeiten, die einer sachlichen Auseinandersetzung entgegenstehen, wäre sie dennoch höchst notwendig, wie ein Blick auf die Dimensionen des Einwanderungslandes Deutschland leicht klar macht: Insgesamt kamen zwischen dem Ende des Zweiten Weltkrieges und der deutschen Vereinigung im Herbst 1990 rund 15 Millionen Vertriebene, Flüchtlinge, Übersiedler und Aussiedler nach Westdeutschland.[4] Zählt man noch die im Jahr der Wiedervereinigung gut fünf Millionen Menschen umfassende ausländische Minderheit hinzu, dann entspricht die Zuwanderung seit 1945 einem Drittel der westdeutschen Bevölkerung.[5] Vergleichbare Relationen werden sich unter den entwickelten Industriestaaten der westlichen Welt heute kaum finden lassen;[6] nicht einmal die klassischen Einwanderungsländer verzeichneten einen so großen Bevölkerungszufluss.

Um einordnen zu können, was es mit den dabei immer wiederkehrenden Debatten zwischen Einwanderern und Aussiedlern, Einbürgerung und Abschiebung auf sich hat, muss zunächst einmal ein kurzer und knapper Einblick in Deutschlands Staatsbürgerschafts- und Einwanderungsrecht gewagt werden. Kein ganz einfaches Unterfangen, wie sich jeder vorstellen kann, der schon einmal mit deutscher Bürokratie zu tun hatte, sei es beim Abgeben einer ordnungsgemäßen Steuererklärung oder beim Bemühen um eine Baugenehmigung für eine erweiterte Terrasse: Auch der Großbereich »Ausländerrecht« gleicht einem wahren Dschungel an wechselnden Bestimmungen, Verordnungen und Gesetzen. Im Folgenden soll versucht werden, eine kleine Schneise zu schlagen.

»Deutsch« zu sein, liegt einem zunächst einmal im Blute: In der Bundesrepublik gilt grundsätzlich das Abstammungsrecht (Ius sanguis), die Staatsbürgerschaft wird also von einem oder beiden – deutschen – Elternteilen vererbt. Erst seit 2000 gibt es nun auch hierzulande Anteile des in klassischen Einwandererländern wie den USA vorherrschenden Prinzips des Bodenrechtes (Ius soli). Ist ein Elternteil mindestens acht Jahre legal in der Bundesrepublik ansässig, erhält das hier geborene Kind zunächst die doppelte Staatsangehörigkeit – muss sich jedoch mit der Volljährigkeit für einen der beiden Pässe entscheiden. Für Menschen, die nicht als Deutsche zur Welt kommen, gestaltet sich eine Einbürgerung auch ohne den derzeit diskutierten Test schwierig. So mussten in den ersten 50 Jahren bundesdeutscher Geschichte nicht nur diverse Voraussetzungen von der Aufenthaltsdauer über die Berufstätigkeit bis hin zur Sprachsicherheit nachgewiesen werden – vor allem lag dann alles Weitere im Ermessensspielraum der jeweiligen Beamten. Erst seit dem Jahre 2000 sind die Möglichkeiten der Staatsdiener, bei der Einbürgerung ihre persönlichen Präferenzen ausleben zu können, durch Einführung konkreter Tatbestandsvoraussetzungen eingeschränkt worden.

Die Möglichkeit, überhaupt nach Deutschland kommen zu können, um hier zu leben, haben grob umrissen

a) Hochqualifizierte zum Zwecke der Arbeitsaufnahme,
b) Studenten,
c) politische Flüchtlinge,
d) Spätaussiedler sowie
e) Ehepartner und Kinder von hier lebenden Zuwanderern und Deutschen.

Das einzig über die Jahre Beständige der rechtlichen Situation dieser einzelnen Zuwanderergruppen war ihre dauernde Veränderung. Trotz dieses regelmäßigen, oft unkoordiniert erscheinenden Hin und Hers der staatlichen Hand entwickelte sich Deutschland innerhalb der letzten 50 Jahre zum Einwanderungsland.

Was heute jedoch oftmals als problematisch angesehen wird, hatte einen durchaus positiven Ursprung: War Deutschland nach 1945 zunächst mit dem allgemeinen Nachkriegschaos und der Integration der 12 Millionen Vertriebenen beschäftigt,[7] entwickelte sich in den 50er Jahren ein Aufschwung, der heute als »Wirtschaftswunder« bekannt ist. Arbeitskräfte wurden gebraucht – und da in Deutschland deren Zahl begrenzt war, holte man sie aus dem Ausland. Obschon von Vollbeschäftigung erst 1960 gesprochen werden konnte, war die Erschöpfung des einheimischen Arbeitskräfteangebotes auf Grund der sich steil nach oben entwickelnden wirtschaftlichen Nachfrage bereits vorher absehbar.

Anwerbung ausländischer Arbeitskräfte (1955–1973)

Das erste Anwerbeabkommen wurde am 22. Dezember 1955 mit Italien geschlossen; die »Gastarbeiterperiode« begann. Die Vereinbarung besagte, dass die Arbeitskräfte in Italien von einer Anwerbekommission der Nürnberger Bundesanstalt für Arbeit in Koordination mit der italienischen Arbeitsverwaltung ausgewählt werden sollten. Die Grundlage bildeten die Anforderungen der einzelnen deutschen Betriebe, denen italienische Arbeiter je nach Eignung zugewiesen wurden. In dem vorgelegten Musterarbeitsvertrag wurde auf Druck der Gewerkschaften die prinzipielle sozialpolitische Gleichstellung der »Gastarbeiter« formal garantiert. Obschon es den politischen Akteuren bei der Anwerbung von »Gastarbeitern« in großem Maße auch darum ging, die Zugriffsmöglichkeiten der Landwirtschaft auf billige Arbeitskräfte zu sichern, um das dortige Lohngefüge auf niedrigem Niveau zu stabilisieren, sollte auf gewerkschaftlichen Druck, um Lohndumping zu verhindern, die Bezahlung nach Tarif erfolgen. Ebenso waren Vertragsdauer, das Recht auf Lohntransfer und die Bereitstellung einer »angemessenen Unterkunft« festgeschrieben.

Dass Papier geduldig ist und die versprochenen Grundlagen wie etwa eine »angemessene Unterkunft« der Auslegung bedürfen, wird in einer Beschreibung einer »Gastarbeiter-Unterkunft« des Jahres 1967 durch das Handelsblatt deutlich: »In einem Raum von nicht mehr als 15 Quadratmetern hausen sechs türkische und griechische Gastarbeiter. Übereinander und eng zusammengerückt stehen die Betten; alle Männer liegen schon, obwohl es gerade erst halb neun ist. Aber was sollen sie in diesem Loch anderes anfangen? Nicht einmal genügend Stühle sind vorhanden, der Fußboden ist kahl und schmutzig, nicht anders die Wände; nach einem Bild, einer Gardine sucht man vergeblich. (...) Man sucht nach Worten, um den Toilettenraum zu beschreiben. Auf dem Boden schwimmt eine einzige dreckige Lache, das Inventar besteht aus einer kalksteinernen Latrine ohne Besatz.«[8] Solcherart im zivilisierten und hochentwickelten Deutschland untergebracht, war klar, dass zu jener Zeit kaum ein »Gastarbeiter« an dauerhaften Aufenthalt dachte – oder sich einen solchen wünschte.

Das Abkommen mit Italien diente anschließend als Muster für die folgenden Verträge mit Spanien und Griechenland (1960), der Türkei (1961), Marokko (1963), Portugal (1964) und Tunesien (1965). Mitte der 50er Jahre waren bereits rund 80 000 ausländische Arbeitskräfte in der Bundesrepublik beschäftigt. Dann wuchs ihre Anzahl sprunghaft – schließlich bedeutete der Bau der Berliner Mauer 1961 für die bundesdeutsche Wirtschaft vor allem ein Ende des Zustroms ostdeutscher Arbeitskräfte.

1964 wurde so bereits der millionste »Gastarbeiter« mit Geschenken und viel Applaus vom Bahnhof abgeholt. Die begeisterte Stimmung gegenüber den Neuankömmlingen änderte sich jedoch mit der 1966 eintretenden Rezession abrupt. Gerade erst geholt, begann beinahe über Nacht die Diskussion über eine mögliche Rückführung der angeworbenen Arbeitskräfte. Auf der Suche nach Arbeit, die nun nicht mehr so leicht wie zuvor zu bekommen war, verließen viele der »Gastarbeiter« tatsächlich das Land: Die Zahl der sozialversicherungspflichtig beschäftigten Ausländer sank von 1,3 Millionen 1966 innerhalb von drei Jahren auf 900 000. Jedoch war schon seinerzeit der Trend zur kurzfristigen Perspektive der deutschen Einwanderungspolitik augenfällig: Als sich 1968 ein Ende der schnell überwundenen wirtschaftlichen Krise abzeichnete, wurde flott ein neues (und zugleich auch letztes) Anwerbeabkommen unterzeichnet, dieses Mal mit Jugoslawien. Die Zahl der ins Land geholten »Gastarbeiter« stieg erheblich an, vor allem die türkische Minderheit konnte ein stattliches Plus verbuchen und vervierfachte sich zwischen 1967 (130 000 Menschen) und 1971 (600 000 Menschen).

An einen Daueraufenthalt der arbeitenden Gäste hatten Ende der 60er Jahre weder die Arbeitgeber noch die sie unterstützenden Politiker gedacht. Stattdessen sahen die Unternehmer Zuwanderer als Mobilitätsreserve: Brauchte ein Betrieb Arbeitskräfte, konnte er hier zugreifen; ging die Auftragslage zurück, konnte man Personal »abstoßen«. In betriebswirtschaftlicher Kalkulation aus damaliger Zeit las sich das etwa so: »In der Regel wird der Ausländer nicht an der betrieblichen Altersversorgung teilnehmen, nicht in Betracht kommen für Sonderzuwendungen bei Arbeitsjubiläen sowie für Heilverfahren, Frühheilverfahren und Erholungskuren. Der bei uns arbeitende Ausländer stellt in der Regel die Arbeitskraft seiner besten Jahre zur Verfügung; für die Betriebe ergibt sich daraus der Vorteil, dass nur in seltenen Fällen ein älterer oder nicht mehr voll arbeitsfähiger ausländischer Mitarbeiter aus sozialen Gründen mit durchgezogen werden muss.«[9]

Mobile Arbeitskräfte als konjunkturelles Ausgleichsinstrument, hohe Arbeitsleistungen von Arbeitern in den besten Jahren, Lohnauftriebsdämpfung in den unteren Lohngruppen und keine Folgekosten: Das wurde zu Beginn der 60er Jahre ebenso als Vorteil gesehen wie bereits 50 Jahre zuvor – und 50 Jahre danach.

Mit Sorge beobachteten Politik und Wirtschaft daher die Tendenz der »Gastarbeiter«, ihre Familien nachzuholen und sich auf einen längeren Aufenthalt einzustellen. Schließlich war eine Integration der Ausländer gar nicht gewünscht, wie etwa das Handelsblatt zu errechnen wusste: »Der nicht integrierte, auf sehr niedrigem Lebensstandard vegetierende Gastarbeiter verursacht relativ geringe Kosten von vielleicht 30 000 DM. Bei Vollintegration muss jedoch eine Inanspruchnahme der Infrastruktur von 150 000 bis 200 000 DM je Arbeitnehmer angesetzt werden. Hier beginnen die politischen Aspekte des Gastarbeiterproblems.«[10]

Die Möglichkeit, dass nichtintegrierte Gastarbeiter hier nichtintegrierte Kinder bekommen und diese dann gemeinsam das Fundament für »Parallelgesellschaften« legen, wurde indes damals noch nicht als ein »politischer Aspekt des Gastarbeiterproblems« angesehen, dem es frühzeitig gegenzusteuern gelte.

Anwerbestopp und seine Folgen (1973–1979)

Nach einem mehrjährigen Hin und Her der Berechnungen, ob Ausländerbeschäftigung unter solchen Bedingungen überhaupt sinnvoll und wünschenswert sei, war es die Wirtschafts- und Energiekrise 1973/74, die schließlich einen willkommenen Anlass zur Kehrtwende der deutschen Ausländerpolitik bot: Am 23. November 1973 verfügte die Bundesregierung den sogenannten Anwerbestopp. Sie ging nach den Erfahrungen der Jahre 1967/68 davon aus, dass auch zukünftig etwa 200 000 bis 300 000 Ausländer jährlich in ihre Heimatländer zurückkehren würden, während gleichzeitig kein neuer Zuzug erfolgen werde – die Ausländerbeschäftigung würde so innerhalb der nächsten zehn Jahre zumindest um die Hälfte sinken.[11]

Tatsächlich kam es zu einer ganz anderen Entwicklung. Zwar nahm die Anzahl der erwerbstätigen Ausländer zwischen 1973 und 1979 wie erwartet von 2,6 auf 1,8 Millionen ab – die ausländische Wohnbevölkerung blieb jedoch im gleichen Zeitraum stabil, um anschließend sogar rapide zu steigen. Die Rechnung der Politik – Anwerbestopp gleich Rückgang der Ausländerquote gleich Rückgang der Infrastrukturkosten – verkehrte sich somit ins Gegenteil: Nicht weniger Ausländer lebten fortan in der Bundesrepublik, nur weniger arbeitende Ausländer. 1980 lag ganz gegen den ursprünglichen Plan die Zahl der in Deutschland lebenden Migranten um eine Million höher als 1972. Zugleich war unverkennbar, dass diese Ausländer vorhatten zu bleiben: Die ursprünglichen »Gastarbeiter« holten ihre Familien nach, zogen aus den Wohncontainern in Mietwohnungen, bekamen Kinder und gaben nun ihr Geld aus, anstatt es wie bislang für die daheim Gebliebenen zu sparen.

Diese Ausländer begannen also, sich ganz gegen jede Planung als Menschen und nicht als verschiebbare Arbeitsmasse zu gebärden. Politik und Wirtschaft nahmen verblüfft zur Kenntnis, dass der Anwerbestopp folglich nicht etwa zu einer Kostensenkung geführt hatte, sondern genau das Gegenteil erreichte. Gleichzeitig wurden damals schon jene Probleme offensichtlich, die uns heutzutage oftmals als neueste Entwicklungen präsentiert werden. So liest man etwa in einem Bericht des Arbeitsministeriums von 1976: »Die Hoffnung, nach der die Bundesregierung mit einem Abbau der Ausländerbeschäftigung auch die Probleme der Eingliederung lösen wollte, hat sich nicht erfüllt. Es ist im Gegenteil zu weiteren Fehlentwicklungen gekommen. Zu den Problemfeldern der heutigen Ausländerpolitik gehören ... der Familiennachzug, die Geburtenentwicklung, die Ghettobildung, die soziologische Umschichtung der Stadtbevölkerung, Schul- und Berufsprobleme sowie Rechts- und Statusunsicherheit.«[12]

Was damals »Ghettobildung« genannt wurde, heißt heute »Parallelgesellschaft« und hat unter anderem die Ursache, dass die Gesetzgeber jener Tage offensichtlich nicht bedacht hatten, dass sie mit dem Anwerbestopp einen Riegel vorschoben, der den dauerhaften Aufenthalt erst attraktiv machte: Waren zuvor arbeitslos gewordene Migranten in der Regel wieder in ihre Heimatländer zurückgekehrt, blieben sie jetzt auf Grund der nun fehlenden Möglichkeit zur Wiedereinreise. Folglich kehrte sich auch das Verhältnis von Ausländern und Arbeitslosigkeit in Deutschland um. Waren Migranten vor 1973 noch erheblich seltener als Deutsche ohne Anstellung gewesen, stieg der Arbeitslosenanteil nun rasch: 1971 lag die Quote der Deutschen bei 1,2 %, jene der Ausländer bei 0,8 %. Zehn Jahre später standen 5,5 % arbeitslosen Deutschen bereits 8,2 % Ausländer gegenüber. Hierbei spielte nicht nur die ausbleibende Rückkehr der »Gastarbeiter« eine Rolle, die höhere Arbeitslosenquote bei Ausländern ließ sich zusätzlich auch durch die »Unterschichtung« erklären: Migranten waren in erster Linie als Hilfs- oder angelernte Arbeiter beschäftigt. Im Zuge der Strukturkrise der deutschen Wirtschaft seit Mitte der 70er Jahre und der Entwicklung zu weniger personalintensiver Produktion wurden ihre Arbeitsplätze überproportional abgebaut.

Schwierig war auch die Lage der »Zweiten Generation«, also der bereits in Deutschland geborenen Einwandererkinder. Da die deutsche Politik standhaft an der Vorstellung festhielt, die Bundesrepublik sei kein Einwanderungsland und eine »Rückkehroption« müsse offen gehalten werden, saß die junge Generation zwischen den Stühlen: Der Kontakt zum Herkunftsland der Eltern war oftmals nur noch mäßig ausgeprägt, die »Muttersprache« wurde ebenso wenig perfekt beherrscht wie das Deutsche. Diese »zweisprachigen Analphabeten« verließen folglich oftmals ohne Abschluss die Schule und hatten so von vornherein keine Chance auf eine Ausbildung und einen möglichen sozialen Aufstieg. An ihrer »Integration« zeigten sich Deutschlands staatliche Stellen weder im Bezug auf Bildung noch auf Arbeitsmarktchancen interessiert.

Wende in der Ausländerpolitik (1980–1990)

Auch der deutschen Bevölkerung blieben diese Probleme natürlich nicht verborgen. Sie reagierte mit zunehmender Irritation und Feindlichkeit, wurde doch deutlich, dass Politiker und Parteien keine wirklichen Antworten auf diese selbst fabrizierten Probleme anzubieten hatten. Glaubt man den Demoskopen, so waren 1978 noch 39 % der befragten Deutschen für eine Rückkehr der »Gastarbeiter« in ihre alten Heimatländer, im März 1982 dagegen bereits 68 %, ein Jahr später sogar 80 %. Rechte Parteien gewannen an Zulauf, und auch Teile der CDU übten sich in alter Volkstumslogik. So hieß es im »Heidelberger Manifest«, das im Juni 1981 von mehreren bekannten CDU-Politikern sowie Professoren unterzeichnet wurde: »Völker sind (biologisch und kybernetisch) lebende Systeme höherer Ordnung mit voneinander verschiedenen Systemeigenschaften, die genetisch durch Tradition weitergegeben werden. Die Integration großer Massen nichtdeutscher Ausländer« sei bei »gleichzeitiger Erhaltung unseres Volkes nicht möglich und führt zu den bekannten ethnischen Katastrophen multikultureller Gesellschaften«, die dem »Naturrecht« entgegenstünden.[13]

Bei den Migranten, die bislang versucht hatten, sich in Deutschland zu integrieren, bewirkten diese neuen Töne logischerweise einen Rückzug. Immerhin war man wenige Jahre zuvor noch mit Blaskapellen am Bahnhof empfangen worden, nun sah man sich ausgegrenzt und in den Phantasien so manches Deutschen bereits abgeschoben.

Die Fronten waren somit verhärtet. Wer auf die in der Tat hohe Jugendkriminalität unter Ausländern hinwies oder sich Sorgen machte, das eigene Kind könne in einer Schule mit hohem Ausländeranteil möglicherweise weniger lernen, wurde schnell als »Ausländerfeind« abgestempelt und mit dem Verweis auf die schwierige Lage der Migranten und eine schon irgendwann erfolgende Integration vertröstet. Gleichzeitig waren die politischen

Handlungsspielräume jener Tage bereits stark eingeschränkt. Wichtiger als die Unterscheidung in Aus- und Inländer war jene zwischen Ausländer aus der Europäischen Gemeinschaft (EG) und Nicht-EG-Ausländer geworden. Zumindest für Erstere galten deutsche Zuzugsrestriktionen inzwischen kaum noch. Aber auch Nicht-EG-Ausländer, also in erster Linie Türken, hatten über die Jahre Aufenthaltstitel erworben, die ihnen nicht ohne weiteres weggenommen werden konnten.

Ergebnis war ein kurzatmiger Aktionismus, der in eine Vielzahl sich ständig ändernder Gesetze, Erlasse und Richtlinien mündete, die sich zum Teil widersprachen und oftmals zu politisch nicht gewollten und sozial untragbaren Situationen führten. Als Beispiel sei hier nur die Erhöhung des Kindergeldes vom 1. Januar 1975 genannt, die nur für Kinder gelten sollte, die auch in der Bundesrepublik wohnten. Logischerweise stieg anschließend die Zahl der nachgeholten Kinder. Die Arbeitserlaubnisverordnung sah jedoch vor, dass nach dem 30. November 1974 eingereiste Ausländer (auch Jugendliche) in Deutschland nicht arbeiten durften.[14]

Da schließlich auch der Politik auffiel, dass es Zeit für ein klares und praktikables Konzept wäre, wurde 1976 zunächst einmal eine Kommission gebildet. Deren 1977 herausgegebene Vorschläge beinhalteten jedoch wieder ein Sowohl-als-auch: Da Deutschland kein Einwanderungsland sei, sollten die Ausländer nach einiger Zeit wieder in ihre Heimat zurückkehren; Rückkehrbereitschaft und -fähigkeit müssten also unterstützt werden. Gleichzeitig sollte der soziale und rechtliche Status der Migranten gesichert, ihre Integration unterstützt und Lösungen für die Probleme der »Zweiten Generation« gefunden werden. Angeboten wurde anstelle einer wirklichen Zukunftsperspektive eine Art Integration auf Zeit. Diese Empfehlung bildete die Grundlage der nächsten 30 Jahre deutscher Ausländerpolitik. Gleichzeitig wurde auch das neue Amt des »Beauftragten der Bundesregierung für Ausländerfragen« geschaffen. Die nicht gerade große Bedeutung, welche diesem Thema noch immer beigemessen wurde, zeigte sich in dem überschaubaren Budget des neuen Postens.

Immerhin schaffte es der erste in dieses Amt gesetzte Mann, der ehemalige Ministerpräsident von Nordrhein-Westfalen Heinz

Kühn, durch seine Forderung nach verstärkten Integrationsmaßnahmen eine neue Debatte zu entfachen. Aus SPD- und Kirchenkreisen verlautete nun vereinzelt, Integration könne auch jenseits von Anpassung verlaufen. Schließlich gebe es auch Italo-Amerikaner und Deutsch-Amerikaner – warum nicht also auch türkische Deutsche? Mehrheitsfähig war diese Perspektive indes nicht. Stattdessen erdachten die Parteien immer neue Restriktionen, die jedoch insgesamt einen eher planlosen Eindruck machten und ihr Ziel verfehlten: Die Zahl der ausländischen Bevölkerung in der Bundesrepublik stieg weiterhin.

Da sich mittlerweile mit dem Thema Ausländer Stimmen gewinnen ließen, wählte Helmut Kohl zu Beginn seiner Regierungszeit 1982 die Ausländerpolitik (neben der Schaffung neuer Arbeitsplätze, der Sozialpolitik sowie der Außen- und Sicherheitspolitik) zu einem seiner vier Hauptthemen. Bestandteil dieser Politik sollten vor allem die Förderung der Rückkehr von hier lebenden Migranten sowie die Verhinderung weiteren Zuzugs sein. Dass Ausländer in Zukunft nicht mehr unter dem Blickwinkel des Arbeitsmarktes, sondern unter ordnungspolitischen Gesichtspunkten zu betrachten seien, machte die Verlagerung der diesbezüglichen Kompetenzen vom Arbeits- zum Innenministerium deutlich. Bislang hatten sich viele Unternehmen oftmals positiv gegenüber der Beschäftigung und somit auch dem Zuzug von Ausländern geäußert. Schließlich bot ihnen die Zuwanderung ein großes Reservoir an billigen Arbeitskräften. Diese Argumente fanden von nun an keinen großen Anklang mehr.

Lösungen zu finden, blieb indes schwierig. Schließlich wuchs die ausländische Bevölkerung in erster Linie auf Grund der Familienzusammenführung. Ihre Unterbindung wäre nicht mit dem Grundgesetz vereinbar gewesen, das schließlich den besonderen Schutz der Familie garantierte. Über die Frage, ob ausländische Kinder nur bis zum sechsten oder bis zum 16. Lebensjahr in die Bundesrepublik nachziehen dürften, entbrannte ein heftiger Koalitionsstreit, dessen vorrangige Protagonisten Innenminister Friedrich Zimmermann (CSU) und Ausländerbeauftragte Cornelia Funke (FDP) waren. Schließlich drohte sogar Außenminister Hans-Dietrich Genscher im Herbst 1984 mit seinem Rücktritt, sollte es nicht bei der bestehenden Regelung von 16 Jahren bleiben – schließlich habe man Verpflichtungen der Türkei gegenüber übernommen, die nicht gebrochen werden dürften. Daraufhin war das Thema zunächst einmal vom Kabinettstisch.

Nicht jedoch jenes der »Rückkehroption«: Sollte diese auch für die »Zweite Generation« offen gehalten werden? Brauchte man also weiterhin separate Schulen, in denen hier geborene »Gastarbeiterkinder« in ihrer Muttersprache unterrichtet würden? Und lief das nicht zweifellos der geforderten Integration zuwider? Und überhaupt: »Integration« – was war damit gemeint? Eine erleichterte Einbürgerung?

Beschlossen wurde schließlich, ab dem 1. Oktober 1983 ein Jahr lang finanzielle Anreize für eine Rückkehr anzubieten. Die »Rückkehrhilfe« von 10 500 DM konnten diejenigen in Anspruch nehmen, welche wegen einer Betriebsstilllegung arbeitslos geworden oder von Kurzarbeit betroffen waren. Die »Rückkehrförderung« konnten alle rückkehrwilligen Ausländer in Anspruch nehmen und sich ihre eingezahlten Beiträge zur Rentenversicherung sowie staatlich bezuschusste Bausparverträge und Spareinlagen ohne die üblichen Wartefristen auszahlen lassen. Das Echo auf dieses »Angebot« war durchwachsen. Schließlich konnten rückkehrende Türken in ihrer Heimat kaum auf einen Arbeitsplatz hoffen, da dort die Arbeitslosigkeit noch über dem deutschen Niveau lag. Viele, die ihre Ersparnisse so schon nach wenigen Monaten verbraucht hatten, rieten ihren Landsleuten in Deutschland davon ab, diesen Schritt zu tun.

Aber auch innerhalb der deutschen Gesellschaft regte sich Kritik, vor allem von Seiten der Kirchen, Gewerkschaften, neu gegründeten Interessenverbänden und der Opposition, die Zimmermanns Ausländerpolitik als menschenfeindlich ansahen. Trotzdem verließen etwa 300 000 Ausländer bis zum Ablauf der Jahresfrist das Land. Bedenkt man, dass bis zum Anwerbestopp 1973 etwa 360 000 Ausländer jährlich die Bundesrepublik verließen, die Kosten dieser »Rückführung« höher waren als gedacht und als ursprüngliches Ziel zwei Millionen Rückkehrer in sechs Jahren anvisiert worden war, wird deutlich, dass auch dieses Gesetz nicht viel mehr als eine symbolische Geste war – in Richtung deutscher Bevölkerung, der suggeriert werden sollte, »es geschieht etwas«, und in Richtung ausländischer Bevölkerung, der deutlich gemacht werden sollte, sie habe zu gehen. Folglich wurde das Gesetz auch nicht, wie ursprünglich geplant, erneut aufgelegt. Seine Auswirkungen sind in der Ausländerstatistik kaum zu spüren. Wohl aber in der Wahrnehmung der hier lebenden Zuwanderer, bei denen kaum der Eindruck entstehen konnte, Integrationsbereitschaft und Anstrengungen zum sozialen Aufstieg seien erwünscht.

Außerordentlich bekannt mutet heute eine Debatte der Jahre 1984/85 an. 1963 hatte die Türkei ein Assoziierungsabkommen mit der EG unterzeichnet, ab 1986, so die von der türkischen Regierung abgeleiteten Folgen dieses Vertrages, stünden türkischen Arbeitnehmern die gleichen Rechte der Arbeitsaufnahme in den Staaten der EG zu wie den Arbeitnehmern der Mitgliedstaaten. In der deutschen Öffentlichkeit und den Medien begann sich daraufhin so etwas wie Panik breit zu machen: Die Vision Hunderttausender zusätzlicher Einwanderer griff um sich. Um dies zu verhindern, legte der EG-Ministerrat auf Vorschlag der Bundesregierung fest, das Abkommen beinhalte keine Freizügigkeit für türkische Arbeitnehmer. Daraufhin beantragte die Türkei die Vollmitgliedschaft in der Gemeinschaft – was gerade auch im Hinblick auf die dann zu erwartende Freizügigkeit bis zum heutigen Tag noch stark diskutiert wird.

Abgesehen von der Verhinderung türkischer Freizügigkeit innerhalb der EG konnte die Regierung Kohl keine der im Herbst 1982 formulierten ausländerpolitischen Ziele umsetzen. Die Integration war durch gesetzliche Maßnahmen nicht weiter vertieft worden, eine Rückkehr in nennenswertem Ausmaße hatte nicht stattgefunden. Zwar war die Anzahl der in Deutschland lebenden Ausländer bis 1987 um 400 000 gesunken, was allerdings konjunkturelle Ursachen hatte und sich ab 1986 bereits wieder zu ändern begann. Alles war wie zuvor, mit Ausnahme der durch den Innenminister verstärkten Stimmungsveränderung: Eine Mehrheit glaubte auch Mitte der 80er Jahre noch die offensichtlich realitätsferne Mär, Deutschland sei kein Einwanderungsland und hier seit Jahrzehnten lebende Ausländer seien nur zur kurzfristigen Arbeitsaufnahme gekommen; ihre Rückkehr sei somit wünschenswert und möglich.

Statt Rückkehr stand allerdings zunächst einmal weitere Zuwanderung auf der Agenda. Diese hatte nach dem Anwerbestopp lediglich Form und Weg verändert und lief jetzt unter dem Stichwort »Asyl«. Waren 1975 noch lediglich 9627 Anträge auf Asyl gestellt worden, waren es 1985 bereits 73 832, weitere fünf Jahre später 193 063 und 1992 schließlich 438 191 Anträge. Das politische Interesse hatte somit einen neuen Fixstern gefunden, an dem es sich abzuarbeiten galt. Da gleichzeitig viele Ausländer die Bundesrepublik auch wieder verließen, erreichte die Gesamtzuwanderung jedoch bei weitem nicht die horrende Dimension, wie sie manch Zeitungsartikel oder Debatte jener Tage zu suggerieren vermochte.

Dennoch bemühte sich die Politik um eine Eindämmung dieser Zuwanderungsform. Das Recht auf Asyl war auf Grund der Erfahrungen mit dem Nationalsozialismus ins Grundgesetz aufgenommen worden. Schließlich hatten mehrere Mitglieder des Parlamentarischen Rates die Bedeutung dieses Grundrechtes am eigenen Leibe erfahren, als sie vor den Nationalsozialisten fliehen mussten. Allerdings wurde genau deshalb eben nur individuelle politische Verfolgung als Asylgrund anerkannt – Flucht vor rassistischer Verfolgung aber zum Beispiel ebenso wenig wie Flucht vor Krieg. Jetzt erschwerte man die Zugangsmöglichkeiten erneut.

Wie nicht anders zu erwarten, zeigte diese Politik aber wenig Erfolg, die Anträge auf Asyl stiegen weiter an. Lediglich die Herkunftsgebiete der Flüchtlinge änderten sich. Waren dies zuvor vor allem Menschen aus entfernten Gebieten Afrikas oder Asiens gewesen, kamen die meisten Asylbewerber nun aus dem nahen Osteuropa. Auf diese Weise wurden einmal mehr die Tücken des deutschen Staatsbürgerrechtes deutlich: Denn die ebenfalls stark zunehmende Einwanderung von »Aussiedlern« aus denselben Gegenden führte zu dem seltsamen Zustand, dass aus dem gleichen Ort stammende Menschen hier in der Bundesrepublik auf einmal höchst unterschiedlich behandelt wurden. Hatte der eine durch Glück eine deutsche Urgroßmutter im Stammbaum entdecken können und war somit quasi bei Grenzübertritt zum deutschen Staatsbürger mit allen Rechten mutiert, war der andere im selben Augenblick zum Asylbewerber mit unsicherem Aufenthaltsstatus offenen Ausgangs geworden.

Integrieren konnte sich der solcherart zum »Asylant« gewordene Mensch kaum – dafür sorgte wieder einmal die deutsche

Gesetzgebung. Sie wies die Migranten in Wohncontainer ein, verbot ihnen zumindest bis zum Ablauf einer gewissen Wartefrist die Arbeitsaufnahme und machte sie so zu separierten Kleingruppen am Rande der Gesellschaft, die überdies als »Sozialschmarotzer« wahrgenommen wurden, lebten sie doch von Geldern der öffentlichen Hand.

Ein Weiteres tat die geringe Anerkennungsquote. Schließlich musste ein Asylbewerber nachweisen, individuell politisch verfolgt zu sein, um auf Anerkennung hoffen zu können. War er aber zum Beispiel »nur« vor Krieg und Tod geflohen – etwa aus dem zerfallenden Jugoslawien –, wurde er zum sogenannten »De-facto-Flüchtling«: Seine Abschiebung wurde bis zu einem erwarteten Kriegsende ausgesetzt; einen darüber hinausgehenden Bleibeanspruch gab es auch nach Jahren des Aufenthalts nicht. Dies war die Geburt des öffentlichen Redens über »Wirtschaftsasylanten«, die in Wirklichkeit nicht verfolgt seien, sondern lediglich aus ökonomischen Gründen einen Weg in das deutsche Haus suchten. Interessant zu beobachten war, dass diese für »Wirtschaftsasylanten« gehaltenen Menschen nicht als mögliche Bereicherung für die Bundesrepublik angesehen wurden, deren Leistungsbereitschaft und Wille zu sozialem Aufstieg es zu nutzen gelte, sondern lediglich als Lügner, die eine großzügige deutsche Gesetzgebung auszunutzen trachteten.

Folglich entbrannte über das Asyl eine der intensivsten innenpolitischen Debatten der Bundesdeutschen Geschichte. Während Kirchen, Sozialverbände und Menschenrechtsgruppen die unter der CDU/FDP-Regierung verschärfte Asylpraxis inklusive des sehr rigiden Umgangs bei der Abschiebung verurteilten, steuerte die Politik in Richtung weiterer Verschärfung. Wie auch heute kaum anders, wurden bereits in den 80er und zu Beginn der 90er Jahre Menschen nachts aus ihren Wohnungen geholt und zum Flugplatz oder in Abschiebehaft gebracht. Dies geschah und geschieht oftmals unabhängig vom Grad der Integration dieser Menschen, die etwa einen festen Arbeitsplatz, eine bezahlte Mietwohnung oder Kinder in der Schule haben. Treibende Kraft auf dem Weg der weiteren Verschärfung waren dabei vor allem Länder und Kommunen, die für Unterbringung und Verpflegung der Asylbewerber aufkommen mussten. Interessant war der innere

Widerspruch, der hier wieder einmal die Ausländerpolitik begleitete. So war den frisch angekommenen Asylbewerbern die Arbeitsaufnahme verboten, ebenso erhielten sie statt Sozialhilfe nur noch Sachleistungen. Beides sollte die Attraktivität der Bundesrepublik für Armutsflüchtlinge herabsenken. Zugleich führte es aber auch zu erheblich höheren Ausgaben von Ländern und Gemeinden. Folge war ein dauerndes Hin und Her der verordneten Wartezeiten, nach denen Asylbewerbern die Aufnahme einer Arbeit gestattet werden sollte. Mal handelte es sich um ein Jahr, dann um zwei, zeitweise sogar um ganze fünf Jahre – wobei für manche Flüchtlinge aus dem Osten gar keine Wartezeiten festgelegt wurden. Schließlich kamen diese aus dem politisch bekämpften Kommunismus, ihre Aufnahme und zumindest halbwegs gute Behandlung konnte also zur Propaganda genutzt werden.

1990/91 wurde schließlich während der Koalitionsverhandlungen die grundsätzliche Abschaffung aller Wartezeiten beschlossen. Hintergrund war weniger die Einsicht, dass ein Leben in Wohnbaracken ohne die Möglichkeit, durch Arbeitsaufnahme die eigene Situation zu verbessern, wenig mit einem menschenwürdigen Umgang zu tun hatte – vielmehr hatten sich die planlos herauf- und heruntergesetzten Wartezeiten nicht als sinnvolles Steuerungselement des Zuzugs erwiesen.[15]

Interessant ist, dass sich die Debatte um das Thema Asyl zu einem Zeitpunkt hochschaukelte, zu dem in der Bundesrepublik kein nennenswerter Flüchtlingszustrom erkennbar war. So wurden 1983 19737 Anträge auf Asyl gestellt, 1985 waren es 73832 und 1987 schließlich 57379. Setzt man dem die damalige Einwohnerzahl Deutschlands von gut 60 Millionen Menschen entgegen, wird bei 0,1 % klar, dass die »Asylproblematik« vor allem durch die Diskussion darüber überhaupt erst entstand.

Entscheidender als die geringe Anzahl der Asylbewerber im Land war vielmehr ihre Auffälligkeit: In abgelegenen Wohnbaracken untergebracht und somit ohne nachbarschaftliche Beziehungen zu Deutschen, durften sie auch keiner Arbeit nachgehen, womit ebenso eine berufliche Nähe zur einheimischen Bevölkerung entfiel. Ohne derartige Kontakte bestand jedoch auch keine Chance zum Spracherwerb oder irgendeinem anderen Indiz für Integration. Was die Deutschen also in den Asylbewerbern sahen,

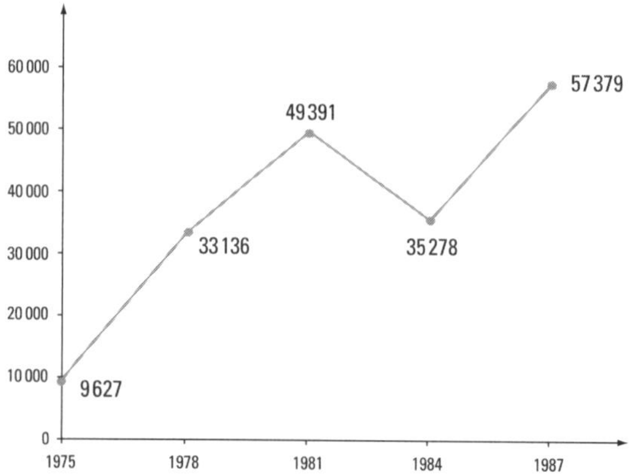

Entwicklung der Zahl der Asylbewerber in der Bundesrepublik[16]

war ein mehr oder minder bunter, herumsitzender Haufen, der von Sozialhilfe lebte, kein Deutsch sprach und nie zur Arbeit ging. Ein Wahlkampfthema war geboren und mit ihm eine Radikalisierung und Emotionalisierung weiter Teile der Bevölkerung, die sich schon bald als nicht mehr steuerbar erwiesen.

Parallel zu den ab Mitte der 80er Jahre vor allem aus Osteuropa kommenden Asylsuchenden, wuchs auch die Zahl der Aussiedler. Waren diese zunächst noch mehrheitlich aus Polen gekommen, wuchs der Anteil der aus der Sowjetunion stammenden ab 1988 deutlich an. Ihr Vorteil war die von der Bundesrepublik einst politisch definierte ethnische Zugehörigkeit als »Deutsche«. So war 1957, als die Systeme und ihre Grenzen noch geschlossen waren, der Begriff der ethnischen Zugehörigkeit präzisiert worden: »Deutscher Volkszugehöriger ist, wer sich in seiner Heimat zum Deutschtum bekannt hat.«[17] Mit der Auflösung der kommunistischen Strukturen im Osten begann nun aber die Zeit der Bewegungsfreiheit der dortigen »Deutschen«, die nun den wirtschaftlichen Niedergang ihres Umfeldes erleben mussten. Ein Umzug gen Deutschland schien manchem da als interessante Alternative.

Hier erwarteten sie zwar rechtlich deutlich bessere Bedingungen als jene der Asylsuchenden, hatten sie doch das Recht auf die deutsche Staatsangehörigkeit, was sie im Vergleich zu anderen Zuwanderergruppen deutlich privilegierte. In der Bevölkerung jedoch war die Bereitschaft zur Akzeptanz dieser »Fremden« als

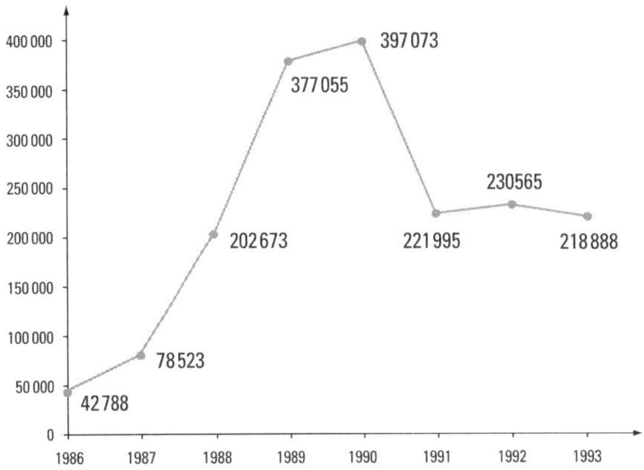

Neu ankommende Aussiedler in der Bundesrepublik[18]

»Deutsche« wenig ausgeprägt. Im Gegenteil sahen gerade die unterprivilegierten Einheimischen neue Landsleute oftmals als Konkurrenten, wurden diesen doch Wohnungen zugewiesen, Sozialhilfe ausbezahlt, manchmal sogar Eingliederungshilfe gewährt.

Die deutsche Politik stand zu Beginn der 90er Jahre vor einer Dreiteilung des Zuwandererproblems: Zunächst waren da die ursprünglichen »Gastarbeiter«, die auch nach dem Anwerbestopp geblieben waren; hinzu kamen die Asylbewerber und als drittes schließlich die Aussiedler. Dem stand eine gänzlich veraltete Rahmengesetzgebung gegenüber, die nach jahrelangen Diskussionen schließlich unter Innenminister Wolfgang Schäuble grundlegend verändert wurde. Am 1. Januar 1991 trat ein neues Ausländergesetz in Kraft. Das Gesetz wurde zwar von Opposition und Interessenverbänden vielfach kritisiert, enthielt aber doch einige Verbesserungen wie zum Beispiel den Rechtsanspruch auf Aufenthaltsverfestigung und Familiennachzug und eine Wiederkehroption für junge Rückkehrer. Auch sollte eine Einbürgerung für die »Zweite Generation« von nun ab unter erleichterten Bedingungen möglich sein.

Eine zukunftsgerichtete Option enthielt dieses Gesetz jedoch nicht. So war mit einer neuen großen Einwandererwelle aus dem Osten zu rechnen. Wie diese allerdings für die deutsche Gesellschaft sinnvoll und positiv zu steuern sei, darüber herrschte Ratlosigkeit.

Gesamtdeutsche Fremdheitserfahrungen (1990 bis heute)

Zur Debatte um Zuwanderung gesellten sich jetzt die knapp 17 Millionen Ostdeutschen, die sich seit dem 3. Oktober 1990 auch beim Thema Ausländer in einem gänzlich neuen Umfeld wiederfanden. So lebten Anfang 1989 nur etwa 190 000 Ausländer in der DDR, was etwa einem Prozent der Bevölkerung entsprach. Mehrheitlich waren sie auf Grund bilateraler Verträge mit anderen sozialistischen Staaten wie Vietnam und Angola ins Land geholt worden, vordergründig als »Ausbildungshilfe«, in Wirklichkeit jedoch oft vor allem, um Geld für diese »Bruderstaaten« in der DDR zu erarbeiten und damit zum Schuldenabbau beizutragen. So gab es zwar mit Vietnam tatsächlich auch ein Ausbildungsabkommen, in dessen Folge cirka 16 000 Lehrlinge ausgebildet wurden. Verglichen mit den etwa 70 000 Arbeitern, die allein aus Vietnam in die DDR geholt wurden, ist diese Zahl jedoch deutlich kleiner als in der öffentlichen Debatte vielfach dargestellt. Von ihrem Lohn mussten diese Arbeiter 12 bis 16 % »freiwillig« an ihr Heimatland abgeben.[19] Über ein gesichertes Aufenthaltsrecht verfügten lediglich die Menschen, welche trotz aller Schikanen einen deutschen Ehepartner gefunden hatten. Der rechtliche und soziale Status der Übrigen war äußerst prekär. Ihre Aufenthaltsgenehmigung galt nur für die Dauer des von vornherein beschränkten Arbeitsaufenthaltes. Dieser konnte zu jeder Zeit als beendet erklärt werden, um die entsprechenden Ausländer abzuschieben.

Ihre Zeit in der DDR verbrachten diese Ausländer zudem unter scharfen Kontroll- und Disziplinierungsvorschriften. Sie durften nicht von sich aus kündigen und den Betrieb wechseln, ein Teil ihres Lohnes wurde an die Vertragsstaaten weitergeleitet, ein weiterer Teil erst nach vollständig erfülltem Arbeitsvertrag ausbezahlt. Gewohnt wurde in abgesonderten Gemeinschaftsunterkünften, deren Verlassen in der Freizeit zum Teil streng reglementiert war. Private Kontakte zwischen Einheimischen und Ausländern gab es nur vereinzelt. Wurde eine Frau während ihres Aufenthaltes schwanger, musste sie entweder sofort abtreiben oder wurde ins Heimatland zurückgeschickt, das sie ja zur Arbeit entsandt hatte.[20] Nach der Wiedervereinigung verbesserte sich die Situation der Ausländer Ostdeutschlands nicht gerade. Fortan fielen sie unter bundesdeutsches Recht und sahen sich plötzlich im Besitz einer vorübergehenden »Aufenthaltsbefugnis« – auch wenn sie, wie viele der Vietnamesen, gut ausgebildet waren und schon lange in Deutschland lebten. Viele mussten in ihre Heimat zurückkehren, andere verschwanden in der »Illegalität«.

Persönlicher Kontakt zwischen den Bürgern der DDR und Ausländern war sowohl vor wie unmittelbar nach der Wiedervereinigung faktisch kaum existent. Latente Fremdenfeindlichkeit gab es dennoch zur Genüge, immerhin hatten SED und Sicherheitssystem eine gewisse Fremdenfurcht über Jahrzehnte gepflegt. Die fremde Welt des Westens mit ihren fast acht Millionen Zuwanderern traf die im Umgang mit Ausländern weitgehend ungeübten Ostdeutschen somit unvorbereitet.

Als dann ab Dezember 1990 Asylbewerber aus dem Westen auch auf Kommunen im Osten verteilt wurden, entwickelten sich aus Gedanken und Worten schnell Taten, wie einige Beispiele zeigen: So überfielen in einer sächsischen Kleinstadt Jugendliche die gerade erst in ein Übergangsheim eingezogenen Asylbewerber und schlugen sie nieder. Die Asylbewerber flohen daraufhin wieder zurück nach Hessen. Im April 1991 wurde die deutsch-polnische Grenze geöffnet. Hunderte von Jugendlichen empfingen in Frankfurt an der Oder die einreisenden Polen mit einem Steinhagel. Am Ostersonntag desselben Jahres überfielen in Dresden Jugendliche einen aus Mosambik stammenden ehemaligen Vertragsarbeiter und verletzten ihn tödlich: »Es gibt schreckliche Übergriffe, Gewalttätigkeiten, Beleidigungen und Überheblichkeiten gegenüber Ausländern in Ostdeutschland. Das alles ist leider nicht so selten, als dass man dies als Einzelfall herunterspielen könnte«[21], kommentierte die damalige Ausländerbeauftragte Funcke.

Das gesamtdeutsche politische Klima jener Tage schien jedoch den Eindruck zu erwecken, Gewalt gegen Ausländer sei eine Art Kavaliersdelikt, das letztlich geduldet werde – waren die Medien doch voll von Berichten über angeblichen Asylmissbrauch, Millionen vor der Tür stehender neuer Zuwanderer und den dringenden Handlungsbedarf, dieser Schwemme einen Riegel vorzuschieben, um Deutschlands drohende »Überfremdung« quasi im letzten Augenblick noch abzuwenden.

Am 17. September 1991 ereignete sich schließlich ein Gewaltausbruch bislang ungekannten Ausmaßes: Über Tage belagerten einige Hundert Jugendliche im sächsischen Hoyerswerda ein Wohnheim für Ausländer, warfen mit Steinen und Brandsätzen. Während die Polizei zunächst versuchte, die Bewohner zu schützen, dann aber aufgab und alle mit Bussen evakuierte, unterstützten viele der Bürger des Ortes den versuchten mehrfachen Mord wahlweise durch Schweigen oder gar mit Zustimmung und Klatschen. In den folgenden 14 Tagen kam es zu Nachahmungstaten in zwei Dutzend anderen deutschen Orten; der Terror gegen Ausländer hatte sich auf die ganze Bundesrepublik ausgedehnt – und die Asylkampagne der Bundesregierung Wirkung gezeigt.

Nachdem über Monate immer wieder an den unterschiedlichsten Orten Ausländer überfallen und ermordet worden waren, kam es 1992 in Rostock-Lichtenhagen zu einem weiteren Progrom. Live im Fernsehen übertragen konnte der Mob hier unter dem begeisterten Johlen der Bürger ein Ausländerwohnheim anzünden und den Abtransport der Bewohner erzwingen. Am 18. November 1992 steckten zwei Jugendliche ein von Türken bewohntes Haus in Mölln (Schleswig-Holstein) an. Zwei Mädchen und eine Frau starben. Anschließend kam es zu einem Chaos von Folgeanschlägen, Trauerbekundungen, Lichterketten, Protestveranstaltungen und Demonstrationen. Die von der Regierung zum Zwecke der Änderung des Grundgesetz-Artikels 16 (Asylrecht) initiierte Ausländerfeindlichkeit traf endlich auf Gegenwehr in großen Teilen der Bevölkerung. An manchen Kundgebungen, wie etwa jener in München mit mehr als 100 000 Teilnehmern, wurde den Parteien die Mitwirkung untersagt. Kritische Beobachter allerdings stellten fest, die Deutschen seien ein Volk von Pyromanen geworden – die einen warfen Molotow-Cocktails, die anderen hielten Kerzen.[22]

Trotz erheblicher Kritik seitens der Fachverbände einigten sich Regierungskoalition und SPD am 6. Dezember 1992 auf den »Asylkompromiss«, der schließlich am 26. Mai 1993 im Bundestag verabschiedet wurde und zum 1. Juli in Kraft trat. Künftig durften die Nachbarstaaten Asylbewerber nicht mehr über ihr Territorium in die Bundesrepublik einreisen lassen; der Zugang nach Deutschland war also nur noch per Flugzeug möglich. Um auch hier einen Riegel vorzuschieben, errichtete man auf dem Frankfurter Flughafen ein extraterritoriales Gelände, das Asylbewerber bis zur Entscheidung über ihren Antrag nicht verlassen durften. Seither gibt es zwar das Asylrecht noch, allerdings kaum noch Flüchtlinge, die es in Anspruch nehmen können und dürfen. Die eigentliche Frage, wie Deutschland mit seinen Einwanderern und seiner Rolle als Einwanderungsland umgehen sollte, war indes nicht gelöst worden.

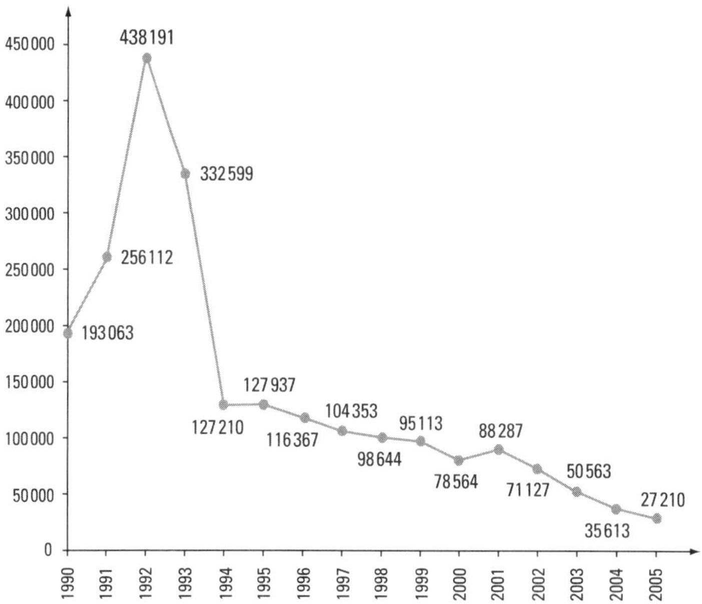

Entwicklung der jährlichen Asylantragszahlen seit 1990[23]

Neuen Wind in die Zuwanderungsdebatte brachte erst der Regierungswechsel 1998. Als erste, noch etwas unbeholfene Maßnahme präsentierten SPD und Grüne zunächst die sogenannte Greencard. Zuvor hatte Deutschland die ökonomisch fragwürdige Politik vertreten, Studenten aus »Entwicklungsländern« hier teuer auszubilden, um sie anschließend in ihre Heimat zurückzuschicken, wo sie am Aufbau ihres Landes mitwirken sollten. Diese Rechnung ging nur in einem Teil der Fälle auf; viele der solcherart aus Deutschland Verwiesenen gingen statt nach Afrika oder Asien direkt in die USA, um dort erfolgreich zu arbeiten oder zu forschen. Die Idee der Greencard entsprach somit einem Paradigmenwechsel. Mit ihr sollten Spezialisten der Informationstechnologie aus Ländern außerhalb der EU die Möglichkeit erhalten, für fünf Jahre in Deutschland leben und arbeiten zu können. Da auch fünf Jahre einmal vorbei sind und in den USA ähnliche Regelungen zumeist in eine dauerhafte Aufenthaltsgenehmigung, nicht aber in eine mögliche Abschiebung münden, war der Ansturm auf die neuen Greencards begrenzt. Selbst ihr erster Inhaber, Harianto Wijaya aus Indien, verließ die Bundesrepublik schon vor Ablauf der fünf Jahre in Richtung Vereinigte Staaten.

Erst 2001 entstand unter Federführung der rot-grünen Bundesregierung ein Gesetzesentwurf für ein Zuwanderungssteuerungs- und Begrenzungsgesetz. Nach einem langen Weg durch Parlamente und Gremien bis hin zum Verfassungsgericht kam es im Sommer 2004 schließlich zu einer politischen Einigung über die letzte Fassung; das Zuwanderungsgesetz konnte am 1. Januar 2005 in Kraft treten. Erstmalig in der Geschichte der Bundesrepublik Deutschland existiert somit ein Gesetz, dass alle Bereiche der Migrationspolitik umfasst: die arbeitsmarktorientierte und humanitär begründete Zuwanderung ebenso wie die Integrationspolitik des Bundes.

Das neue Aufenthaltsgesetz

Die rot-grüne Bundesregierung verabschiedete gemeinsam mit der Opposition von CDU/CSU und FDP ein umfassendes neues Regelwerk zum Thema Einwanderung (»Gesetz über den Aufenthalt, die Erwerbstätigkeit und die Integration von Ausländern im Bundesgebiet«, Geltung ab 1. Januar 2005)[24]. Es umfasst zahlreiche Einzelgesetze und Gesetzesänderungen zu Einwanderung, Aufenthalt und Integration von Ausländern in Deutschland, über die im Folgenden ein kurzer Überblick geboten werden soll.

1. Aufenthaltstitel

Hier wurden die bisherigen fünf Formen der Aufenthaltsgenehmigung auf zwei reduziert, die befristete Aufenthaltserlaubnis und die unbefristete Niederlassungserlaubnis. Sie orientieren sich an der Begründung des Aufenthalts von Ausländern in Deutschland: Ausbildung, Arbeit, Familiennachzug, humanitäre Gründe. Koordinierend wird das neue »Bundesamt für Migration« tätig, das aus dem bisherigen »Bundesamt für die Anerkennung ausländischer Flüchtlinge« hervorgeht.

2. Arbeitsmigration

Hochqualifizierte – etwa Wissenschaftler oder Computerfachleute – können nun von Anfang an eine unbefristete Aufenthaltserlaubnis erlangen und sich in Deutschland niederlassen. Ebenso wird der Aufenthalt von Ausländern gefördert, die mindestens eine Million Euro in Deutschland investieren oder hierzulande wenigstens zehn Arbeitsplätze schaffen.

Ausländische Studenten dürfen künftig nach ihrem Studium bis zu einem Jahr in Deutschland bleiben, um hier Arbeit zu suchen. Die Genehmigungsverfahren, die für eine Arbeits- und eine Aufenthaltserlaubnis erforderlich sind, werden vereinfacht. Qualifizierten Arbeitskräften wird in Ausnahmefällen die Einwanderung gestattet. Für Nicht- oder Geringqualifizierte bleibt es jedoch beim Anwerbestopp. Arbeitnehmer aus den neuen Mitgliedsländern der Europäischen Union können in Deutschland eine qualifizierte Beschäftigung aufnehmen, wenn für den entsprechenden Arbeitsplatz kein Bewerber aus Deutschland oder der bisherigen EU zur Verfügung steht.

3. Einwanderung aus humanitären Gründen

Wegen ihres Geschlechts Verfolgte werden als Flüchtlinge anerkannt. Wer innerhalb von anderthalb Jahren seiner Ausreisepflicht nicht nachkommen konnte und das nicht selbst verschuldet hat, bekommt eine Aufenthaltserlaubnis, allerdings wird entgegen ursprünglicher Absicht die sogenannte Duldung beibehalten. In Härtefällen kann eine Länderkommission Aufenthaltsrechte gewähren.

4. Kindernachzug

Die bisherigen Regelungen zum Familiennachzug bleiben bestehen. Kinder von Asylberechtigten oder Flüchtlingen nach der Genfer Flüchtlingskonvention haben bis zum 18. Lebensjahr einen Anspruch darauf, zu ihren Eltern nach Deutschland zu ziehen. Allerdings müssen sie die deutsche Sprache lernen oder sich vorhersehbar in Deutschland integrieren können. In den übrigen Fällen gilt eine Altersgrenze von 16 Jahren.

5. Integration

Mit dem Gesetz beginnt Deutschland eine gezielte Integrationspolitik. Kern des Vorhabens sind Sprach- und Integrationskurse für Einwanderer. Aber auch bereits hier lebende Ausländer sollen an Sprachkursen teilnehmen. Der Bund übernimmt die Kosten dieser Kurse für die neuen Einwanderer sowie jährlich für 50 000 bereits in Deutschland lebende Ausländer. Wer an den Kursen nicht teilnimmt, kann seine Aufenthaltserlaubnis verlieren oder mit der Verminderung von Sozialleistungen für sein Fernbleiben bestraft werden. Die Kursteilnehmer müssen, je nach Einkommen, eigene Beiträge zu den Kursgebühren leisten.

6. EU-Bürger

Bürger aus der Europäischen Union benötigen in Deutschland keine gesonderte Aufenthaltserlaubnis mehr, sondern müssen sich – wie deutsche Staatsbürger – nur noch bei der Meldebehörde ihres Wohnortes anmelden.

7. Asylverfahren

Wer in Deutschland Asyl erhält, ist zugleich berechtigt, hier zu arbeiten. Nach drei Jahren wird überprüft, ob die Asylgründe weiterhin gelten. Die Entscheidungsverfahren über das Asyl werden vereinfacht.

8. Spätaussiedler

Deutschstämmige und insbesondere deren Familienangehörige, die nach Deutschland einwandern, müssen künftig zumindest Grundkenntnisse der deutschen Sprache nachweisen.

9. Terrorismusbekämpfung

Neu ist die »Abschiebeanordnung« gegen Ausländer, die als gefährlich gelten. Sie kann von obersten Landesbehörden oder vom Bund ausgesprochen werden. Voraussetzung ist eine sogenannte »Gefahrenprognose«, die sich auf Tatsachen stützt. Falls die Abschiebeanordnung nicht durchgesetzt werden kann – etwa weil dem Betroffenen in seiner Heimat Folter oder Todesstrafe drohen – können strenge Meldeauflagen verhängt und die Freizügigkeit des Betroffenen eingeschränkt werden. Auch kann ihm verboten werden, bestimmte Kommunikationsmittel – etwa Mobiltelefon oder E-Mail – zu benutzen.

Wer am Menschenhandel beteiligt war und dafür zu einer Freiheitsstrafe ohne Bewährung verurteilt wurde, wird in Zukunft zwingend aus Deutschland ausgewiesen. Das gilt in der Regel auch für Ausländer, welche einer Organisation angehören, die den Terrorismus unterstützt. Wer als Ausländer einen Verein leitet, der verboten wird, soll nach dem neuen Gesetz in der Regel ebenfalls ausgewiesen werden. Das gilt auch für sogenannte Hassprediger, also etwa Vorbeter in Moscheen, die zu terroristischen Taten aufrufen, Terror rechtfertigen oder zum Hass gegen Teile der Bevölkerung aufstacheln. Zudem wird eine sogenannte Regelanfrage beim Verfassungsschutz eingeführt. Dort müssen sich die Einwanderungsbehörden künftig erkundigen, bevor sie Ausländern Aufenthalt gewähren oder eine Einbürgerung gestatten.

Wie fremd darf es denn sein? Ein statistischer Überblick

»Die DDRler sind zwar Deutsche, aber für mich fast schlimmere Ausländer als Türken, Jugos oder Griechen.«[25]

So zumindest äußerte sich ein Jugendlicher im Zuge der Befragung zur Shell-Jugendstudie 2000. Noch bevor also etwas gesagt werden kann über die kühlen Fakten und Zahlen der »Fremden« Deutschlands, muss erst einmal klar sein, wer überhaupt fremd und als Ausländer anzusehen ist: Ein Kind türkischer Eltern, das in Deutschland geboren und aufgewachsen ist, mittlerweile selbst ans Kinderkriegen denkt, die Türkei nur aus gelegentlichen Urlauben kennt, Türkisch radebrecht – aber nach wie vor mit dem Halbmond auf dem Pass herumläuft? Oder der Aussiedler, der in Deutschland weder Arbeit noch Anschluss fand, noch immer auf Russisch träumt, spricht und zählt – aber auf dem Papier Deutscher ist? Oder gar der Ostdeutsche, der ungefragt den Staat wechselte und sich bis heute fremd fühlt im eigenen Lande? Dass man sich fremd fühlen kann bzw. zum Fremden gemacht wird, auch ohne seinen Wohnort verlassen zu haben, zeigt nicht zuletzt die Geschichte der deutschen Juden, die es an Rhein und Donau schon gab, noch bevor Deutschland zu existieren begann, denen aber dennoch ein paar Jahrhunderte später unmissverständlich bedeutet wurde, nicht dazuzugehören.

Über erlebte oder zugeschriebene Fremdheitsgefühle kann die trockene Statistik wenig Auskunft geben – zumal sich diese auch schnell je nach Situation und Standpunkt ändern können. In manchem Alpendorf wird bereits ein aus dem Nachbarort Zugereister als fremd empfunden, ganz zu schweigen etwa von einem Nordschwaben oder gar protestantischen Hamburger. Und obschon die meisten Türken bereits länger in der Bundesrepublik leben als die Ostdeutschen, sind sie allgemein gefühlt »fremder« – und das unabhängig von ihrer Passausstattung.

Die Statistik kann hier wenig helfen. Auskunft gibt sie jedoch darüber, dass nicht jeder kommt, um zu bleiben: Zwischen 1968 und 1999 verzeichnete das Statistische Bundesamt rund 21 Millionen ausländische Zuzügler – die Fortzüge lagen im gleichen Zeitraum bei knapp 16 Millionen. Drei von vier Einreisenden gingen also wieder – ob geplant oder spontan, enttäuscht oder nach erledigtem Ziel bleibt im Ungewissen. Sicher ist nur, dass sich in diesem Zeitraum auch die Verteilung der hierzulande ansässigen Nationalitäten änderte: Waren die Italiener bis 1969 die größte nationale Gruppierung ausländischer Arbeitskräfte, die bereits 1960 die 100 000er-Grenze überschritten, folgten ihnen Spanier und Griechen (1963), Türken (1965) und Jugoslawen (1968). Seit 1971 halten indes die Türken den ersten Platz in der Nationenwertung, und zwar mit zunehmendem Abstand sowohl bei den Erwerbstätigen als auch bei der Wohnbevölkerung.[26]

»Ausländer« ist jedoch nicht gleichzusetzen mit »Zugewanderter«: Dass Deutschland ein Einwanderungsland ist, wird auch angesichts der Geburtsorte der hier lebenden Ausländer deutlich. Etwa ein Drittel der hier lebenden Griechen, Italiener und Türken ist bereits in der Bundesrepublik geboren! Das Herkunftsland dieser »Ausländer« ist also streng genommen Deutschland.

Ein Teil des Wachstums der ausländischen Bevölkerung Deutschlands hängt also mit ihrer positiven Geburtenquote zusammen: Es werden deutlich mehr Menschen geboren als sterben. Schließlich gibt es unter Deutschlands Ausländern nur wenig ältere Menschen, aber viele junge Frauen. Folglich kamen etwa 1999 in der Bundesrepublik 95 000 Babys ohne deutsche Staatsangehörigkeit zur Welt, gleichzeitig wurden rund 14 000 Sterbefälle von Ausländern registriert.[27] Dass die Anzahl der hier lebenden Ausländer im Laufe der Jahre gewachsen ist, hängt also auch mit der deutschen Gesetzgebung zusammen. Denn die Staatsbürgerschaft muss man hierzulande schon im Blut haben – oder sie in einem Bürokratiedschungel mühevoll erwerben. Da Deutscher zu sein keinen Platz für andere Zugehörigkeiten lässt, müssen »Ausländer«, die »Inländer« werden wollen, ihre alte Staatsangehörigkeit abgeben. Ein Vorgang, der manch einen noch zusätzlich abschreckt. Schließlich besteht zur alten Heimat oftmals nicht nur ein vertrautes Gefühl – auch ganz praktische Nachteile wie etwa das dann nicht mehr bestehende Recht auf Grundstücks-

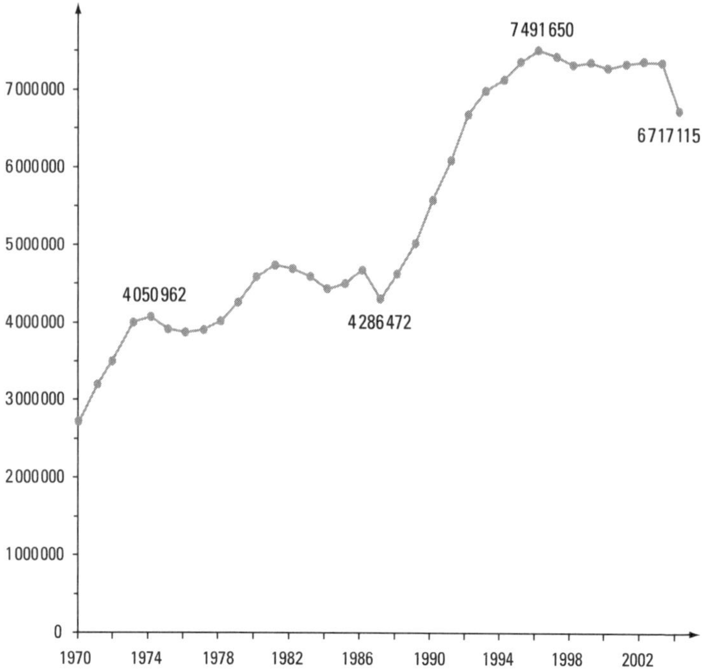

Ausländische Bevölkerung im Bundesgebiet
(1970–1989: früheres Bundesgebiet; ab 1990: Deutschland)

besitz können durch den Verlust dieser Staatsbürgerschaft entstehen. Trotz dieser emotionalen wie praktischen Nachteile lassen sich jährlich zwischen 150 000 und 200 000 »Fremde« zu »Einheimischen« machen.[28] Die Anzahl der in Deutschland lebenden Ausländer ist dennoch seit Jahren nicht mehr relevant gestiegen; im Gegenteil: Sie sinkt!

Diese knapp sieben Millionen Ausländer, die in Deutschland leben, verteilen sich naturgemäß nicht gleichmäßig über das ganze Bundesgebiet. Schließlich geht man als Migrant möglichst dahin, wo Arbeit zu finden ist – und wo vielleicht auch schon ein Familienangehöriger oder Bekannter wohnt. Folglich leben fast drei Viertel aller Zuwanderer in nur vier Bundesländern: Ein gutes Viertel hat es nach Nordrhein-Westfalen gezogen, fast 18 % gingen nach Baden-Württemberg, gut 15 % gen Bayern und 10 % nach Hessen.

Die Ausländerdichte ist allerdings in den deutschen Stadtstaaten am größten. Mit 14,6 % liegt die Hansestadt Hamburg vorn, gefolgt von der Hauptstadt Berlin mit 13,2 % und schließlich Bremen mit 12,7 %. Erst auf dem vierten Platz kommt das Flächenland Baden-Württemberg (12,1 %), gefolgt von Hessen (11,5 %), Nordrhein-Westfalen (10,9 %) und Bayern (9,5 %). Alle anderen deutschen Bundesländer haben einen Ausländeranteil, der unter dem bundesdeutschen Durchschnitt von 8,9 % liegt, wobei es in den Osten der Republik auch heute noch kaum einen Zugewanderten verschlägt: Mit lediglich 2,8 % liegt Sachsen im Schnitt der fünf neuen Bundesländer vorn, die gesamtdeutschen Schlusslichter bilden Sachsen-Anhalt und Thüringen mit jeweils nur 2 %.[29] Verglichen mit 1989 ist das jedoch schon eine Verdoppelung. Bedingt durch die auslaufenden Arbeitsverträge bzw. die von der DDR getroffenen Arbeitskräftevereinbarungen verringerte sich die Anzahl der Ausländer in Ostdeutschland von 191 200 (1989) sogar noch einmal auf 110 500 (1991).[30] Der jetzige Anstieg ist vor allem eine Folge der Aufnahme von Asylsuchenden.

Inwieweit sich diese in wenigen Ballungszentren lebenden Zuwanderer denn auch in »Parallelgesellschaften« zusammenfinden oder sich lediglich ethnisch geprägte Viertel herausbilden, die eine Brücke zwischen Herkunfts- und Einwanderungsland bilden, wird im Folgenden noch näher zu untersuchen sein. Fest steht auf jeden Fall, dass über 80 % der in Deutschland lebenden Ausländer aus unserer Nachbarschaft kommen, sie sind Europäer; über 30 % stammen gar aus EU-Mitgliedsländern. Die mit Abstand größte hier lebende Minderheit sind die Türken mit über 1,7 Millionen Menschen. Es folgen Italiener (gut 500 000), knapp 400 000 Migranten aus dem ehemaligen Jugoslawien, über 300 000 Griechen und beinahe 300 000 Polen. Demgegenüber stammen aus ganz Afrika nur 280 000 der hier lebenden Ausländer; vom amerikanischen Kontinent kommen sogar nur gut 200 000 Menschen.[31]

Zwischen Abschiebung und Assimilation: Deutschlands Reaktion auf Zuwanderung

Die Reaktion der Bundesrepublik auf die Zuwanderung orientierte sich von Anbeginn stark an dem Woher der Neuankömmlinge. So bemühte sich der Staat etwa durch den »Lastenausgleich«[32], die Integration der etwa zwölf Millionen Vertriebenen aus den ehemaligen deutschen Ostgebieten zu fördern. Auch die 1,8 Millionen Ostdeutschen, welche vor dem Bau der Mauer 1961 die Sowjetische Besatzungszone und die DDR verließen, wurden klaglos integriert. Das heißt nicht, dass beiden Gruppen keine Ressentiments seitens der bereits ansässigen Bevölkerung entgegengeschlagen wären! Schließlich wollten die Alliierten die Flüchtlinge möglichst in Gebieten mit wenig ausgeprägter Wohnungsnot unterbringen, weshalb fast 60 % der Vertriebenen in die agrarisch strukturierten Länder Schleswig-Holstein, Niedersachsen und Bayern gelangten, welche selbst zuvor zusammen nur ein Drittel der Gesamtbevölkerung der späteren Bundesrepublik beherbergten. Der prozentuale Anteil der Flüchtlinge in diesen Gebieten war also besonders hoch und ihre Aufnahme selten positiv. Man empfand sie als fremd und kulturell ganz anders geprägt. Bislang stabile Verhaltensweisen wurden von den Neuankömmlingen nicht mitgetragen, sie hatten oftmals eine andere Konfession und bewirkten so eine Erosion des zuvor relativ geschlossenen Sozialmilieus. Die wenig aufgeschlossene Grundhaltung der Mehrheitsbevölkerung lässt sich auch durch manch räumliche Gegebenheit erklären: So gab es Orte mit Barackenlagern, die nacheinander von Reichsarbeitsdienst-Kolonnen, »Fremdarbeitern«, Kriegsopfern und Vertriebenen bewohnt wurden – nach ihnen bezogen oftmals »Gastarbeiter« die Quartiere. Von Seiten des Staates hieß die klare Leitlinie gegenüber den Vertriebenen aber stets Unterstützung und Integration der deutschen Neuankömmlinge.

Ganz anders sah und sieht es da schon beim Umgang mit den zuziehenden »Ausländern« aus: Deutschland sei kein Einwanderungsland, hieß es über Jahrzehnte, obschon Millionen hier leben-

Aufenthaltsstatus (Situation 2001)[33]

- Die **Aufenthaltsbewilligung** ermöglichte nur einen zweckgebundenen und befristeten Aufenthalt. Sie schloss einen späteren Daueraufenthalt aus. Nach Wegfall des Aufenthaltszwecks mussten die Betreffenden Deutschland grundsätzlich wieder verlassen. Dies galt beispielsweise, wenn ein Ausländer in Deutschland studierte oder ein Praktikum machte.
- Die **befristete Aufenthaltserlaubnis** wurde zunächst einem erstmalig nach Deutschland einreisenden Ausländer erteilt. Sie war die Grundlage für einen späteren Daueraufenthalt.
- Die **unbefristete Aufenthaltserlaubnis** war die erste Stufe der Verfestigung des Aufenthalts. Unter bestimmten Voraussetzungen (zum Beispiel Arbeitserlaubnis, kein Ausweisungsgrund) konnte sie nach fünfjährigem Besitz der befristeten Aufenthaltserlaubnis beantragt und erteilt werden.
- Die **Aufenthaltsberechtigung** war im Rahmen des Ausländergesetzes der sicherste Aufenthaltsstatus. Sie konnte nach achtjährigem Besitz einer Aufenthaltserlaubnis auf Antrag erteilt werden und gewährte ein selbständiges unbeschränktes Aufenthaltsrecht.
- Die **Aufenthaltsbefugnis** wurde gewährt, wenn aus völkerrechtlichen, humanitären oder politischen Gründen der Aufenthalt im Bundesgebiet erlaubt wurde und zunächst keine Aufenthaltserlaubnis erteilt werden sollte (zum Beispiel Bürgerkriegsflüchtlinge).
- Die **Duldung** war keine Aufenthaltsgenehmigung. Sie bedeutete nur, dass der Staat auf eine Abschiebung des Ausländers verzichtete, weil rechtliche oder tatsächliche Hindernisse entgegenstanden. Meist wurde die Duldung für ein Jahr ausgesprochen, wobei eine Verlängerung möglich war.
- Die **Aufenthaltsgestattung** nach dem Asylverfahrensgesetz war der Aufenthaltsstatus, den Asylbewerber bis zum Ende ihres Asylverfahrens in der Bundesrepublik erhielten.

der Zuwanderer das Gegenteil bewiesen. Durch Vermeidung des Wortes »Einwanderung« versuchte die Politik lange Zeit quasi die Einwanderung selbst zu negieren. Ergebnis war, dass es über Jahrzehnte keine sinnvolle Einwanderungspolitik gab, so dass viele heute bestehende Probleme ungehindert gedeihen konnten.

Der Hinweis, die Bundesrepublik habe schließlich in wirtschaftlich deutlich schlechteren Zeiten Millionen von Vertriebenen integrieren können, greift zu kurz: Die damaligen Zuwanderer hatten sowohl einen deutschen Pass als auch Deutsch als Muttersprache. Eine Rückkehr in ihre alte Heimat schien für die Neuankömmlinge ausgeschlossen, was den Willen zur Integration erheblich steigen ließ. Zudem waren sie im Gegensatz zu den »Gastarbeitern« nicht der doppelten Unterprivilegierung, fremd *und* Arbeiter zu sein, ausgesetzt. Sie trafen auf eine Gesellschaft, die selbst noch im Fluss war: Soldaten kehrten heim, Wohnungslose suchten eine neue Bleibe, Kinder kamen aus der Landverschickung zurück, Arbeiter kehrten aus den verlagerten Industriebetrieben zurück in die Städte. Und schließlich waren die Vertriebenen eine wichtige politische Größe, besaßen sie doch das Wahlrecht! Den gelegentlich etwas volkstumspolitisch anmutenden Reaktionen aus Bevölkerung und zuständigen Behörden waren sie somit nicht ausgesetzt.

Was Deutschlands Regierungen als Handlungsleitlinie ausgaben, wurde aber nicht unbedingt von allen Deutschen auch geteilt. Bestes Beispiel ist die Sicht der Bevölkerung auf die Aussiedler. Galten und gelten sie dem Staate als Deutsche, die hier mit denselben Rechten und Chancen zu leben haben, lösten sie bei einem Teil der Bevölkerung intensive Abwehrmechanismen aus. Waren zuvor die politisch eher rechts gerichteten Deutschen geradezu auf »Ausländerfeindlichkeit« abonniert, begegneten jetzt die eher linken dieser neuen Zuwanderergruppe mit starken Ressentiments.

Die eine klare Linie, wer denn nun heimisch ist in Deutschland und wer ein »Fremder«, war und ist nicht zu erkennen. Eher schon gibt es beinahe so etwas wie ein soziales Hickhack um den ersten Platz in der Hierarchie der Fremdheit. In diesem Wettbewerb stehen zuerst einmal die ehemaligen »Gastarbeiter«, die zum Teil schon in dritter Generation in Deutschland leben. Daneben treten die Flüchtlinge, die sich entweder als Asylbewerber, Asylberechtigte, »De-facto-Flüchtlinge« oder Illegale in der Bundesrepublik aufhalten. Als dritte Gruppe gibt es die Aussiedler, als vierte die Übersiedler. Und schließlich jene Menschen, die ganz ohne Wohnortwechsel doch in einem anderen Land aufwachten – und sich dort mit einem neuen Wirtschafts- und Gesellschaftssystem konfrontiert sahen. Die Spannungszonen innerhalb dieser diversen »Fremden« sind vielfältig: Westdeutsche zum Beispiel betrachten Ostdeutsche mitunter irritiert, beide stehen oft gegen »Ausländer«, diese wenden sich zuweilen gegen asylsuchende Flüchtlinge.

Ebenso vielfältig wie Herkunft und Befindlichkeiten war vor Inkrafttreten des Einwanderungsgesetztes am 1. Januar 2005 auch der rechtliche Status der in Deutschland lebenden Menschen. Ein aus Anatolien eingewanderter Türke erzählte mir einmal, auf die Frage, was er werden wolle, wenn er groß sei, habe er immer geantwortet: »Deutscher!« Wer dies (noch) nicht war, fand sich irgendwo im rechtlichen Dschungel zwischen befristeter und unbefristeter Aufenthaltsgenehmigung, Aufenthaltsberechtigung, Aufenthaltsbewilligung, Aufenthaltsbefugnis, Duldung oder befristeter bzw. unbefristeter Aufenthaltserlaubnis der EU wieder.

Mit gut 10 % hatten nur die wenigsten hier lebenden Ausländer eine Aufenthaltsberechtigung und damit die Sicherheit, dauerhaft im Lande bleiben zu können.

Inzwischen ist der bürokratische Wirrwarr zumindest teilweise entflochten. Er sieht lediglich noch die drei Aufenthaltstitel Visum, Aufenthaltserlaubnis und Niederlassungserlaubnis vor. Die Aufenthaltserlaubnis ist stets befristet und ersetzt die ehemaligen Titel Aufenthaltserlaubnis, -bewilligung und -befugnis. Unbefristete Aufenthaltserlaubnis und Aufenthaltsberechtigung wurden durch die unbefristete Niederlassungserlaubnis ersetzt. Während das Visum nach dem Ausländergesetz nur als eine Form des jeweiligen Aufenthaltstitels verstanden wurde, ist es als Konsequenz aus den gemeinschaftsrechtlichen EU-Bestimmungen zum Visaverfahren nunmehr als selbständiger befristeter Aufenthaltstitel ausgestaltet.[34]

Die Begeisterung für viele dieser Zuwanderer hält sich in weiten Teilen der Mehrheitsgesellschaft jedoch in Grenzen – und das völlig unabhängig vom jeweiligen Namen des Aufenthaltstitels. So wird zwar muslimischen Einwanderern immer wieder gerne vorgehalten, sie sollten sich integrieren und der deutschen Bevölkerung gegenüber öffnen – dabei allerdings müssten sie dann wohl auch schon mal die ein oder andere geschlossene Tür oder gar Wand einrennen. Denn wirklich offen und willkommen scheint ihnen nicht gerade begegnet zu werden, denjenigen Menschen, die mit dem Glauben an Allah und seinen Propheten aufgewachsen sind. So geben 46,8 % der Deutschen in einer repräsentativen Umfrage an, sie hätten »Probleme damit, in eine Gegend zu ziehen, in der viele Muslime leben«. 74,2 % meinen, die muslimische Kultur passe nicht in »unsere westliche Welt«, und immerhin 24,3 % ziehen die daraus nur logische Schlussfolgerung: »Muslimen sollte die Zuwanderung nach Deutschland untersagt werden.«[35] Interessant ist bei dieser offensichtlichen Abschottung gegenüber einer Bevölkerungsgruppe, dass gerade die ablehnenden Teile der Mehrheitsgesellschaft diesen Wunsch auf die Gegenseite projizieren. So glauben ganze 67,3 %, »die Mehrheit der Muslime hält große Distanz zur restlichen Bevölkerung«, denn schließlich wollten, so 80 % der Befragten, »viele Muslime in Deutschland lieber unter sich bleiben«. Das erscheint logisch, geht man, wie 60,2 % der Befragten, davon aus, dass »die islamistischen Terroristen starken Rückhalt bei den Muslimen« finden.[36] Liest man solche und ähnliche Umfragen, kann schon einmal die Frage aufkommen, in welcher Gesellschaft denn wohl Platz wäre für solche Zuwanderer, wenn nicht in einer »parallelen«?

Ablehnung hin oder her, es gibt sie, die Ausländer verschiedenster Herkunft, und das schon lange:

Ausländische Bevölkerung in Deutschland nach Aufenthaltsdauer[37]

Aufenthaltsdauer	Anzahl ausl. Bevölkerung
Insgesamt	6717115
Unter 1	287924
1–4	876463
4–6	537168
6–8	472817
8–10	469094
10–15	1169751
15–20	653112
20–25	425903
25–30	475365
30 und mehr	1349518

Allerdings ist inzwischen einer der Gründe für das Anwachsen der ausländischen Bevölkerungsgruppe per Gesetz ausgehoben worden: Eines der großen migrationspolitischen Vorhaben der 1998 neu ins Amt gewählten rot-grünen Bundesregierung war die Reform des Staatsangehörigkeitsrechtes. Nach langen Debatten wurde sie schließlich im Juni 1999 verabschiedet und trat mit dem 1. Januar 2000 in Kraft. Seither muss die deutsche Staatsangehörigkeit nicht mehr unbedingt mit dem Blut übertragen werden – sie kann sozusagen auch vom Grund und Boden aufgenommen werden: Ein in der Bundesrepublik geborenes Kind erhält die deutsche Staatsangehörigkeit, so sich mindestens ein Elternteil seit mindestens acht Jahren rechtmäßig in Deutschland aufhält. Verglichen mit der bis 1974 gültigen gesetzlichen Lage ist das ein großer Schritt: Damals hatten nicht einmal (in Deutschland geborene) Kinder deutscher Mütter den Adler auf den Pass bekommen – entscheidend für das »Vaterland« des Neugeborenen war bis dato noch allein der Pass des Vaters.

»Einmal Deutscher, immer Deutscher« gilt jedoch nicht für diese neuen Sprösslinge deutschen Bodens, dafür sorgt die »Optionspflicht«. Ihr zufolge müssen sich Jugendliche, die neben der Deutschen auch noch eine Nicht-EU-Staatsangehörigkeit besitzen, im Alter zwischen 18 und 23 Jahren zwischen diesen beiden entscheien. Tun sie dies nicht, verlieren sie ihren deutschen Pass.

Den Adler auf den Identifikationspapieren zu erhalten, ist dank des neuen Gesetzes nun auch für nicht in deutschen Landen geborene Ausländer leichter: Die für eine Einbürgerung erforderlichen Aufenthaltszeiten wurden gesenkt und Voraussetzungen wie der Nachweis ausreichender Deutschkenntnisse festgeschrieben. Über 150 000 Ausländer lassen sich seither jährlich einbürgern.[38]

Die Reaktionen von Bevölkerung und Medien auf diese Zu- oder Einwanderer, die zum Teil durch die Gesetzgebung »Migranten« sind, ohne jemals ihren Stadtteil verlassen zu haben, ist nach wie vor nicht eben von offenen Sichtweisen geprägt. Migranten kommen bis heute oft erst in die Medien, wenn es zu Problemen oder Straftaten kommt. Dass die allermeisten von ihnen ein schlichtes Alltagsleben führen, scheint zu wenig aufregend, um darüber zu berichten. Ein muslimischer Macho, der auf das Kopftuch bei Frauen besteht, ist da schon eher verkäuflich, wie Auswertungen der deutschen Presselandschaft ergeben haben.[39]

Glaubensflüchtlinge und Wanderarbeiter: Einwanderung gestern

Wird von Einwanderung nach Deutschland gesprochen, muss zunächst klar werden, was das eigentlich sein soll: Deutschland. Immerhin gab es bis vor 135 Jahren noch weit und breit kein Gebilde, das diesen Namen verdient hätte. Stattdessen fand sich ein Flickenteppich kleiner Staaten, die mehr auf die Bewahrung ihrer Grenzen und Eigentümlichkeiten aus waren denn auf einen gemeinsamen Weg. Erst 1871 kam es zur »kleindeutschen« Reichsgründung unter Ausschluss Österreichs, bevor sich das Land in Folge der Regelungen von Versailles nach dem Ersten Weltkrieg erneut verkleinerte, um sich kurz darauf zwölf Jahre lang »Drittes Reich« zu nennen – welches alsdann in zwei deutsche Staaten mündete. Seit 1990 gibt es ein gänzlich neues Deutschland.

Lässt man diesen Umstand einmal unberücksichtigt und geht davon aus, dass »Deutschland« ist, wo man deutsch sprach und sich »deutsch« nannte, dann steht fest, dass es Zuwanderung schon seit Beginn dieses deutschen Seins gegeben hat.

Seit 600 Jahren zum Beispiel durch Roma und Sinti: Die »Zigeuner« wurden erstmals 1407 in Hildesheim urkundlich belegt.[40] Sie kamen ursprünglich aus dem indischen Raum und wanderten zunächst in Familienverbänden ein, die sich dann später zu größeren Gruppen von etwa 200 bis 300 Menschen zusammenschlossen. Zunächst noch als interessante Abwechslung bestaunt, brachte ihnen die Mehrheitsbevölkerung schon bald Misstrauen und Abneigung entgegen. Man unterstellte den Neueinwanderern, Spione zu sein, Zauberer, Gauner und Pestbringer. Durch Berufsverbote vom Handeln und Musizieren abgehalten, wurden viele Roma und Sinti Bettler. Oftmals in Gruppen und nicht eben zurückhaltend auftretend, erzeugten sie bei der Bevölkerung Gefühle von Bedrohung und Angst – etwa vor Racheakten wie Brandstiftung.

Es begann ein Jahrhunderte dauernder Weg staatlicher Verfolgung. Schon 1482 wurde in Brandenburg ein erstes Niederlassungsverbot für die Sinti und Roma erlassen; die Reichstage von Lindau und Freiburg gingen 1497 noch einen erheblichen Schritt weiter und erklärten die »Zigeuner« für vogelfrei. Jeder Bürger durfte sie nach Belieben gefangen nehmen oder auch töten. Folglich entsprach es schon einer Einschränkung der durch deutsche Kleinstaaterei überaus vielfältigen »Zigeunergesetze«, als Kaiser Ferdinand I. 1556 ein Patent erließ, wonach »Frauen und Kinder, im Gegensatz zu männlichen ›Zigeunern‹, nicht mehr sofort umgebracht, sondern des Landes verwiesen werden sollten.«[41]

Nach dem Dreißigjährigen Krieg von 1618 bis 1648, in dessen Verlauf die deutsche Obrigkeit scheinbar noch gravierenderen Problemen als der Bekämpfung von Sinti und Roma gegenüberstand, erfolgten dann erneute Verschärfungen der gesetzlich verordneten Diskriminierung. 1721 befahl Kaiser Karl VI. die Verhaftung und Ausrottung aller auf deutschem Boden auffindbaren »Zigeuner«. Diese sahen keine andere Möglichkeit mehr, als sich bewaffnet zu organisieren und, bis zu 1000 Kopf stark, Schlachten mit den regulären Truppen zu schlagen. Dass trotz des staatlich befohlenen Tötungsauftrages »Zigeuner« überleben konnten, lag nicht zuletzt auch an einem gewissen Entgegenkommen der Bevölkerung. Diese stand zum Teil in Opposition zur eigenen Obrigkeit, fühlte sich solidarisch mit den Verfolgten, sah im Sinne des christlichen Glaubens einen Auftrag zum Schutz des Lebens – oder erhoffte sich schlicht guten Profit durch die geleistete Hilfe.

Indirekte Unterstützung kam auch von der öffentlichen Verwaltung, die seinerzeit noch wenig vom heutigen Organisationsgrad aufwies und zudem im wahrsten Sinne des Wortes nur begrenzte Entscheidungen treffen konnte – schließlich verwaltete jede nur ihren überschaubaren Kleinstaat. So wie auch im heutigen Deutschland noch die Polizei Aufgabe der Länder ist und manche Verfolgungsjagd für den Delinquenten am Stadtrand von Berlin oder Hamburg einen erfreulichen Ausgang findet, so erreichten damals alle drei Staatsgewalten ihre Begrenzung am jeweiligen Schlagbaum.

Für die Sinti und Roma brach indes Mitte des 18. Jahrhunderts eine neue Epoche an. Sollte das »Zigeunerproblem« zuvor durch Ausrottung erledigt werden, stand jetzt Zwangsintegration auf der bürokratischen Wunschliste: Die »Zigeuner« sollten zur Sesshaftigkeit gezwungen werden, ihre Kultur aufgeben und obrigkeitstreue Bürger des Staates werden. Ebenso wie die Missionsanstrengungen der Kirche blieben auch diese Versuche erfolglos.

Nach der Reichsgründung verschärften die Gesetzgeber ihre Bemühungen, die Rechte der nun zumindest auf dem Papier offiziellen deutschen Staatsbürger zu unterminieren. 1899 begann mit der Einrichtung des Münchener »Zigeunernachrichtendienstes« die planmäßige Erfassung von Sinti und Roma. Spätestens in den 1920er Jahren war das »Reisen in Horden« in allen deutschen Ländern verboten, »Zigeunerkinder« durften ihren Eltern zur Zwangserziehung weggenommen werden. Unter den Nationalsozialisten steigerte sich die Verfolgung der seit über 500 Jahren im Lande lebenden Menschen nochmals. Aus Gründen der »Rassenhygiene« zu »unwertem Leben« erklärt, wurden sie systematisch umgebracht. Insgesamt starben unter der NS-Herrschaft mehrere Hunderttausend europäische Roma und Sinti.

Ganz anders gestaltete sich die Geschichte der protestantischen »Glaubensflüchtlinge«, die zu Beginn des 16. Jahrhunderts in die deutschen Länder zu wandern begannen.[42] In ihren Heimatländern in der Glaubensausübung behindert, verfolgt oder – wie die Salzburger Protestanten – gar ausgewiesen, wurden sie vor allem von den ärmeren evangelisch ausgerichteten deutschen Ländern mit offenen Armen empfangen. Man erhoffte sich von den Neueinwanderern einen wirtschaftlichen Aufschwung und gewährte ihnen diverse Privilegien. Nicht nur die angestrebte Kultusfreiheit wartete auf die Zuzügler, auch auf kulturelle und oft sogar rechtliche Autonomie durften sie hoffen, ebenso wie auf ein Bündel wirtschaftlicher Vorteile von Steuerfreijahren bis hin zur Mietbefreiung.[43] Sozialneid seitens der weniger gut gestellten einheimischen Bevölkerung war den Einwanderern somit sicher – zum Aufschwung ganzer Regionen konnten diese zugereisten Entwicklungshelfer dennoch vielfach entscheidend beitragen. So wäre Berlins Aufschwung vom doch eher verträumten Ackerbaustädtchen zur Kapitale mit europäischem Zuschnitt ohne die geistigen, kommerziellen und künstlerischen Leistungen der Hugenotten kaum vorstellbar.

»Ausländische Wanderarbeiter«, die für niedrige Löhne mit befristeten Tätigkeiten durchs Land ziehen und heutzutage manchmal als mediales Schreckensgespenst herhalten müssen, gibt es schon ein wenig länger als die Europäische Union und ihre »Dienstleistungsrichtlinie«. Bedingt durch den erheblichen Arbeitskräftemangel auf dem Land und in der neu anwachsenden Industrie wuchs diese Form der Ausländerbeschäftigung seit den 1890er Jahren zu einer Massenbewegung an, so dass vor Ausbruch des Ersten Weltkrieges 1914 ganze 1,2 Millionen »ausländische Wanderarbeiter« in Deutschland beschäftigt waren, die meisten von ihnen Polen und Italiener.[44] Da auch damals schon ausländische Wanderarbeiter zum Teil an die Stelle zuvor einheimischer Beschäftigter traten, bildete sich eine uns heute nicht unbekannte »Verdrängungstheorie« heraus. Diese stellt einen direkten kausalen Zusammenhang zwischen Zuwanderung von Ausländern einerseits und Rückgang von Einheimischen in bestimmten Berufsfeldern oder aus Wohngegenden andererseits her. Am Beispiel der Zuwanderung von Polen im ausgehenden 19. und beginnenden 20. Jahrhundert verdeutlicht hieße das: Nicht die Abwanderung preußischer Staatsbürger und die damit verbundene »Leutenot« auf den Großgütern hätten den stärkeren Zuwachs polnischer Saisonarbeiter zur Folge gehabt, sondern umgekehrt seien es die Auslandspolen, die auf Grund ihrer Anspruchslosigkeit und Billigkeit von den Arbeitgebern vorgezogen worden seien, derentwegen die deutschen Landarbeiter nach Westen abgedrängt worden seien.[45] Auch für andere Situationen wurde diese Perspektive gerne angewandt: »Im Ziegeleigewerbe haben Italiener in Süddeutschland, Slawen, Wallonen und Holländer in Norddeutschland das Feld erobert. Tschechen überfluten die Ziegeleien Sachsens, und Wallonen und Holländer strömen in die rheinisch-westfälische Ziegelindustrie. Die Lipper Ziegler, die früher in Deutschland überall zu finden waren, sind allmählich durch Polen, Ruthener, Wallonen, Italiener, Holländer, Tschechen immer mehr zurückgedrängt.«[46]

Bereits im ausgehenden 19. Jahrhundert konnte so in Landwirtschaft, Tiefbau und Montanindustrie die Herausbildung eines doppelten Arbeitsmarktes beobachtet werden. Auf der untersten, internationalisierten Ebene wurde die wenig geschätzte Schwerstarbeit von ausländischen Arbeitskräften verrichtet. Hierzu zählten ganz unterschiedliche Berufe wie die der Kanalarbeiter im

Tiefbau, die Tonklumpen in Formen pressenden »Handformer« in der Ziegelei, die im landwirtschaftlichen Ernteakkord stehenden weiblichen »Rübenzieher« und die männlichen »Schnitter« oder die »Schlepper« in der Montanindustrie und die »Feuermänner« am Hochofen. Dass sich deutsche Arbeitslose entgegen aller »Verdrängungstheorien« auch vor hundert Jahren schon nicht um solche Tätigkeiten rissen, räumte seinerzeit sogar die »Deutsche Gesellschaft zur Bekämpfung der Arbeitslosigkeit« ein: »Die Tatsache, dass inländische Arbeitslose vorhanden sind, darf keineswegs von vorneherein die Einführung von Ausländern in allen Fällen ausschließen; es gibt gewisse schwere und schmutzige Arbeiten, zum Beispiel im Tiefbau, denen im Allgemeinen inländische Arbeitskräfte auf die Dauer nicht gewachsen sind und die auch von ihnen überhaupt nicht oder nur vorübergehend angenommen werden.«[47]

Neben der Übernahme von »Drecksarbeit« erfüllten die ausländischen Arbeitskräfte noch eine weitere, kapitalistisch sinnvolle Funktion: Sie dienten als menschlicher Puffer für Konjunkturflauten. Denn schließlich erlosch ihre Aufenthaltsgenehmigung im Deutschen Reich sofort nach ihrer Entlassung – weshalb sie bequem abgeschoben werden konnten. Anders als arbeitslose deutsche Staatsbürger, die in einer solchen Situation Unfrieden hätten stiften können, konnte man mit den Menschen auch gleich die Probleme abschieben. Diese Verbindung von Arbeitsverwaltung und Ausländerzulassung begründete eine Traditionslinie, die schließlich zur »Gastarbeiterperiode« der Bundesrepublik führte.

Während des Ersten Weltkrieges schließlich wandelte sich die Ausländerbeschäftigung in Deutschland von der Saisonarbeit zur Zwangsarbeit. »Feindliche Ausländer« sollten an der Rückkehr in ihre Heimatländer gehindert werden und stattdessen »soweit irgend möglich zur Einbringung der Ernte und zu anderen dringenden Arbeiten« herangezogen werden, hieß es in einer Anweisung des Preußischen Kriegsministeriums.[48] Mehr als 300 000 russisch-polnische Arbeiter mussten nun auch gegen ihren Willen an ihren Arbeitsplätzen verbleiben, 500 000 bis 600 000 wurden darüber hinaus in den besetzten polnischen und russischen Gebieten teilweise unter erheblichem Druck angeworben. Hinzu kamen etwa 2,5 Millionen Kriegsgefangene, die dem Deutschen Reich zwischen 1914 und 1918 in die Hände fielen. Ein erheblicher Teil von ihnen wurde ebenfalls zur Arbeit herangezogen und vor allem in der Landwirtschaft aber auch im Bergbau eingesetzt – was der Haager Konvention widersprach, die besagt, dass Kriegsgefangene nicht in Bereichen eingesetzt werden dürfen, die in direktem Zusammenhang mit der Kriegsrüstung stehen.

Nach Ende des Krieges kehrten die deutschen Soldaten zurück, die Arbeitslosigkeit stieg und die Regierung setzte zunächst alles daran, keine ausländischen Arbeitskräfte mehr zuzulassen. Da aber in den landwirtschaftlich ausgerichteten Ostgebieten erneut »Leutenot« herrschte – und arbeitslose Städter weder aufs Land ziehen mochten noch landwirtschaftlich arbeiten konnten und wollten –, wurde den Gutshofbesitzern die Anwerbung von 50000 polnischen Arbeiter gestattet.[50]

Gleichzeitig änderten sich jedoch die Bedingungen ihrer Beschäftigung: Ausländische Arbeiter wurden tariflich gleichgestellt, was sowohl einen Schritt zu mehr sozialer Gerechtigkeit bedeutete als auch verhinderte, Ausländer als Lohndrücker einzusetzen. Zudem durften sie nur noch eingestellt werden, wenn keine Deutschen verfügbar waren.

Die Nationalsozialisten fanden somit 1933 bereits ein gesetzgeberisches und verwaltungstechnisches Instrument vor, das die Organisation der Ausländerbeschäftigung stark zentralisiert und die Steuerungsmechanismen effektiviert hatte. Das Inländerprimat, welches es im Kaiserreich nicht gegeben hatte, war nun gesetzlich abgesichert (und ist bis heute kennzeichnend für die deutsche Ausländerpolitik). Zudem enthielt das Ausländerpolizeirecht genügend dehnbare Begriffe, um ausländischen Arbeitnehmern den Aufenthalt jederzeit zu verbieten – sollte es die wirtschaftliche Lage oder die ideologische Ausrichtung der Regierung für erforderlich erscheinen lassen.

Ab Mitte der 30er Jahre begann sich in Deutschland auf Grund der Kriegsvorbereitungen ein Arbeitskräftemangel anzubahnen. Allen rassistischen Ideologien der Nationalsozialisten zum Trotz sollten in dieser Situation Ausländer einspringen. Anwerbung und Bezahlung gestalteten sich aber als schwierig, da das Reich kaum über Devisen verfügte. So kamen bis 1938 nur etwa 375000 ausländische Arbeiter nach Deutschland.[51] Durch die Besetzung

Ausländer im Deutschen Reich, 1871 bis 1910[49]

Staaten	1871	1890	1900	1910
Österreich-Ungarn	75702	201542	390964	667159
Russland	14535	17107	46967	137697
Italien	4019	15570	69738	104204
Schweiz	24518	40027	55494	68257
Frankreich	4671	19659	20478	19140
Luxemburg	4828	11189	13260	14356
Belgien	5097	7312	12122	13455
Niederlande	22042	37055	88085	144175
Dänemark	15163	35924	26565	26233
Schweden	–	10924	9622	9675
Norwegen	12345	2012	2715	3334
Großbrit. u. Irland	10105	14713	16130	18319
Übriges Europa	1177	2322	5011	10044
Vereinigte Staaten	10698	14074	17419	17572
Sonstige	1855	3824	4167	6253
Insgesamt	206755	433254	778737	1259873
In % der Gesamtbevölkerung	0,5	0,9	1,4	1,9

Österreichs und von Teilen der Tschechoslowakei 1938 waren keine Devisen mehr zur Bezahlung der dort zur Arbeit rekrutierten Ausländer nötig. Ein Weiteres tat der Beginn des Krieges.

Die größte Anzahl ausländischer Arbeiter hielt sich folglich weder während des Kaiserreiches noch in der Weimarer Republik oder – wie mancher wohl annehmen mag – in der heutigen Bundesrepublik in Deutschland auf: 7,8 Millionen ausländische Arbeitskräfte arbeiteten auf Grund der massenhaften, zwangsweisen Rekrutierung während der NS-Herrschaft im Sommer 1944 innerhalb der Grenzen des Deutschen Reiches. 5,7 Millionen Zivilarbeiter, knapp zwei Millionen Kriegsgefangene und etwa eine halbe Million KZ-Häftlinge befanden sich auf Arbeitsstellen im Reich. Insgesamt wurden hier Menschen aus 20 Ländern zur Arbeit eingesetzt. 2,8 Millionen stammten aus der Sowjetunion, 1,7 Millionen aus Polen und 1,3 Millionen aus Frankreich.[52] Auch die Zivilarbeiter wurden mit repressiven Bestimmungen in ein enges Korsett gepresst, wobei man stark nach Nationalität unterschied. Während Franzosen am oberen Ende dieser Hierarchie standen, war Polen der Zugang zu öffentlichen Einrichtungen wie Schwimmbädern und Zügen verboten, sie mussten länger arbeiten und durften außerhalb der Arbeit keinen Kontakt zu Deutschen pflegen. Zur »Reinhaltung des deutschen Blutes« wurde geschlechtlicher Umgang mit Deutschen mit der Todesstrafe geahndet. Aus demselben Grund wurden zumindest in Polen auch viele Frauen zwangsrekrutiert.

Noch schlimmer gestaltete sich der Abtransport nach Deutschland für die sowjetischen Kriegsgefangenen. Die Siegesgewissheit der deutschen Führung hatte sie von vornherein einen Arbeitseinsatz von Sowjets im Deutschen Reich ausschließen lassen. Auch die Bevölkerung hielt, geprägt durch jahrelange Propaganda gegen den als wildes Tier dargestellten »Feind aus dem Osten«, nichts von zu großer Nähe. Die Gefangenen wurden folglich als kriegswirtschaftlich nicht notwendig eingestuft und in Massenlagern im Hinterland der deutschen Ostfront ihrem grausamen Schicksal überlassen. Über die Hälfte der 3,3 Millionen bis Ende 1941 in deutsche Kriegsgefangenschaft geratenen Sowjets verhungerte, erfror, starb vor Erschöpfung oder wurde umgebracht. Von den insgesamt bis Kriegsende gefangenen 5,7 Millionen sowjetischen Soldaten verloren 3,5 Millionen in deutschem Gewahrsam ihr Leben. Sowjetische Kriegsgefangene und Zivilisten, die auf Grund des gestiegenen Arbeitskräftebedarfes nach 1941 doch noch zu Arbeitseinsätzen rekrutiert wurden, mussten erheblich länger arbeiten und erhielten geringere Nahrungsrationen, so dass sie oft schon nach wenigen Wochen unterernährt und arbeitsunfähig waren.[53] Für sie war mit dem Kriegsende im Mai 1945 der Leidensweg nicht abgeschlossen. Zurück in der Sowjetunion sahen sie sich vom stalinistischen Regime mit einem kollektiven Kollaborationsverdacht konfrontiert. Sie unterlagen heftigen Repressionen, viele wurden sogar erneut in Gefängnisse oder die Lager des »Gulag« gesperrt.

Anders als die Sowjets, die von den Alliierten zur Rückkehr in ihre Heimat gezwungen wurden, entschloss sich eine knappe Million anderer, vor allem osteuropäischer »displaced persons« (DPs) zumindest vorerst zu bleiben. Die Zukunft in ihren vom Krieg zerstörten Herkunftsländern, an deren Tür bereits der sowjetische Stalinismus klopfte, schien wenig verlockend. Als ihnen ab

1947 mit der Weiterwanderung in andere westliche Länder eine dritte Möglichkeit eröffnet wurde, verließen 712 000 der bis dahin noch immer größtenteils in Lagern lebenden DPs Deutschland.[54] Zurück blieben etwa 150 000 Menschen, von denen viele zu alt, krank oder schwach waren, um noch einen Neustart zu unternehmen.[55]

Lauter Parallelgesellschaften?

Nach der Gründung der Bundesrepublik kam es dann zu den bereits eingangs beschriebenen Einwanderungswellen. Was für ausländische Gruppierungen entstanden dadurch in Deutschland? Wie sind sie organisiert? Wie und wo stellen sie sich ihre Zukunft vor? Welche Erfahrungen haben sie mit der deutschen Gesellschaft gemacht? Kapseln sie sich (absichtlich) in ihre eigenen, parallelen Welten ab, in denen für Deutsche maximal Nebenrollen reserviert sind? Wie halten sie es mit dem Zauberwort der »Integration«? Und welche Rolle spielt dabei die Religion?

Kinder bei einer Feier anlässlich des Geburtstags von Mohammed im »Haus der Weisheit«, Berlin-Moabit

Die Gretchenfrage

Bei der Rede über »die Ausländer« sind oft »die Türken« und zugleich »die Muslime« gemeint. Wer oder was sind aber »die Muslime«? In der Wahrnehmung der Öffentlichkeit sind es vor allem die Verlautbarungen zumeist türkischer muslimischer Organisationen[56], die das Bild »der Muslime« begründen – und das, obschon etwa 70 bis 80 % der in Deutschland lebenden Muslime nicht Mitglied einer Organisation sind, denn schließlich versteht sich der Islam ausdrücklich nicht als Religion mit kirchenähnlichen Strukturen. Über deren Orientierungen und Alltagswelten wissen wir eher wenig, auch der Grad ihrer Religiösität kann nur geschätzt werden.[57] Ebenso wenig lassen sich genaue Angaben über Nähe und Bindung von in Deutschland lebenden Muslimen an extremistische oder islamistische Organisationen machen.[58] Der Verfassungsschutz geht von etwa 1 % Zugehörigkeit aus, das entspräche gut 30 000 Menschen. Diese werden wiederum in »friedlich«, »gewaltbereit« und terroristische »Gefährder« unterschieden; das Bundesinnenministerium rechnet mit etwa 200 solcher »Gefährder«.[59]

Aber nicht nur das politische Spektrum ist breit, die Heterogenität des (organisierten) Islams in Deutschland wird auch deutlich im Blick auf Ethnien (Türken, Araber, Bosnier, Albaner ect.), religiöse Grundrichtungen (Sunniten, Schiiten, Aleviten, Ahmadiyya, Sufis), religiös-politische Orientierungen (konservativ-orthodox, »säkularistisch«, islamistisch) und Organisationstypen der Vereine und Verbände (zentralistisch, dezentralistisch, föderativ). Die Gründung solcher Vereine war für die Muslime im Ausland vor allem deshalb unumgänglich, da ohne zumindest minimale organisatorische Strukturen keine religiösen Infrastrukturen aufzubauen waren – sprich: ohne Verein keine Moschee! Die Vereine wurden oftmals nicht nur in Bezug zur eigenen ethnischen Zugehörigkeit ausgerichtet, oft orientierte man sich auch konkret an bereits bestehenden Strukturen im Heimatland.

Ausrichtung der wichtigsten türkisch-islamischen Dachverbände[60]

Organisation in der Türkei	Profil	Zielsetzung	Organisation in Deutschland
Partei der Nationalistischen Bewegung (MHP)	nationalistisch	türkisch-islamische Synthese	• Föderation der Türkisch-Demokratischen Idealistenvereine in Europa e.V. (ADÜTDF) • Union der Türkisch-Islamischen Kulturvereine in Europa e.V. (ATIB)
Tugendpartei (FP) bzw. Nachfolgepartei Saadet Partisi	islamistisch	Islamisierung, Errichtung einer »gerechten Ordnung« nach der »nationalen Sichtweise«	• Islamische Gemeinschaft Milli Görüs e.V. (IGMG) • Verband der Islamischen Vereine und Gemeinden e.V. (ICCB)
Präsidium für Religionsangelegenheiten (DIB) CEM Vakfi	staatlich-laizistisch	Verkörperung des türk. Staatsislams bei gleichzeitig zunehmender Islamisierung, z.T. Sunnitisierung der Aleviten	• Türkisch-Islamische Union der Anstalt für Religion e.V. (DITIB) • CEM-Stiftung
Süleymanci-Bewegung Nurculuk-Bewegung	sufisch	Verwirklichung des traditionell-orthodoxen Islam im Rahmen der laizistisch-türkischen Staatsordnung	• Verband der Islamischen Kulturzentren e.V. (VIKZ) • Jama'at un-Nur Köln e.V. • Fetullah-Gülen-Gruppe
Aleviten	laizistisch	Erhalt der laizistischen Staatsordnung	• Föderation der Aleviten Gemeinden in Europa e. V. (AABF)

Eine Darstellung, was »die Muslime« glauben und wofür sie stehen, kann hier also nicht erfolgen. Immerhin aber soll anhand der vom Zentralrat der Muslime in Deutschland e.V. (ZMD) verabschiedeten Islamischen Charta eine Ahnung einer wichtigen Strömung vermittelt werden. Der multinationale Zentralrat ist einer der drei islamischen Spitzenverbände und umfasst derzeit 19 Mitgliedsorganisationen. Seine Mitgliederzahlen werden höchst unterschiedlich angegeben. Der ZMD selbst spricht von etwa 550 000 Mitgliedern, deutsche Quellen von etwas über 20 000. In der am

3. Februar 2002 verabschiedeten Islamischen Charta des Verbandes ist zu lesen:

»Die Muslime glauben, dass sich Gott über Propheten wiederholt geoffenbart hat, zuletzt im 7. Jahrhundert westlicher Zeitrechnung gegenüber Muhammad, dem ›Siegel des Propheten‹. Diese Offenbarung findet sich als unverfälschtes Wort Gottes im Koran.« Der Koran habe »die ursprüngliche Wahrheit, den reinen Monotheismus nicht nur Abrahams, sondern aller Gesandten Gottes wiederhergestellt« (was impliziert, dass Juden und Christen nicht über den *reinen Monotheismus* verfügen, da sie ja einer nicht *wiederhergestellten* Fassung anhängen – schließlich sehen sie in Mohammed keinen Propheten).

Mohammeds »Aussagen und Verhaltensweisen sind in der sogenannten Sunna überliefert. Beide zusammen [Koran und Sunna] bilden die Grundlage des islamischen Glaubens, des islamischen Rechts und der islamischen Lebensweise. Hauptpflichten der Muslime sind die fünf Säulen des Islam: das Glaubensbekenntnis, das tägliche fünfmalige Gebet, das Fasten im Monat Ramadan, die Pflichtabgabe (zakat) und die Pilgerfahrt nach Mekka.« Ansonsten haben »der Muslim und die Muslima die gleiche Lebensaufgabe«, nämlich »Gott zu erkennen, ihm zu dienen und Seinen Geboten zu folgen«. Von gleichem Recht für Männer und Frauen ist zumindest explizit nicht die Rede.

Von der Anerkennung des Grundgesetzes inklusive Religionsfreiheit allerdings schon: »Daher akzeptieren sie [die Muslime] auch das Recht, die Religion zu wechseln, eine andere oder gar keine Religion zu haben. Der Koran untersagt jede Gewaltausübung in Angelegenheiten des Glaubens.« Mit diesem Bekenntnis zur in säkularen Demokratien selbstverständlichen Religionsfreiheit, geht der verfassende Zentralrat der Muslime in Deutschland ein ganzes Stück über die in vielen islamischen Staaten herrschende Meinung hinaus: Dort wird der von Mohammed kolportierte »hadith« (Ausspruch) »Wer seine Religion wechselt, den tötet!« oftmals in die Praxis umgesetzt. Apostasie wird mit Hochverrat gleichgesetzt. Atheisten (aber auch Anhänger nicht monotheistischer Religionen wie dem Buddhismus) gelten als »Götzendiener«, denen im Koran das Höllenfeuer angedroht wird (zum Beispiel Sure 4,55 ff.).

Im diesseitigen Leben, so heißt es beim ZMD weiter, bestehe »zwischen den im Koran verankerten, von Gott gewährten Individualrechten und dem Kernbestand der westlichen Menschenrechtserklärung kein Widerspruch«.[61]

Soweit die Grundpositionen der »Islamischen Charta«, die als Reaktion auf die Attentate vom 11. September 2001 geschrieben wurde – und u.a. auch für eine Abgrenzung zwischen islamischem Glauben und Terrorismus sorgen wollte. Beides wird oftmals vermischt: zum einen von den Terroristen selbst, die behaupten, im Namen des Glaubens zu töten, zum anderen von den westlichen Mehrheitsgesellschaften, die eine deutliche Positionierung der Muslime im jeweiligen Land gegen den weltweiten Terrorismus vermissen.

Das Verhältnis einer Minderheit der in Deutschland lebenden Muslime zur Gewalt scheint indes tatsächlich nicht mit den Grundwerten eines demokratischen, säkularen Rechtsstaates übereinzustimmen. Ein Viertel der in einer Untersuchung befragten türkischen Jugendlichen stimmten der Aussage zu: »Wenn es der islamischen Gemeinschaft dient, bin ich bereit, mich mit körperlicher Gewalt gegen Ungläubige durchzusetzen«. Beinahe jeder vierte Befragte war der Auffassung: »Wenn jemand gegen den Islam kämpft, muss man ihn töten.«[62] Zwischen dem linksliberalen Hang zur Verharmlosung und rechtskonservativer Dramatisierung muss nüchtern nach den Ursachen solcher Positionen gesucht werden, um weiterführende Antworten zu finden.

Ob diese Äußerungen jedoch bereits Anzeichen einer »Parallelgesellschaft« mit eigenem Rechtsverständnis sind, sei dahingestellt. Schließlich scheint es die eine gültige Auslegung des Islams und seiner Grundsätze schlicht nicht zu geben: In den diversen Gesprächen, die ich selbst mit europäischen, arabischen, asiatischen und afrikanischen Muslimen für dieses Buch führte, wurde so ziemlich jede mögliche Einstellung zu sozialen wie religiösen Fragen und Entwicklungen geäußert – und regelmäßig auch mit dem Koran begründet. Während zum Beispiel türkische und afrikanische Muslime, die das Tragen des Kopftuches ablehnten, behaupteten, dieses sei lediglich ein Relikt der arabischen Kultur, hieß es von arabischer Seite, das Kopftuch stamme aus der Türkei. Diejenigen unter den Muslimen jedoch, die sich für ein Tragen des Kopftuches aussprachen, erklärten, dies gebiete schließlich der Koran. Während die einen den Umgang der deutschen Gesellschaft mit religiösen Vereinigungen als zu lax bezeichneten, erklärten die anderen, Deutschland fehle es an religiöser Freiheit. Während die einen sagten, der Koran predige eine friedfertige Grundhaltung, sagten andere, große Kriegsherren würden äußerst hoch geschätzt. Während die einen sagten, der Abfall vom moslemischen Glauben könne ebenso wie Ehebruch mit dem Tode bestraft werden, erklärten andere, der Mensch dürfe generell nicht töten und Strafen seien Gott vorbehalten.

»Die Muslime« in Deutschland kamen und kommen schlicht aus völlig verschiedenen Kulturen und Zusammenhängen, weshalb auch Auslegung und Wahrnehmung ihrer eigenen Religion stark divergieren. »1,2 Milliarden Individuen auf der Welt sind Muslime. Sie sind in verschiedenen Ländern und Erdteilen zu Hause und leben in unterschiedlichen Gesellschaftssystemen. Differenzierte soziokulturelle Faktoren machen deutlich, dass es innerhalb der muslimen Bevölkerungen eine Vielzahl verschiedener Lebensrealitäten gibt.«[63]

Wenn also schon die Perspektiven und (Lebens-)Geschichten der moslemischen Zuwanderer in Deutschland höchst unterschiedlich sind, so kann man sich leicht vorstellen, wie unterschiedlich die Blickwinkel von Chilenen, Vietnamesen oder Österreichern auf dieses Deutschland sind!

Europäer

Griechen

Das Herkunftsland[64]

Fläche: 131 957 km² (Weltrang: 95)
Einwohner: 10 560 000 (Weltrang: 73)
Hauptstadt: Athen, 772 072 Einwohner
Sprachen: Griechisch (Amtssprache)
Bruttosozialprodukt je Einwohner: 11 960 $
Größe der Gruppe in Deutschland: 315 989 (Minderheitenrang: 3)
Migrationsgründe: vor allem Arbeitsmigration; Familienzusammenführung
Religion: 97 % Griechisch-Orthodoxe; 1,2 % Muslime, Minderheiten von Protestanten, Katholiken, Juden

Hürdenspringerin

»Mein Vater kommt aus Kreta, meine Mutter vom Festland – kennengelernt haben sie sich hier im Opel-Wohnheim,« erzählt Eleni. Die Rüsselsheimerin lebt noch immer in Hessen, auch wenn das anfangs ganz anders geplant war. »Die haben es damals gar nicht für nötig gehalten, sich mit dem Land auseinanderzusetzen, wo sie sich gerade mal aufhielten, schließlich waren ja alle wie die Computer vorprogrammiert auf Rückreise nach Griechenland.« Sie selbst sei deshalb auch von den Eltern auf die griechische Schule geschickt worden, »da war alles auf Griechisch, griechische Sprache, Geschichte, Geografie – und selbst der Deutschunterricht wurde ja von einem Griechen gegeben, so dass das auch eigentlich wieder eher griechisch als deutsch klang!« Ihr Glück sei gewesen, dass der Lehrer schließlich den Weg so vieler »Gastarbeiter« gegangen sei, »und eines Tages aufgehört hat, Lehrer zu sein, und stattdessen ein Restaurant aufmachte«.

Mangels Lehrer wurde die inzwischen zehnjährige Eleni so auf eine deutsche Schule geschickt. »Kinder können sehr gemein sein, wenn jemand die Sprache nicht kann«, erinnert sie sich an ihre ersten, schwierigen Monate. Nur ein einziges Kind habe mit ihr gesprochen und sie zum Geburtstag eingeladen, »und bei dem wusste ich auch nicht recht warum, das lag wohl an der Mutter, die mich irgendwie mochte und unterstützen wollte«. Zum Glück habe bald eine Klassenfahrt angestanden, »da habe ich mich dann so geben können, wie ich wirklich bin und war anschließend total integriert«. Daheim sei das nicht immer leicht gewesen, »mein Vater war sehr streng, deshalb hat es auch oft Diskussionen gegeben. Ich habe ihm gesagt, dann müssten wir eben zurück nach Griechenland, da würde ich nicht auffallen, in dieser Gesellschaft hier aber schon. Da ist man Außenseiterin, wenn man abends nicht raus darf.«

Kleine Freiräume habe sie sich so erkämpfen können und sie sehe sich heute als Deutsche wie als Griechin. Das Gefühl von Heimat mag sich allerdings in beiden Ländern nicht richtig einstellen: »Im Griechischen habe ich einen Akzent, da gelte ich als Deutsche, und hier wird auch oft alles Ausländische über einen Kamm geschoren und nicht honoriert, wenn man sich um Integration bemüht.« Vor noch nicht langer Zeit, so erzählt sie, habe eine Frau sie gefragt, wie das denn »›bei Ihnen zu Hause‹« sei. »Ich hab danach geweint, weil ich einfach nie wirklich dazugehören werde. Meine Mutter konnte das gar nicht verstehen, wie diese Frau auf die Idee gekommen war, dass nicht Deutschland mein zu Hause war. Da habe ich zu ihr gesagt, ›Mama, ich spreche vielleicht gut Deutsch, sehe aber nicht so aus.‹«

Langfristig sehe sie die Zukunft ihrer Familie aber hier in Deutschland, »das ist so, wie ein Tuch, das man oft wäscht, das dann langsam die Farbe verliert«. Sie selbst sei noch »in griechischen Verhältnissen« groß geworden, zu Hause sprach man Griechisch, die Grundschule war griechisch, die Freunde Griechen, und Wochenende und Freizeit wurden in dem »Verein der Kreter O Psiloritis« verbracht. Ihr Mann, den sie mit 19 Jahren heiratete, war folglich auch Grieche. »Ich kannte ja fast nur Griechen.« Die beiden Kinder allerdings wüchsen schon ganz anders auf. »Die haben fast nur deutsche Freunde, gehen aufs Gymnasium, und nachmittags zwinge ich ihnen noch Griechisch-Unterricht auf!« Auf große Begeisterung stößt sie damit bei ihrem Nachwuchs nicht. »Der Älteste spielt ja auch Fußball und Geige, der hätte auch gern mal frei!« Aber schließlich seien »sie ja nicht umsonst Griechen, und man sollte schon seine Muttersprache sprechen«.

Integration sei somit keine Frage, sondern bereits verwirklichter Zustand. So erzählt Eleni, dass sie inzwischen zwar auch im Vorstand des Kreter Vereins ihrer Jugend sitze, »aber die haben sich ja sehr verändert. Früher war das ganz sicher eine Parallelgesellschaft, da hatte man Angst vor der Fremde; Mentalität und Sprache waren unbekannt. Heute gibt es den Verein noch, um nicht ganz die Wurzeln zu verlieren – und die meisten Griechen dort sprechen fließend Hessisch.« Der Nachwuchs werde »regelrecht zum Mitmachen gezwungen, weil die Eltern wollen, dass sie die Sitten und Gebräuche kennenlernen. Die Jugendlichen würden samstags aber auch gerne mal was anderes machen, als in Tracht kretisch zu tanzen!«, erzählt sie lachend. Ihre Enkel werden aber, so vermutet die 39-Jährige, wahrscheinlich nicht einmal mehr Griechisch verstehen.

Sie selbst fährt jedes Jahr für einen Monat nach Kreta, wo die Schwiegereltern wohnen. »Die haben den Sprung geschafft und sind wirklich nach ein paar Jahren Arbeit wieder zurückgegangen.« Abgesehen von den privaten Verbindungen interessiert Eleni die Entwicklung im Lande ihrer Eltern nicht zu sehr. »Ich lese nur ab und an mal eine griechische Zeitschrift, und habe hier das ›Rüsselsheimer Echo‹ abonniert. Schließlich sind die Ereignisse vor Ort für mein Leben ja doch interessanter.«

Und vor Ort engagiert sie sich derzeit auch im Projekt »Start« (Sport überspringt kulturelle Hürden) für die Integration anderer Ausländerinnen. Ziel der Initiative ist es, Migrantinnen in Sportvereine zu holen – wo derzeit noch fast ausnahmslos Deutsche von Deutschen angeleitet werden. »Neulich waren wir hier in Rüsselsheim eingeladen zu einer Stunde im Verein, da waren dreißig Frauen, alles Deutsche. Nicht mal eine Spanierin oder sowas. Das hat mich doch verblüfft!« Um diesen Zustand zu verändern, wurde »Start« ins Leben gerufen: Hier werden Frauen mit Migrationshintergrund zu Übungsleiterinnen ausgebildet, um so anschließend in den Sportvereinen selbst unterrichten zu können. Während der Ausbildung wird zunächst einmal, wo es Not tut, das Deutsch der Zuwandererinnen verbessert. Anschließend lernen die Frauen in 130 Unterrichtsstunden die sportlichen Grundvoraussetzungen, um später in den Vereinen ein Vorbild in vielfacher Weise sein zu können. Denn, so stimmt Eleni mit den

Initiatoren des Projektes überein, »wenn die Trainerin auch Ausländerin ist oder sogar die gleiche Nationalität hat, fällt es viel leichter, mal in einen Verein zu kommen und etwas für seine Gesundheit und sozialen Kontakte zu tun.« Letzten Samstag nun hat die Griechin die Prüfung zur Übungsleiterin bestanden und bekam gleich von ihrer Mutter zu hören, sie solle sich nun ans Unterrichten machen, »dann wäre sie meine erste Schülerin«!

So bei der Integration von Zuwanderern helfen zu können, ist für Eleni ein wichtiges Projekt: »Ich stelle mir das immer so vor wie ein großes Haus mit vielen Dauergästen, die keine große Belastung werden dürfen für den Eigentümer. Die Gäste haben die gleichen Rechte, müssen sich aber auch einfügen. Schließlich kann ich meine Umgebung nicht umkrempeln, weil ich nun mal griechisch-ortodox bin. Das interessiert hier ganz einfach niemanden!«, sagt sie und lacht. Wenn alle machen würden, wonach ihnen der Sinn stünde, werde sich der »Hauseigentümer« schließlich bald nicht mehr wohl fühlen: »Ich hätte auch gerne meine kleine Kapelle zum Beten, die gibt es aber nicht – und wie würde die Stadt denn aussehen, wenn jeder hier sein Gebetshaus hinstellen würde, das wäre ja nicht mehr Rüsselsheim!« Davon abgesehen werde »niemand gezwungen, hier zu bleiben. Wir Griechen behalten unseren Glauben eher für uns und üben den privat aus. Schließlich soll der Glaube ja helfen und nicht schaden!« Und wenn alle sich dann ein bisschen rücksichtsvoller verhielten und sich anpassten, ist Eleni optimistisch, »hätten die Integrationsbeauftragten bald auch nichts mehr zu tun – obwohl die das wohl auch nicht so gut fänden, wenn man sie einfach abbaut«.

Italiener

Das Herkunftsland

Fläche: 301 336 km² (Weltrang: 70):
Einwohner: 57 679 000 (Weltrang: 22)
Hauptstadt: Rom, 2 655 970 Einwohner
Sprachen: Italienisch (Amtssprache), Deutsch (regionale Amtssprache), Französisch (regionale Amtssprache), Slowenisch, Sardinisch, Ladinisch, Friaulisch, Albanisch, Griechisch, Katalanisch
Bruttosozialprodukt je Einwohner: 20 160 $
Größe der Gruppe in Deutschland: 548 194 (Minderheitenrang: 2)
Migrationsgründe: vor allem Arbeitsmigration, Familienzusammenführung
Religion: über 90 % Katholiken; 0,1 % Protestanten, 0,1 % Juden

Bei Italienern an Eisdielen und Pizzerien zu denken, wäre in Deutschland vor 500 Jahren niemandem eingefallen. Schon vor 500 Jahren fanden viele Italiener den Weg über die Alpen. Allerdings nicht, um der hiesigen Gastronomie einen Aufschwung zu verpassen! Stattdessen waren Italiener seinerzeit bekannte Bankiers, Geldwechsler, Kaufleute und nicht zuletzt Künstler und Musiker. Ihre Spuren sind bis heute zu besichtigen, so zum Beispiel die von Agostino Barelli erbaute Theatinerkirche Münchens oder die Dresdner Hofkirche von Gaëtano Chaveri.[65]

Neben den naturgemäß wenigen großen Künstlern waren es in der ersten Hälfte des 19. Jahrhunderts dann vor allem Gipsfiguristen, Straßenmusikanten und Kleinwarenhändler, die über die Alpen gen Norden kamen. Einige Jahre später waren italienische Tunnelbauer in deutschen Landen sehr gefragt: Die deutschen Bergbauern erlernten ihre Techniken. Im Zuge der wirtschaftlich positiven Entwicklung von Rheinland und Westfalen übernahm man zum Teil auch gleich die italienischen Bergleute, Steinbrecher und Bauarbeiter: Um 1913 waren hier bereits etwa 100 000 Italiener zeitweise ansässig.[66] Nach dem Ersten Weltkrieg nötigte die deutsche Regierung die meisten Wanderarbeiter, die sich noch im Deutschen Reich befanden, außer Landes zu gehen – die Arbeitsplätze sollten von Deutschen besetzt werden. 1955 war es Italien, mit dem die Bundesrepublik das erste »Gastarbeiter-Anwerbeabkommen« überhaupt schloss – was den Beginn der Geschichte des Einwanderungslandes Deutschland markierte.

Getrennte Rechnungen und andere Kulturdefekte

»Das ist wirklich deprimierend, dass wir das noch nicht geschafft haben!«, erklärt Antonio Velia seufzend und schaut in seine Tasse, »aber – was soll man machen, die Leute sind halt so.« »Die Leute« sind in diesem Fall deutsche Männer, die (noch) nicht verstanden haben, was alles einen Mann ausmacht, und dazu gehört ohne Zweifel auch das Zahlen der Rechnung: »Wenn man sich das nicht leisten kann, eine Frau einzuladen, dann geht man eben spazieren im Park oder macht sonst irgendetwas – aber man kann doch nicht in ein Lokal gehen und dann getrennte Rechnungen verlangen. Das ist wirklich eine Sache der Unmöglichkeit, eine Frau bezahlen zu lassen!« Ich muss lachen, als ich mich an meinen entsprechenden Kulturschock nach meiner Rückkehr aus Argentinien erinnere. Einem durchschnittlichen Argentinier wäre wohl eher die Hand abgefallen, als ein Herumrechnen zu beginnen nach dem Schnittmuster: »Also, ich hatte den kleinen Salat und etwas weniger als die Hälfte vom Knoblauchbrot.«

Velia ist mit Leib und Seele Gastronom: »Ich nehme alles wahr«, erklärt er und lässt seinen Blick durch meine Wohnung schweifen, »das ist jahrelanges Training!« Der 58-Jährige »hält immer einen Kanal frei für die Arbeit. Auch wenn man sich im Lokal mal unterhält, muss man nebenbei immer mitbekommen, wenn irgendjemand etwas möchte. Heute können viele ja leider nicht mehr so arbeiten, da kann man lange rufen, bis die mal was merken!« Ich selbst hatte bei dem Italiener eine spannende Geschichte bestellt – und bekomme sie sogar frei Haus geliefert. Dazu trinkt der über zwei Meter große und mit einem beeindruckenden Oberlippenbart ausgestattete Antonio zu meiner Überraschung mit mir grünen Tee und lässt die Kanne Kaffee daneben unberührt stehen. »Ich komme überall klar und kann mich sofort anpassen.«

In Deutschland hält es ihn nun schon über 40 Jahre. Aufgewachsen in einem kleinen Dorf in Italiens Norden, ging er 17-jährig zunächst nach St. Moritz in die Schweiz, um seine Ausbildung zu verbessern. »Dort haben meine beiden Kollegen aus Sardinien und ich dann einen Hotelbesitzer aus Bernkastel-Kues getroffen, der uns fragte, ob wir nicht zu ihm nach Deutschland kommen wollen, um die Sprache zu lernen.« Da Antonio offenbar das Aus-

Italienisches Restaurant in Berlin im Fieber der Fußball-Weltmeisterschaft 2006

wanderer-Gen schon in den Knochen steckte – immerhin waren bereits eine Menge Onkel und Tanten Richtung Frankreich und Vereinigte Staaten verschwunden – machte er sich zusammen mit den beiden Kollegen auf den Weg an die Mosel. »Der erste Eindruck war deprimierend. Ich kam um 5 Uhr am Bahnhof an, da war alles wie ausgestorben, man konnte sich nirgendwo reinsetzen und einen Kaffee trinken, so etwas kannte ich aus Italien nicht.«

Die Arbeit, die ihn am nächsten Tag erwartete, war dann auch nicht ohne. »Das war sehr hart. Unten war eine Terrasse, dort kamen dann immer ganze Schiffsladungen von Ausflüglern an. 200 bis 300 Menschen auf einen Schlag, die alle ihr Kännchen Kaffee mit Kuchen haben wollten. Und wir waren doch nur drei Kellner!« Die Terrasse lag unten am Fluss, die Küche aber nur über viele Treppenstufen erreichbar oben am Hang. »Ich habe mir Watte zwischen die Zehen gesteckt und hatte trotzdem abends immer blutige Füße.« Außerdem habe er »auch noch die falschen Strümpfe angehabt, Nylon, das war natürlich völlig verkehrt, aber ich hatte ja keine Ahnung. Meine erste deutsche Freundin hat mir dann erklärt, dass es Baumwolle sein müsste.«

Noch vor den richtigen Socken gab es also die erste Bekanntschaft, schließlich lagen die Belegschaftszimmer zwar im Hotel, »und die hatten einen Portier, den man nicht stören durfte, weshalb wir immer schon um 22 Uhr zu Hause sein mussten. Das waren wir natürlich nicht, sondern sind über die Mauer geklettert und dann durch das Fenster. Ich hatte meinen Militärdienst ja schon gemacht und brauchte solche Vorschriften nicht mehr!« Die Zeit draußen wurde viel mit Deutschen verbracht, schließlich »gab es außer uns dreien nur einen einzigen anderen Italiener im ganzen Ort. Der hatte eine Eisdiele, war im Winter zu Hause und kam nur von Ende Februar bis zum Herbst.« Verheiratet war er mit einer Deutschen; regelmäßig wurde zusammen gefeiert, »und einmal kam da ein riesiges Paket aus Sardinien an mit selbstgemachter Wurst, da haben wir Wein gekauft und Brot, eine tolle Party gemacht und so ein paar Monate überstanden.«

Nach zwölf Monaten an der Mosel ging es dann für ein weiteres Jahr nach Bayern und anschließend nach Berlin. Hier traf Antonio dann nach ein paar Wochen den schönsten Grund, um den Deutschlandaufenthalt von ein paar Jahren auf ein paar Jahrzehnte auszudehnen. »Wir haben uns beim Tanzen kennengelernt, und es hat gleich gefunkt! Es war so, als ob wir uns schon immer gekannt hätten. Inzwischen sind wir 38 Jahre verheiratet, und es wird immer noch besser!« Schließlich gab es am Anfang ja die berühmte Phase des Zusammenraufens – aber die beiden schafften es, und das, »obwohl ich Gastronom bin, ein Beruf, wo du nie weißt, wann du mal nach Hause kommst, und sie Krankenschwester ist. Erstaunlich, dass das gehalten hat.« Drei inzwischen erwachsene Kinder bekamen die beiden, »aber das ist etwas, das ich in meinem Leben vermisst habe – Zeit zu haben, als die Kinder klein waren, und zu sehen, wie sie aufwachsen. Ich konnte ihnen nicht einmal Italienisch beibringen.« Die älteste Tochter spreche so zwar ganz gut, »der mittlere Sohn macht mit meiner Frau immer noch einen Kurs, und der Jüngste spricht fast gar nicht. Das ist schade und liegt an mir, schließlich wollte ich, wenn nach lauter 12- bis 14-Stunden-Arbeitstagen mal ein halber Tag frei war, den auch für mich haben und einfach entspannen.« Insgesamt, so kommt es ihm vor, »habe ich ein bisschen zu viel gearbeitet und ein bisschen zu wenig gelebt.«

Zeit für Urlaube in Italien fand die Familie allerdings immer. Dort ging es dann ins piemontesische Heimatdorf des Italieners, wo er auf einem kleinen Hof aufgewachsen war, »und wir auch eine Ziege hatten, die mir immer hinterherlief, weil ich Salz in der Tasche hatte.« Einiges von der Romantik dieser Tage scheinen die Velias auch bis heute hinübergerettet zu haben. »Wir hatten dort zwei Häuser, eines zum Wohnen, und das andere war eher ein Schuppen, wo unten die Tiere lebten und oben die Salami getrocknet wurde.« Aus dem Grundriss des ehemaligen Schuppens machte der Einwanderer ein Feriendomizil, das ihm auch an einem regnerischen Berliner Frühlingstag ein Strahlen in die Augen bringt: »Wir haben dann immer weiter ausgebaut, eine Terrasse hier, ein Zimmer da und alles modern renoviert.« Jetzt decken nicht nur Terrakottafliesen den Boden, »wir haben auch ein ganz großes Fenster, von dem aus man bis zu den französischen Alpen gucken kann und jeden Tag die Sonne auf- und untergehen sieht.« Dort sitzt der Italiener dann mit seiner deutschen Frau beim Essen, »es ist immer anders und immer schön« und zwar so schön »und sehr idyllisch, ruhig und ohne Touristen«, dass sie in Zukunft vielleicht auch mal länger als nur ein paar Wochen bleiben möchten.

Denn letztes Jahr hat sich Velia zur Ruhe gesetzt, was bedeutet, dass er nach vielen Jahren sein eigenes Restaurant verkauft hat und nun »nur noch ein bisschen bei einem Freund mithilft«, wobei ein bisschen mithelfen »fünf bis sechs Stunden am Tag« bedeutet, »und mir das auch langsam wieder zu viel wird. Auf der anderen Seite brauche ich auch die Bewegung – nur zu Hause sitzen und den Sonnenaufgang betrachten, geht auch nicht. Schließlich bekomme ich vom vielen Rumsitzen dann auch Rückenschmerzen.«

Familiäre Gründe, wieder zurückzukehren, gibt es nicht mehr, denn einer der beiden Brüder lebt nicht im Ort, der andere ist bereits verstorben, ebenso wie die Eltern. »Meine Mutter habe ich mal zu Besuch nach Berlin geholt, damit sie beruhigt ist: ›Was weiß ich, was du für Vorstellungen hast, wie ich hier lebe!‹« Beruhigt war die Italienerin zwar anschließend schon, konnte sich einen Umzug zum Sohn dennoch nicht vorstellen. »Die hat sich hier fremd gefühlt, das war nicht ihre Welt.« Seine eigene hat

Velia inzwischen in einer Mischung aus beiden Orten gefunden. »Wenn ich hier bin, schaue ich auch schon mal italienisches Fernsehen und sehe in die Zeitung, in Italien haben wir dann eine Schüssel auf dem Dach und können deutsche Nachrichten gucken.« Dem Pass nach ist Antonio jedoch noch immer ein 100-prozentiger Italiener. »Meine Kinder haben beide Staatsbürgerschaften und meine Frau auch. Ich bin kein Deutscher, denn schließlich würde ich meine italienische Staatsbürgerschaft nie abgeben. Eine dazunehmen gerne – aber meine eigene abgeben, nein!« Auch wenn er denkt, dass es durchaus gerechtfertigt wäre, nach so vielen Jahren in Deutschland zum Beispiel wählen zu dürfen, und er sich durchaus heimisch fühlt. »Ich mag Berlin, wo man immer etwas unternehmen kann – auch wenn wir das nur sehr selten machen, aber das Gefühl zu haben, jeden Tag ausgehen zu können, ist doch schön!«

Und immerhin habe sich ja auch kulinarisch inzwischen eine ganze Menge getan. »Als ich hier ankam, kannten die Deutschen gerade mal Petersilie und Zwiebeln, sonst benutzten die gar keine Gewürze. Das hat sich ja inzwischen zum Glück geändert, und die Esskultur wird besser.« Auch wenn er einen Hinweis noch gerne mit auf den Weg geben möchte: »Man kann keinen Cappuccino zum Essen bestellen, das ist ja kein Aperitif! Da kann ich mich immer noch drüber aufregen!«

Kroaten

Das Herkunftsland

Fläche: 56 542 km² (Weltrang: 124)
Einwohner: 4 469 000 (Weltrang: 115):
Hauptstadt: Zagreb, 779 145 Einwohner
Sprachen: Kroatisch (Amtssprache), Serbisch, Sprachen der Minderheiten
Bruttosozialprodukt je Einwohner: 4620 $
Größe der Gruppe in Deutschland: 229 172 (Minderheitenrang: 6)
Migrationsgründe: vor 1991 vor allem Arbeitsmigration und Familienzusammenführung; danach überwiegend Flucht vor dem (Bürger-)Krieg
Religion: 87,8 % Katholiken, 4,4 % Orthodoxe, 1,3 % Muslime, 0,3 % Protestanten

Eine ausländische Deutsche

Fernab von Clubs und Vereinen lebende Ausländer trifft man auf dem Lande eher auf Empfehlung von Bekannten als am Supermarkt an der Kasse. So komme ich auch zu einem Termin bei Svjetlana, der Freundin einer Nachbarin meiner Schwester. Als ich am Morgen vorher nochmal bei den Nachbarn vorbeischaue, um mich für den Kontakt zu bedanken, wird mir enttäuscht erklärt, die jugoslawische Freundin sei wider Erwarten doch gar nicht wirklich ausländisch, sondern schon in Deutschland geboren. Ich erkläre, sie könne für mein Buch vielleicht trotzdem eine interessante Geschichte bereithalten und sitze zwei Stunden später am Esszimmertisch der Quasi-Deutschen: »Ich habe immer dafür kämpfen müssen, Ausländerin zu sein!«, erklärt mir Svjetlana daraufhin. Viele ihrer deutschen Bekannten hätten sie nie so gesehen, »aber ich war immer eine ausländische Deutsche. Denn schließlich habe ich auch noch eine andere Kultur.« Deutsche Familienhierarchien etwa kenne sie gar nicht: »Bei uns streiten sich Kinder und Eltern auch schon mal richtig laut, da entscheiden nicht einfach kommentarlos die Eltern. Danach vertragen sich alle schnell wieder, und, egal worum es geht, jeder darf auch beim nächsten Problem wieder mitreden, egal ob Tanten, Onkel, Cousin oder Nachbarin.«

Als Kind habe sie hier in Deutschland diese wirklich großen Familien sehr vermisst. »Meine Eltern sind 1968 nach Wilhelmshaven gekommen. Zuerst kam meine Mutter, die auch noch Jahre später erzählte, wie sie mit dem Bus durch die Stadt gefahren wurden, es dann hieß ›Hier arbeitet ihr!‹ und eine Weile später ›Hier wohnt ihr!‹, und sie sonst nichts von ihrer Umgebung wussten und auch kein Deutsch konnten.«

Während die Mutter zunächst als Schneiderin arbeitete, bekam der kurze Zeit später folgende Vater eine Stelle als Kürschner. »Die beiden wollten eigentlich nur eine Weile hier Geld verdienen und hatten meine beiden Schwestern bei den Großeltern in Kroatien gelassen.« Als der Großvater 1970 schließlich starb, wurden die beiden Töchter nachgeholt. »Aber meine Eltern dachten noch immer, das sei nur eine Übergangslösung. Sie haben von ihrem Verdienst hier ein Grundstück in Kroatien gekauft und ein ziemlich großes und wuchtiges Haus dort gebaut.« Nachdem eine

Weile andere Verwandte dort gelebt hätten, stehe es inzwischen leer »und müsste eigentlich verkauft werden, aber das bringen meine Eltern nicht übers Herz, immerhin haben sie über Jahre immer mit dem Gedanken an dieses Haus gearbeitet und gelebt.«

Wobei leben und arbeiten für diese beiden »Gastarbeiter« in etwa dasselbe war. »Nach Dienstschluss haben sie zu Hause immer noch bis in die Nacht Jacken genäht, um sich etwas dazu zu verdienen. Freunde haben sie deshalb bis heute nicht, es fehlte einfach die Zeit.« Heute leben die beiden noch immer in Deutschland und betreiben ein Geschäft an der Nordsee, wo sie »so ziemlich alles verkaufen, Souvenirs, Zeitungen, Süßigkeiten. Aber wenn sie sich ein Lager für die Sachen hinstellen, behaupten alle, das habe der Staat bezahlt – schließlich sind sie ja Ausländer.«

Als Ausländerin – und zwar noch mit jugoslawischem Pass – wurde 1971 dann Svjetlana geboren. »Mit dem Namen habe ich hier immer Probleme, fast alle Deutschen schreiben den falsch. Wenn ich ihn dann buchstabiere, bin ich, beim ›J‹ ankommend, sogar schon oft gefragt worden: ›Sind Sie sicher?‹« Neben Pass und Namen bekam die Kroatin auch eine typische »Gastarbeiter«-Kindheitserfahrung mit auf den Weg. »Wir sind jedes Jahr nach Kroatien gefahren. Die Reise war schrecklich. Schon ab Süddeutschland waren die Straßen total überfüllt mit Griechen, Türken und Jugoslawen, weil ja alle nach Hause wollten. Es gab riesige Busse voller bepackter Menschen, die Autos sind auf den steilen Pässen verreckt, überall wurde gepicknickt und die Toiletten auf den Rastplätzen waren ein einziges Grauen. Und wir mit unserem Auto immer mit dabei, drei kleine Kinder und die dicke Oma hinten drin. Meine Mutter sagt bis heute, diese Fahrten hätten ihr die letzten Nerven geraubt.«

Abgesehen von diesen alljährlichen Trips ins damalige Jugoslawien erlebte die gebürtige Kroatin eine sehr deutsche Kindheit. »Ich bin in einer niedersächsischen Kleinstadt aufgewachsen, wo es kaum Ausländer gab. Nur am Wochenende sind wir manchmal nach Wilhelmshaven gefahren und haben da Bekannte meiner Eltern besucht. Da war ich dann auch in einem jugoslawischen Club und habe Volkstanz gelernt.« Von der fünften bis zur achten Klasse stand daneben noch einmal pro Woche jugoslawischer Unterricht an. »Jugoslawische Geschichte, Erdkunde, Sprache –

alles haben wir da gelernt. Es war damals der Horror für mich, obwohl ich inzwischen dankbar bin, das alles gelernt zu haben.« Und dankbar, in Deutschland zur Schule gegangen zu sein. »Einmal waren wir zum Schüleraustausch in Zagreb. Die Schüler dort hatten alle rote Mützen mit Emblem vorne drauf und mussten das ganze Land im kleinsten Detail kennen. Wenn da nach einem Fluss oder Bodenschatz gefragt wurde, mussten die Schüler aufspringen und alles runterrappeln. Es war sehr streng.«

Aber auch in ihrem Elternhaus lief nicht alles wie bei den deutschen Nachbarn: »Wir waren immer extrem sauber, weil meine Mutter meinte, man könne Ausländern sonst nachsagen, dass sie stinken.« Auch übernachten bei Freundinnen außer Haus war verboten, »damit man nicht denkt, die Ausländer können sich kein eigenes Bett leisten. Meiner Mutter war immer wichtig, dass wir nicht auffallen, Deutsch sprechen und uns anpassen.« Das, so Svjetlana, komme heute hier oftmals zu kurz. »Heute wird immer betont, jeder solle seine eigene Identität behalten. Manchmal frage ich mich, warum die dann überhaupt herkommen. Ich finde, wenn jemand hier lebt, muss er leben wie ein Deutscher und kann seine Religion zu Hause ausüben.«

Sie selbst ist katholisch erzogen worden. »In Kroatien wird das zum Teil noch recht streng ausgelegt, da versichern sich die Leute gegenseitig, dass man in die Kirche gehen muss. Auch der Krieg in Jugoslawien war für mich ein Glaubenskrieg. Da wurde ja gefragt, ob man Moslem, katholisch oder orthodox war – und nicht, ob man zum Beispiel schon in der dritten Generation in Kroatien lebte.« Die heutige Entwicklung in der Heimat ihrer Eltern verfolgt Svjetlana zwar nicht im Detail, »aber mich interessiert schon, ob sie es schaffen, demokratisch zu werden und die Kriegsverbrecher vor Gericht zu stellen.«

Die Entwicklung hier in Deutschland hin zu Grenzöffnung und Wiedervereinigung hat die Kroatin intensiv erlebt: »Ich habe bei den Ostdeutschen vieles an Verhaltensweisen und Erlebnissen wiedererkannt. Ich werde zum Beispiel nie diese typischen Verkäuferinnen in Kroatien vergessen, die, in ihren Kitteln steckend, schon abfällig ›nema‹ (gibt's nicht) sagten, noch bevor man überhaupt die Frage zu Ende gestellt hatte, was man kaufen wollte. Unter der Ladentheke gab es dann alles. Die Korruption in Kroatien ist für mich ein Erbe des Sozialismus. Man musste eben sehen, wo man bleibt.« Bis heute werde jedem vom Polizisten bis zum Pastor regelmäßig etwas zugesteckt. »Und bei der Passverlängerung heißt es dann: ›Kommen Sie in fünf Monaten wieder!‹ Dann schiebt man Geld rüber und kann die Papiere drei Tage später abholen.«

Svjetlana selbst hat inzwischen den deutschen Pass. »Das hatte rein praktische Gründe. Als ich anfing zu arbeiten, brauchte ich zum Beispiel eine Arbeitsgenehmigung, das ging gar nicht in meinen deutschen Kopf hinein! Und als Ausländerin musst du dauernd deine Papiere vorzeigen und brauchst für Reisen manchmal schwer zu bekommende, teure Visa. Dann habe ich Germanistik studiert, um Lehrerin zu werden und gedacht, bevor ich wegen der Staatsbürgerschaft später Probleme bekomme, ändere ich sie lieber rechtzeitig.« 1997 war das »und für mich etwas albern. Ich musste sogar persönlich hingehen, um mir die Urkunde abzuholen und bekam noch ein Grundgesetz dazu,« erzählt sie und zeigt mir ein Foto der Übergabe. »Dafür hatte ich extra eine Freundin mitgenommen, die sollte das dokumentieren.« Schließlich habe sie sich immer schon als Deutsche gefühlt und fand es überflüssig, dafür jetzt Anträge ausfüllen und Papiere einreichen zu müssen. »Ich war immer beides, Kroatin und Deutsche, deshalb bin ich auch für die doppelte Staatsbürgerschaft, das würde dem Zustand von Menschen wie mir eher entsprechen.« So aber habe sie den Kroatischen Pass abgeben müssen, »und noch ganze 998,– DM für den Austritt bezahlen! Und mein Vater sagte dann: ›Jetzt haben wir eine Ausländerin in der Familie!‹«

Der zweite Ausländer in der Familie war ihr Mann. »Meine beiden Schwestern haben Kroaten geheiratet, das gefiel meinen Eltern auch sehr. Aber dann haben sie die Ehe ihrer ältesten Tochter gesehen und meinten zu mir, ich könne ruhig auch einen Deutschen nehmen!« Also heiratete Svjetlana einen Bayern, mit dem sie nun drei Kinder hat. Auf ihrem gemeinsam mit den Eltern erworbenen, großen Grundstück soll demnächst ein zweites Haus für Mutter und Vater entstehen. »Die Deutschen fragen mich immer, ob ich verrückt sei, so Tür an Tür wohnen zu wollen, aber für uns ist das normal.« In Kroatien zu leben, kann sich die 34-Jährige hingegen nicht vorstellen: »Ich habe einen deutschen Akzent im Kroatischen, was dort nicht gerade gut ankommt. Man wird behandelt wie der letzte Dreck. Einmal wollte ich zum Beispiel ein Hotelzimmer bekommen, und es hieß, es sei alles ausgebucht. Zwei Tage später bin ich wieder hingegangen und habe getan, als sei ich Deutsche. Da hätten sie mir beinahe die Füße geküsst.« Auch ihren Urlaub verbringe sie kaum noch im »Vaterland«: »Wir sind ja wirklich jedes Jahr hingefahren, so dass ich mal was anderes sehen muss!« Erst als 20-Jährige sei sie das erste Mal »richtig ins Ausland gefahren. Zu dem Zeitpunkt kannten alle meine Freunde schon Frankreich, Italien und England. Ich hatte immer nur Kroatien gesehen.«

Ihre Zukunft sieht Svjetlana in der Bundesrepublik und lebt auch gern hier: »Das habe ich ja als Kind schon nicht verstanden, warum einige der Ausländer immer über Deutschland geschimpft haben und meinten, ›Ich lebe dort zwar, aber eigentlich will ich da nicht sein.‹ Inzwischen hat das ja noch zugenommen. Das liegt wohl an der Veränderung der Umstände: Inzwischen *darf* man nicht mehr in Deutschland leben, sondern man lebt halt in Deutschland!«

Österreicher

Das Herkunftsland

Fläche: 83 858 km² (Weltrang: 113)
Einwohner: 8 098 000 (Weltrang: 88)
Hauptstadt: Wien, 1 562 676 Einwohner
Sprachen: Deutsch (Amtssprache), Slowenisch, Kroatisch, Ungarisch (Regionalsprachen)
Bruttosozialprodukt je Einwohner: 25 220 $
Größe der Gruppe in Deutschland: 174 047 (Minderheitenrang: 9)
Migrationsgründe: vor allem ökonomisch motiviert: Arbeit, Ausbildung
Religion: 78 % Katholiken, 5 % Protestanten, 4 % Muslime, 0,2 % Juden sowie Altkatholiken, Orthodoxe u. a.

Schöner Stauen

Österreich ist derzeit schwer beliebt bei Deutschen – nicht nur, um in einer der vielen Skihütten den berühmten Jagertee zu trinken, sondern inzwischen auch, um ihn zu servieren. Etwa 7000 Deutsche zieht es jedes Jahr für »immer« in das südliche Nachbarland; schließlich glänzt Österreich mit vergleichbar guten Arbeitsmarktzahlen, und wer hierzulande sorgenvoll in die sozialversicherte Zukunft blickt, findet jenseits der Grenze oftmals geradezu erfreulich sichere Perspektiven. Dass einen die Suche nach einem passenden Job durchaus auch in die andere Richtung verschlagen kann, erzählt mir Oliver Wazola. Sechs Jahre ist es nun her, dass der gebürtige Wiener gen Norden auswanderte, »wobei ich vorher überhaupt noch nie woanders als in Wien gelebt hatte und Ausland nur von Urlaubsreisen kannte«. So richtig war der Wegzug denn auch nicht geplant, »das ergab sich einfach so«. Schließlich habe er während des Studiums schon »immer beim ORF gearbeitet, aber ich wollte auch mal was anderes sehen«.

Also ging er während der Begutachtung seiner Magisterarbeit nach München. »Da hab ich ein Praktikum gemacht, sogar ein bezahltes.« Auch sonst wurde der Musikwissenschaftler mit offenen Armen empfangen. »Die haben alle gesagt, ›Mei, ein echter Wiener, wie süß!‹ Das war eher ein Bonus, aus Österreich zu kommen, als ein Nachteil.« Schließlich hätte er ja auch im Bereich klassischer Musik gearbeitet, »und damit assoziiert man ja oft Österreich und Wien«. Auch jenseits der Arbeit habe es bis heute nie irgendwelche Probleme mit dem Zugewanderten-Status gegeben, wobei er selbst in München auch nichts von Österreich vermisst habe. »Mir ist noch nicht einmal aufgefallen, dass mir nichts fehlt.« Nur seine damalige Freundin, eine Österreicherin, habe gesagt: »Du sprichst ja nie von Wien, deinen Freunden und der Familie, dir scheint ja gar nichts abzugehen.«

Abgesehen vom Großstadtgefühl natürlich, »das soll nicht abwertend klingen, aber München ist schon teilweise provinziell!« Gewohnt habe er zunächst in einem Studentenwohnheim, »das lag direkt an einem kleinen Platz mit Springbrunnen und ein paar Bäumchen, am Wochenende wurde da immer Markt gehalten, das war schon putzig«. Alles habe »wie in einer 1000-Seelen-Gemeinde gewirkt. Und ich habe erst eine Weile gebraucht, bis ich

Oliver Wazola

verstanden habe, dass München ja absichtlich so klein und fein sein will und keine wirkliche Großstadt. Das merkt man ja schon an den Mieten, die normale Leute kaum bezahlen können.«

Das Praktikum beim Rundfunk lief dann aber sehr gut. »Ich habe dort gleich als fester Freier anfangen können und bin vier Jahre geblieben. Dann hatte ich aber keine Lust mehr auf den Job, schließlich lieferst du immer die Basics, kannst aber selbst nie gestalten.« Die wenigen festen Redakteursstellen wurden kontinuierlich abgebaut, so dass auch das keine Perspektive bot. »Ich wollte einfach raus aus diesem Hamsterrad.« Gedacht, getan, ein paar Tage später traf er einen ehemaligen Arbeitskollegen, der nun bei der Musikfirma Universal in Berlin arbeitete und ihm sagte, dass dort eine Stelle zu besetzen sei. »Da hab ich mich gleich beworben und hatte den Job drei Wochen später.« Im April 2004 ging es so nach Berlin und damit zunächst mal in die Heimat.

»Berlins Straßenbild ist Wien viel ähnlicher als München. Hier ist es nicht so sauber, ein bisschen heruntergekommen, und es gibt Staus.« Die ersten Wochen habe er sich auf seiner täglichen Fahrradtour zur Arbeit immer richtig gefreut: »Wenn ich die Friedrichstraße runtergefahren bin, waren da morgens große Staus. Wie in Wien!« Auch die Luft sei der Donau-Metropole sehr viel ähnlicher, »denn München liegt ja in den Bergen, da ist meistens klare Luft«. Der erste Eindruck von Berlin war sehr positiv, »das hat sich aber mittlerweile geändert«. Schließlich sei hier der Umgangston doch erheblich anders als daheim. »Die Mentalität ist einfach anders, die Leute sind unhöflicher. Ich hab mich nicht an den preußischen Kommandoton gewöhnen können. Warum kann man nicht freundlich sein? Dieser Kasernenton stört mich – und die Leute sind in München auch hilfsbereiter.«

Inzwischen, so der 33-Jährige, sei er so weit, dass er »schon erwarte, angeranzt zu werden. Wenn ich zum Beispiel nach dem Weg frage, bin ich immer ganz erstaunt, wenn dann mal eine freundliche Antwort kommt.« So kam der Wiener dann auch dazu, sich nach einem hiesigen Österreicher-Verein umzuschauen. »In München bin ich gar nicht auf die Idee gekommen, überhaupt nach so etwas zu suchen, hier war ich dann so fremd, dass ich da mal Leute aus der Heimat kennenlernen wollte.« Gefunden hat er gleich zwei Klubs, »einer ist prollig, der andere ist ganz fein und wird von einem Primarius der Charité geleitet. Da gibt es einmal im Monat einen Jour Fix, wo sich der Herr Professor dann immer etwas ausdenkt.« Die Altersstruktur sei aber auch dementsprechend, »da sind größtenteils Leute ab 50 drin, für die gibt es dann zum Beispiel einen Vortrag des Österreichischen Kulturattachés zum Thema Kulturaustausch zwischen Österreich und Deutschland.« Er selbst habe sich nie wirklich zu der Vereinigung hingezogen gefühlt. »Ich bekomme zwar die Einladungen, bin aber nicht Mitglied und war auch nur einmal da. Damals gab es eine Führung durch das Gebäude des Bundespresseamtes, das ja von einer österreichischen Architektin gebaut worden ist.«

Freunde fand er in dem Verein nicht. »Alleine dadurch, dass jemand Österreicher ist, macht ihn das ja auch nicht automatisch zu einem sympathischen Menschen. Ich habe also kaum Österreicher getroffen, mich mit keinem angefreundet und bin fast nur mit Deutschen befreundet.« Selbst seine jetzige Freundin ist Berlinerin, die sogar manchmal »etwas hilflose Versuche unternimmt, Wienerisch nachzuahmen, das klingt aber immer bayerisch. Hier kennt man den Unterschied ja nicht!«

Ob es nun für immer Deutschland heiße, weiß Oliver nicht. »Es ist ja nicht so, dass mich hier die Sehnsucht nach der Heimat zerfrisst. Ich habe einen guten Job, der mir Spaß macht. Da bin ich ganz pragmatisch.« Und schließlich sei Pragmatismus ja auch eine der deutschen Tugenden, die ihm sehr lägen. »Auch die Gradlinigkeit und Ehrlichkeit entspricht mir, die Zuverlässigkeit. Ich mag auch insgesamt eigentlich die Deutschen sehr, sonst wäre ich ja nicht hier.« Und schließlich passiere »in Deutschland ja auch viel mehr, da ist mehr Bewegung als in Österreich, wo man immer sehr lange überlegt und diskutiert.«

Weniger diskutieren und schneller mal anders entscheiden würde der »stereotype Österreicher« lediglich bei Verstößen gegen Gesetze und Regeln. »Deutsche sind viel obrigkeitsgläubiger.« Als Beispiel erzählt er von einem Flug ab Tegel. »Da fuhren wir im Bus zum Flugzeug und sollten aussteigen. Draußen stürmte und regnete es extrem, es war gräuliches Wetter. Und vor der Gangway war dann eine rote Kordel gespannt.« Im Flughafenbus habe er schon zwei Österreicher herausgehört, »und die waren das dann auch, die einfach die Kordel weggenommen haben und raufgegangen sind. Die Deutschen neigen dazu, dann eine halbe Stunde im Regen zu stehen, weil irgendwer dort ein Band gespannt hat.«

Ansonsten sei gerade hier in Berlin natürlich manches am Essen verbesserbar. »Solche Luftbrötchen wie hier, die man sogar noch jedes Mal nachbacken muss, weil die nie braun und knusprig aus dem Laden kommen, gibt es in Wien nicht, da haben Mehlspeisen überhaupt eine ganz andere Bedeutung.«

Allgemein das Essen: »Ich habe hier schon mehrere Berliner gefragt, was denn ein typisch berlinerisches Gericht ist, und keiner konnte mir das sagen. Die meinten dann ›Königsberger Klopse‹, dann hab ich gesagt, ›die heißen schon so, dass sie wohl aus Königsberg kommen, oder?‹ Und dann hieß es ›Kassler‹, das haben wir aber auch, und nennen es ›Geselchtes‹. Und meistens sagen die Leute dann ›Currywurst‹. Ja, bist du deppert?! Das ist doch kein Gericht!«

Als gebürtige Schleswig-Holsteinerin sah ich mich in Wien auch oft dieser Frage nach dem »typischen Gericht« gegenüber und nenne seitdem ein Kochbuch namens »Deutschland. Die besten Rezepte« mein Eigen. Ausländische Gäste bekommen bei mir nun Dinge wie »Husumer Krabbenragout« und »Helgoländer Fischgulasch« vorgesetzt. Nach unserem Gespräch und meinem großen Schweigen hinsichtlich Berliner Spezialitäten verkündige ich hiermit allen Österreichern und sonstigen Interessierten mit Blick in das entsprechende Buch: »Wer erwartet hätte, dass sich die Berliner aus einem Sprachen- und Geschmacksgewirr von fast 200 Nationalitäten das Beste ausgeguckt und ihren Kochtöpfen einverleibt hätten, wird enttäuscht. Bösartige Zungen behaupten, die letzte lukullische Neuerung seit Erfindung der Erbswurst durch den Berliner Koch Grüneberg anno 1867 sei die Entdeckung der Currywurst an einer Hohenschönhausener Imbissbude gewesen. Aber nach Berlin kommt man nicht des Essens wegen, sondern wegen der guten weltstädtischen Luft – selbst ein Heinrich Heine hat sich hier mit Buletten zufrieden gegeben.«[67]

Polen

Das Herkunftsland

Fläche: 312 685 km² (Weltrang: 68)
Einwohner: 38 650 000 (Weltrang: 30)
Hauptstadt: Warschau, 1 632 500 Einwohner
Sprachen: Polnisch (Amtssprache); Sprachen der Minderheiten (u.a. Deutsch, Ukrainisch, Weißrussisch)
Bruttosozialprodukt je Einwohner: 4190 $
Größe der Gruppe in Deutschland: 292 109 (Minderheitenrang: 4)
Migrationsgründe: bis in die 80er Jahre vor allem politisch motiviert, heute in erster Linie Arbeitsmigration
Religion: 95,8 % Römisch-Katholiken, 1,5 % Orthodoxe, 0,7 % Protestanten, 0,2 % Altkatholiken; Juden

Polnische Einwanderung nach Deutschland ist kein neues Phänomen. Als sich die Grenzen zwischen Ost und West 1989 öffneten, lag die erste große Zuwanderungswelle aus Polen bereits 100 Jahre zurück. »Ruhrpolen« waren es damals gewesen, die aus Oberschlesien, Posen, Ost- und Westpreußen das rheinisch-westfälische Industriegebiet erreicht hatten, um dort als Bergarbeiter ihr Geld zu verdienen. Etwa 350 000 bis 500 000 waren bis 1914 gekommen.[68] »Ausländer« waren diese Polen im Deutschen Reich jedoch nicht. Schließlich gab es seit den drei Teilungen von 1772, 1793 und 1795 kein Land »Polen« mehr – stattdessen hatten sich Russland, Österreich und eben Preußen des Gebietes bemächtigt. Die für den Bergbau angeworbenen Arbeiter sprachen also Polnisch, waren aber preußische Staatsbürger, was ihre rechtliche Position deutlich verbesserte.

Ihre soziale Situation erscheint uns jedoch auch heute sehr bekannt: Die Polen wohnten in Werkskolonien, hatten wenig Kontakt zur einheimischen Bevölkerung, lernten folglich nur wenig und schlecht Deutsch, was wiederum zu Argwohn bei der Mehrheitsbevölkerung führte. Massenzuwanderung, fehlende Vertrautheit mit den Arbeits- und Lebensbedingungen der neuen Umwelt, schlechte Wohnverhältnisse und mangelnde Kommunikation innerhalb der bunt zusammengewürfelten Zechenbelegschaft führten zu sozialer Desorientierung. Folge waren u.a. die »Krawalle von Herne« im Jahr 1899. Vor allem jugendliche Polen hatten einen wilden Streik ausgelöst, der in blutige Auseinandersetzungen mit der Polizei mündete. Das Herner Revier wurde von Militärs besetzt – und die Bevölkerung sah sich mit ihrem Klischee vom gewalttätigen, fanatischen Polen bestätigt.[69]

Im Laufe der Jahrzehnte kam es jedoch zu einer immer stärkeren Integration der Zuwanderer. Sie gründeten diverse Vereine, Gewerkschaften sowie Kirchen und beteiligten sich an allen Facetten des gesellschaftlichen Lebens. Eine Zäsur in diesen langsam fortschreitenden Prozess brachte erst das Ende des Ersten Weltkrieges und die anschließende Wiederherstellung eines polnischen Staates. Etwa ein Drittel der Zuwanderer zog es daraufhin zurück in ihre Heimatgebiete, ein weiteres Drittel wanderte weiter in die nordfranzösischen Kohlereviere. Die verbleibenden gut 100 000 Polen sahen sich mit einem starken Assimilationsdruck konfrontiert. Die meisten Vereine und Organisationen, die zuvor ein Markenzeichen der »Ruhrpolen« gewesen waren, verschwanden mit der Zeit oder schrumpften zur Bedeutungslosigkeit. Der »Verband der Polen in Deutschland« hat jedoch noch heute in der gleichen Straße in Bochum seinen Sitz, in der er 1894 unter demselben Namen ins Leben gerufen und 1923 als Zentralverband neu gegründet worden war. Festzuhalten bleibt, dass »die über ein entwickeltes Organisationsnetz erfolgte Binnenintegration der polnischen Minderheit, die man vielfach negativ nur als ›Ghettoisierung‹ wahrgenommen hat, eine wesentliche Voraussetzung für die langfristige Eingliederung in die deutsche Gesellschaft« war.[70] Eine Feststellung, die auch für die heutige Entwicklung Gültigkeit haben dürfte.

Verlängerte Saison

In dem Teil Kaltenkirchens, der so etwas wie Hochhäuser aufzuweisen hat, besuche ich Małgorzata. »Ich habe in Polen mit meiner Tochter in der Wohnung meiner Eltern gewohnt. Das Zimmer war 2,5 Meter lang und 4 Meter breit. In dem zweiten Raum lebte meine Schwester mit Mann und Kind, im dritten meine Eltern.« Kein Wunder, dass die heute 37-Jährige eines Tages beschloss, in Deutschland etwas Geld verdienen zu wollen. »Ich war Gerichtssekretärin, hätte mit dem Einkommen aber noch etliche Jahre gebraucht, um mir eine eigene Wohnung leisten zu können.« Da schienen die Aussichten in Deutschland schon besser, »auch wegen meiner Tochter. Die hat manchmal so Sachen gesagt wie ›Wenn du Geld hast, kaufst du mir eine Schokolade?‹ Das hat richtig weh getan, dass ich ihr nichts kaufen konnte und an Barbies oder hübsche Kleidchen für sie nicht einmal denken konnte.«

Eine Freundin erzählte ihr von Arbeit und Löhnen im angrenzenden Deutschland. »Sie ist jedes Jahr herübergefahren zur Erdbeerernte und meinte, man könne da so viel in einem Monat verdienen wie in Polen in einem Jahr.« Kurz entschlossen ließ die damals 23-Jährige ihre Tochter bei den Eltern zurück und machte sich auf den Weg in eine bessere Zukunft. Zunächst suchte sie diese als Bedienung in einem albanischen Café in Berlin. »Das war ein sehr schwieriger und schrecklicher Job. Die hatten ja gerade Krieg, haben immer die Berichte im Fernsehen gesehen, dann begonnen, zu schreien und mit Sachen zu werfen. Ich musste mich immer hinter dem Tresen ducken, wenn wieder Aschenbecher und Gläser geflogen kamen. Und nach Feierabend mussten wir das dann alles aufräumen.« Auch die Bezahlung sei schlecht gewesen. »Ich habe dort umsonst gegessen, aber für drei Monate Arbeit nur 200 DM bekommen«. Dafür stimmte immerhin das Trinkgeld: »Die haben ja alle geklaut, eingebrochen, Überfälle gemacht und so. Was nicht zu Geld zu machen war, haben sie dann mir geschenkt.«

Neben gutem Trinkgeld gab es auch die erste Liebe: »Er kam ins Lokal und bestellte einen Türkischen Mocca. Der kam aus der Küche, ich habe ihn über den Tresen geschoben, er hat einen Schluck genommen und die Tasse dann gegen die Wand gewor-

Małgorzata mit Familie in ihrer Wohnung in Kaltenkrichen

fen. Dabei rief er, dass sei kein richtiger Türkischer Mocca. Das hat mich sehr beeindruckt.« Die Polin ging zur Küche und berichtete ihrem dort werkelnden Chef, dass er einen Kunden habe, der wisse, was er wolle. Sie wusste das auch, sie wollte diesen Mann – und bekam ihn. »Wir haben zusammengelebt, sieben Monate lang. Von ihm habe ich auch Deutsch gelernt. Er war schon lange hier, hat in der Wohnung überall Zettel mit den Bezeichnungen für die Gegenstände angebracht und mich mit vielen Deutschen in Kontakt gebracht.« Dann allerdings lernte sie seine Frau kennen, die er offenbar doch nicht nur »wegen der Papiere« geheiratet hatte. »Sie war schwanger und suchte ihren Mann. Ich bin selbst Mutter und weiß, wie man sich in der Schwangerschaft fühlt. Also habe ich meine Sachen gepackt und bin wieder nach Polen zurück.«

Schließlich war der Deutschland-Aufenthalt ja von Anfang an auch nur für ein paar Monate geplant gewesen. »Inzwischen hatte ich zwar ganz gut verdient, erst in einem deutschen Café, dann in einem Dönerladen, aber die Unsicherheit war oft auch sehr anstrengend.« Schließlich hatte die Polin keine offizielle Arbeitserlaubnis, dafür aber einen Schutzengel. »In dem Dönerladen habe ich hinter der Theke gestanden und war für die Getränke zuständig. Wir durften da nicht rauchen, weil der Chef das unhygienisch fand.« Also ging sie zur Rauchpause auf die andere Seite und setzte sich an einen der Tische für die Gäste. »Kaum hatte ich die Zigarette angezündet, da flog die Tür auf und drei Zivilpolizisten kamen rein. Der eine blieb an der Tür, der andere ging zum Hinterausgang, der Dritte kontrollierte die Papiere der Angestellten.« Małgorzata hielt man für einen Gast und fragte nach nichts. »Mir haben die Finger gezittert wie noch nie, und ich konnte danach drei Tage nicht zur Arbeit kommen vor Angst!«

Wieder daheim, hatte sich die materielle Situation in Polen jedoch nicht verbessert. »Meine Tochter hat zwar immer furchtbar geweint, wenn ich ging, aber als meine Freundin anrief und sagte, sie habe jetzt eine Möglichkeit in Hamburg, bin ich gleich wieder hingefahren. Schließlich wollte ich meinem Kind ja auch mal was bieten können.« Also ging es nach Hamburg und dort in ein türkisches Restaurant. Da gab es nicht nur Arbeit, sondern auch erstaunliche Gäste: »Er hat mir dann gesagt, dass er nun für einen

Monat in die Türkei fährt und meine Freundin und ich währenddessen bei ihm wohnen können, um von dort aus in Ruhe eine Wohnung zu suchen. Er hat uns Schlüssel und Adresse gegeben und ist dann weggefahren.« Als die beiden jungen Frauen nach Dienstschluss seine Wohnungstür öffneten, erlebten sie eine Überraschung: »Der Kühlschrank war gefüllt, die Betten mit neu gekaufter Bettwäsche überzogen, alles gründlich aufgeräumt und auf der Kommode stand ein Brief für mich. Darin schrieb er, dass er uns alles Gute für die Wohnungssuche wünscht, aber sich noch mehr freuen würde, wenn ich bei ihm wohnen bliebe.«

Das tat Małgorzata dann auch. »Türken sind bei polnischen Frauen sehr beliebt. Die sind wie wir sehr familiär und betrügen ihre Freunde nicht.« Hier in Deutschland habe sie also etliche türkisch-polnische Paare kennen gelernt. »Er hat sich auch sehr um mich gekümmert, mir eine bessere Arbeitsstelle besorgt, wo ich mehr verdienen konnte. Wenn er in der Türkei war, ist ein Onkel regelmäßig vorbeigekommen und hat gefragt, ob alles in Ordnung sei, ich Geld brauche oder er sonst helfen könne.« Sogar eine Scheinehe habe der Freund ihr besorgen wollen, »um endlich meine Papiere in Ordnung zu bringen. Aber das wollte ich nicht. Also war eigentlich klar, dass ich mal einen Deutschen heiraten würde.« Die Möglichkeit kam dann schneller als erhofft. »Mein Freund hatte eigentlich nur Vorteile, abgesehen davon, dass man ihn nicht alleine lassen konnte. Er konnte nicht ohne Frau sein.« Als sie eines Tages früher als geplant aus Polen zurückkam und ihre Vorstellungen bestätigt sah, trennte sie sich.

»Meinen jetzigen Mann habe ich dann wieder im Restaurant kennengelernt. Er hat mich in Polen besucht, als ich dorthin gefahren war, um mich von der Trennung zu erholen. Dort hat er mir einen Heiratsantrag gemacht.« Małgorzata stimmte nach einigem Überlegen zu – und hatte fortan einen Mann an ihrer Seite, der lieber in Polen als in Deutschland gelebt hätte. »Ihm hat es bei mir zu Hause sehr gefallen, aber damals wollte ich leider noch nicht wieder zurück.«

Stattdessen ging Małgorzata 1997 mit der Tochter zusammen gen Deutschland, wo die Familie von einem kleinen Ort in den nächsten zog. »In dem ersten Dorf hat niemand mit uns geredet, weil wir Zugezogene waren. Auch mit meiner Tochter wollte keiner spielen. Wenn man da nicht schon seit vier Generationen lebt, hat man keine Chance.« Im nächsten Dorf wurde das zwar besser, wirklich integriert fühlt sich die Polin aber bis heute noch nicht: »Die Deutschen haben so komische Angewohnheiten. Da muss man vorher anrufen, wenn man mal einen Kaffee zusammen trinken möchte, und einen Termin vereinbaren. Da heißt es dann: ›Ja, ich hätte am 28. Zeit.‹ Bis dahin habe ich das doch schon längst vergessen. Meine Tür steht aber immer offen, und die fünf Minuten für einen kurzen Kaffee kann man sich immer nehmen. Mit dieser Art, einfach mal vorbeizukommen, bringe ich aber scheinbar den Plan der Deutschen ganz durcheinander. Das geht natürlich überhaupt nicht!«

Inzwischen habe sie auch häufiger Heimweg nach Polen, »obwohl ich ja nie so fanatisch wie meine Freundin war. Die hat zum Beispiel nur weiße und rote Stiefmütterchen im Garten und singt manchmal um Mitternacht die polnische Nationalhymne, um ihren deutschen Mann zu ärgern.« Aber trotz der auch polnischen Freundschaften, die sie inzwischen in Kaltenkirchen und den Nachbarorten geknüpft hat, ist doch ein Riss entstanden im offenen Verhältnis zur neuen Heimat. So war die Polin schwanger mit Drillingen – zwei Töchtern und einem Sohn. Eines der beiden Mädchen erkrankte im Mutterleib. »Im Krankenhaus starb dann das eine Mädchen, und sie haben mir gesagt, dass sie die Kinder holen, wenn es eine Gefahr für das andere Mädchen gibt. Dann wurde ich alleine in ein Zimmer geschoben, mehrere Stunden lang. Als sie mich wieder zur Untersuchung rausholten, war das andere Mädchen auch tot. Da habe ich mich gefragt, warum diese Menschen, die immer überall auf der ganzen Welt losfahren, um zu helfen, mir nicht helfen. Und ob sie mich vielleicht anders behandelt hätten, wenn ich Deutsche gewesen wäre.«

So jedenfalls überlebte nur der inzwischen sechsjährige Dariusz. Im Gegensatz zur älteren Tochter versteht der zwar noch Polnisch, spricht es aber nicht mehr. Auch wegen der Kinder denkt Małgorzata nun daran, vielleicht doch wieder nach Polen zu gehen. »Die Deutschen sind einsam. Das merkt man schon an der Art, wie hier Weihnachten gefeiert wird. Bei uns sitzen dann alle zusammen, Oma, Kinder, Enkel, Geschwister. Hier habe ich mal versucht, meine Schwiegereltern zum Heiligabend einzuladen, da hieß es, ›Heiligabend feiern wir in der Familie.‹ Ja, hab ich gedacht, sind wir denn nicht Familie?« Eine ihrer deutschen Bekannten suche gerade eine Haushaltshilfe für die Mutter. »Das sind fünf Töchter, alles Hausfrauen, und keine kann mal eben die Arbeit bei der Mutter mit erledigen. Alle sagen ›Ich habe mit meinem eigenen Haus genug zu tun.‹« Die Vorstellung, ihre eigenen Kinder könnten einmal solche »richtigen Deutschen« werden, erscheint wenig verlockend. »Am Schönsten wäre es, hier zu verdienen und in Polen zu leben, an einem Ort also, wo ich das Gefühl habe, herzlich willkommen zu sein.«

Russen

Das Herkunftsland

Fläche: 17 075 400 km² (Weltrang: 1)
Einwohner: 145 542 000 (Weltrang: 6)
Hauptstadt: Moskau, 8 638 100 Einwohner
Sprachen: Russisch (Amtssprache), Sprachen der übrigen Nationalitäten
Bruttosozialprodukt je Einwohner: 2130 $
Größe der Gruppe in Deutschland: 178 616 (Minderheitenrang: 7)
Migrationsgründe: politisch, ökonomisch und/oder religiös motiviert (vor allem Diskriminierung der jüdischen Bevölkerung)
Religion: Mehrheit ist konfessionslos; ca. 24 % Russisch-Orthodoxe, 15 % Muslime; Protestanten, Juden, Buddhisten, starke Verbreitung von Sekten

Am Baltischen Meer

»Ich komme aus Leningrad,« erklärt Elena Pewsner und strahlt. »Inzwischen heißt das zwar St. Petersburg, aber für mich bleibt es immer Leningrad!« Vor 55 Jahren ist sie dort geboren, studierte Bibliothekswesen und machte sich anschließend auf an einen der Orte, wo Russland am kältesten ist: »Mein Mann ist Meereskundler. Und da man nach dem Abschluss in der Sowjetunion dorthin musste, wo das Mutterland es will, hieß die Richtung für ihn eben Karasee.« Dort, in unmittelbarer Nachbarschaft zum Nordpol, verbrachte das Paar ganze sieben Jahre. »Ich war Clubleiterin, habe Bücher zu den Meteorologiestationen gebracht, wir haben Tänze vorgeführt und ein bisschen Sozialleben veranstaltet.« Schließlich lebten auf den letzten Bastionen menschlichen Lebens oft nur »vier bis zehn Leute. Es war aber eine schöne Zeit, wir waren jung und hatten viel Spaß.« Alt und energielos wirkt die 55-Jährige auch heute nicht gerade, so dass man sich gut vorstellen kann, wie sie »mit einem kleinen Flugzeug die Leute angesteuert« hat, während ihr Mann Karten für Eisbrecher zeichnete.

Als nach fünf Jahren dann zunächst ein Sohn und 1979 schließlich eine Tochter zur Welt kamen, entschlossen sich die beiden, wieder nach Leningrad zurückzukehren. »Ich habe in der Druckerei einer Schiffskompanie gearbeitet, wo wir eine Zeitung für Seeleute herstellten. Ich glaube, wir hatten dort den ersten Kopierer der ganzen Stadt!« Die städtische Umgebung, die alten Freundschaften und die Arbeit seien schön gewesen – dennoch wollten die Pewsners schließlich weg von der Heimat. »Ich hatte Angst um meinen Sohn und wollte nicht, dass er zum Wehrdienst gehen muss und am Ende nach Afghanistan oder nach Tschetschenien geschickt wird.« Deutschland habe sich als Ausweg angeboten, schließlich sei ihr Mann Jude, so dass die Familie problemlos habe in die Bundesrepublik einreisen können. »Mein Mann ist dann vorausgefahren und hat alles vorbereitet. Er rief mich an und sagte, wir hätten eine Zuweisung nach Rostock bekommen, was ich davon hielte. Da habe ich gesagt: ›Rostock ist toll! Dann sind wir auf der anderen Seite der Ostsee!‹« Ein Wohnort in Bayern etwa hätte die Russin schon weniger gefreut. »Ich mag zwar Berge – aber nur für fünf Tage!«

Der erste Eindruck der Hansestadt war dann allerdings ein wenig ernüchternd: »Es war schon ein bisschen langweilig, wenn man aus Leningrad kommt und dann in so einer kleinen Stadt landet! Aber viel Zeit für Langeweile blieb nicht, schließlich kamen wir am Samstag an, und am Montag begann schon der Sprachkurs.« Der sei wiederum geradezu luxuriös ausgestattet gewesen. »Wir waren sechs Teilnehmer und drei Lehrer – einer für Grammatik, einer für Sprache, einer für Landeskunde.« Bei Elena fielen die Bemühungen der drei auf guten Boden. »Ich hatte in der Schule schon Deutsch gelernt, dann zwar Jahre nicht gesprochen, aber die Worte kommen so schneller wieder.« Selbst in Deutschland gewohnt hatte die Russin schon einmal, wenn auch in einer Enklave. »Mein Vater war Militärarzt und wurde von

Elena Pewsner vor den Räumen des Vereins »Diên Hông« in Rostock

1964 bis 1968 in Potsdam stationiert. Mit den Deutschen gab es damals aber nur die offiziellen Freundschaftstreffen, wo man die Halstücher austauschte.«

Hier in Rostock trug sie nun zwar kein passendes Halstuch mehr, wurde aber zur wahrhaftigen Pionierin. »Ich habe nach dem Sprachkurs begonnen, in einer Textilreinigung zu arbeiten.« Das habe zwar »absolut nicht meiner Ausbildung entsprochen, ich dachte aber: ›Hauptsache Arbeit!‹« Für die Sprache war dieser erste Job eine ideale Chance. »Das Kollektiv dort war phantastisch! Ich hatte ja zu Anfang Angst, den Mund aufzumachen und auch mal Deutsch zu sprechen. Die Angestellten haben mir dann immer Fragen gestellt und waren so lieb und nett zu mir! Das werde ich ihnen nie vergessen – und wir sind bis heute Freunde.«

Auch die Kinder, damals 12 und 14 Jahre alt, hätten schnell Anschluss gefunden: »Im Russischen sagen wir: ›Wie ein Huhn in die Suppe.‹ Das heißt, die beiden sind einfach so in die deutschen Klassen gekommen, ohne die Sprache zu sprechen. Schon nach einem Monat waren sie meine Übersetzer und hatten deutsche Freunde.« Der Sohn habe seine Zweisprachigkeit inzwischen zum Beruf gemacht und sei staatlich geprüfter Übersetzer. »Meine Tochter spricht leider nicht mehr ganz so gut Russisch, wie ich meine, dass sie sprechen sollte.« Studiert haben beide und leben nun mit deutschen Partnern zusammen.

Nur bei Elenas Mann funktionierte die berufliche Eingliederung nicht wie erhofft. »Wir hatten damals ja keine Ahnung, wie die Dinge hier laufen und haben gedacht, man muss auf jeden Fall gleich anfangen zu arbeiten, egal was.« Ihr Mann wurde so vom diplomierten Meereskundler zum Kraftfahrer, Busfahrer und Bauarbeiter – und erlitt inzwischen einen Herzinfarkt. »Er bewirbt sich weiterhin überall, aber es ist sehr schwierig, etwas zu bekommen,« zumal als 56-Jähriger.

Auch deshalb schätzt Elena Pewsner ihre derzeitige Arbeit sehr. »Nach den zwei Jahren in der Textilreinigung hatte ich ein Angebot, als Bibliothekarin in der Universität zu arbeiten. Das war natürlich toll, und ich habe das sofort angenommen – zumal mir mein Chef gesagt hat, dass ich jederzeit zurückkommen könne, wenn die dortige Stelle nicht mehr verlängert wird.« Statt Reinigung machte die Bibliothekarin dann aber noch eine einjährige Weiterbildung als Touristenmanagerin, »was sehr viel Spaß gemacht hat, weil wir ganz Mecklenburg-Vorpommern bereist haben und alles kennenlernen durften.«

Jetzt allerdings führt sie keine Touristen übers flache Land, sondern hilft Immigranten, sich in Rostock und Umgebung einzuleben. »Ich war damals arbeitslos geworden und bin zur Ausländerbeauftragten gegangen. Die hat mir gesagt, ich solle mich doch mal beim Verein ›Diên Hông‹ erkundigen.« Schließlich lan-

Feier im Russischen Haus in der Berliner Friedrichstraße

dete die Russin dann jedoch nicht als Hilfesuchende sondern als Angestellte bei dem Verein. »Die suchten eigentlich eine Pädagogin, so dass mir die Leute von der Arbeitsagentur erst gar nicht die Bewerbungsmöglichkeit geben wollten. Da habe ich gesagt, dass man als Bibliothekarin doch auch mit Menschen zu tun hat und ich jedenfalls eine Chance bekommen möchte – danach, wenn ich nicht gut bin, können sie mich ja immer noch rausschmeißen!« Dank energievollem Beharren bekam Elena so doch ihr Vorstellungsgespräch. »Das Gespräch war um 16 Uhr, und um 21.30 Uhr hat mich der Geschäftsführer Michael Hugo zu Hause angerufen und gesagt, dass sie mich nehmen – da war ich natürlich sehr glücklich!«

Seither berät die Immigrantin andere Neuankömmlinge in der Stadt. »Die Arbeit in dem Verein macht mir sehr viel Spaß, nicht nur, weil die Atmosphäre so gut ist, sondern auch, weil es damals, als ich kam, hier keinen Verein gab, der geholfen hätte. Wir wussten nichts und mussten uns alles selbst zusammenreimen und herausfinden.« Ihren Mann etwa würde sie heutzutage zum Beispiel an eine Stiftung weiterempfehlen, anstatt ihn zur Arbeit auf der Baustelle zu ermuntern.. »Ich habe hier über 1000 Stunden Weiterbildung gemacht und kenne mich nun mit den Gesetzen gut aus, vielleicht sogar besser als manch Deutscher. Das verändert die ganze Situation, in der man hier lebt.« Einmal sei sie zum Beispiel beim Finanzamt gewesen und habe eine falsche Auskunft bekommen. »›Sind Sie sicher?‹, habe ich gefragt und bin dann nur freundlich grüßend nach Hause gegangen. Als ich ankam, blinkte schon der Anrufbeantworter – die Dame hatte angerufen, um zu sagen, dass ich Recht hatte. Das ist natürlich auch toll, wenn die dann nachschauen und zugeben können, dass sie sich geirrt haben.«

Inzwischen sehe sie die Migration nach Deutschland auch positiv. »Die ersten Jahre waren sehr schwer. Ich hatte ja in Russland viele Freunde, und das Telefon stand nie still. Meine Mutter meinte immer: ›Bist du der Kreml, oder wie?‹, weil immer besetzt war, wenn sie anrufen wollte. Und hier nun hatte ich ein Telefon, das absolut tot war und nie klingelte.« Zu lernen, wie man in Deutschland miteinander umgeht, sei zuweilen schwer gewesen. »Bei mir stand mal ein Versicherungsvertreter vor der Tür, der sagte, er käme von einer meiner Arbeitskolleginnen. Da habe ich ihn natürlich sofort hereingebeten und gefragt, was er trinken möchte. Er sagte nur: ›So etwas dürfen Sie nicht tun, einfach einen Fremden ins Haus lassen!‹ Inzwischen gucke ich auch manchmal schon nur noch durch den Türspalt.«

Freundschaften hätten sich aber trotz mancher Unterschiede entwickeln können. »Ich weiß noch genau, wie ich mal mit meinem Mann um 15 Uhr eingeladen war, und da standen Kaffee und Kuchen auf dem Tisch. Wir beide haben uns ganz verstohlene Blicke zugeworfen, was das wohl zu bedeuten hat!« Schließlich tische man in Russland für den Besuch mehrere warme Gänge auf, »da gibt es richtig viel zu essen und ganz am Ende auch was Süßes und Kaffee. Wir nennen das ›russische Diät‹: Einmal am Tag etwas essen, und zwar den ganzen Tag lang!« Mit ihren fast ausschließlich deutschen Freunden gehen Elena und ihr Mann nun gemischt vor, »bei ihnen feiern wir deutsch, bei uns russisch.«

Gelegentliches Heimweh nach Russland kommt trotz aller Kontakte noch manchmal auf – und zwar nach Leningrad und nicht nach St. Petersburg. »Die Stadt hat sich inzwischen ja sehr verändert, früher sagte man, dort leben der Intellekt und die Kunst, das ist heute nicht mehr so. Inzwischen sind die Straßen voller Werbetafeln für Coca Cola und man könnte genauso gut in New York oder London sein.« Das alte Leningrad sei aber von nichts zu toppen. »Wir haben immer gesagt: ›Paris sehen und sterben!‹ Dann sind wir zur Silbernen Hochzeit zusammen dorthin gefahren – ich war so enttäuscht! Zum Beispiel das ach so berühmte Versailles: Im Petershof sprudeln doch unzählige Fontänen – und in Versailles gibt es mal grade ein Wässerchen, das für Extrageld fünf Minuten lang ein bisschen vor sich hin plätschert. ›Nein‹, habe ich nach der Reise gesagt, ›ich will doch noch nicht sterben!‹«

Und dass das restliche Leben nun in Deutschland stattfindet, scheint auch keine falsche Entscheidung gewesen zu sein. »Ich war einmal unsicher und habe meine Kinder gefragt, ob das denn richtig war, hierher zu kommen und sie haben gerufen: ›Natürlich, Mama!‹« Und schließlich habe sie auch immer Glück gehabt. »Es gibt hier ja viele Russen, die meinen, man mag uns nicht; aber ich habe immer nette Kollegen und freundliche Menschen um mich gehabt.« Vielleicht auch, weil man sich mit Elena Pewsner, egal ob am Nordpol oder in Rostocks Zentrum, bestens unterhalten kann – wir beide jedenfalls haben durch unser Interview ein bisschen die Arbeit in den Nachbarbüros gestört: durch zu lautes Lachen.

Türken

Das Herkunftsland

Fläche: 779 452 km² (Weltrang: 36)
Einwohner: 65 311 000 (Weltrang: 15)
Hauptstadt: Ankara, 2 937 524 Einwohner
Sprachen: Türkisch (Amtssprache), Kurdisch (etwa 15 %), Arabisch (etwa 2 %)
Bruttosozialprodukt je Einwohner: 3100 $
Größe der Gruppe in Deutschland: 1 764 318 (Minderheitenrang: 1)
Migrationsgründe: vor allem Arbeitsmigration; daneben politisch motiviert (Verfolgung und Vertreibung); Familienzusammenführung
Religion: 99 % Muslime, davon etwa 70 % Sunniten, 15–25 % Aleviten; christliche und jüdische Minderheiten

Kurzer Abriss der neueren türkischen Geschichte

Nachdem das an der Seite des Deutschen Reiches kämpfende Osmanische Reich 1918 den Ersten Weltkrieg verloren hatte, kam es zu einer teilweisen Besetzung durch die Alliierten. 1919 begann daraufhin der nationale Befreiungskrieg unter Mustafa Kemal Atatürk, der eine grundlegende Veränderung des Landes einleiten sollte: 1922 wurde das Sultanat abgeschafft; das Osmanische Reich hörte nach über 600-jähriger Geschichte auf zu existieren. Stattdessen rief Atatürk am 29. Oktober 1923 die Republik aus. Im folgenden Jahr wurde das islamische Kalifat abgeschafft, 1925 dann religiöse Orden und Gemeinschaften ebenso wie der Fez als Kopfbedeckung verboten. Nach der Einführung des westlichen Kalenders im selben Jahr folgte 1928 die Einführung des lateinischen Alphabetes bei gleichzeitiger Abschaffung des Islams als Staatsreligion. 1934 wurde das Frauenwahlrecht eingeführt. Im November 1938 starb Kemal Atatürk. 1952 trat die Türkei der NATO und dem Europarat bei; 1960 kam es zum ersten Staatsstreich der Militärs. 1963 unterzeichnete die türkische Regierung ein Assoziierungsabkommen mit der EWG. 1971 erfolgte der zweite Staatsstreich, drei Jahre später intervenierten türkische Streitkräfte auf Zypern. 1980 schließlich folgte der dritte Staatsstreich der Militärs. 1984 startete die sechs Jahre zuvor gegründete »Arbeiterpartei Kurdistans« (PKK) terroristische Aktivitäten in der Osttürkei. 2005 begannen die offiziellen Beitrittsverhandlungen der EU mit der Türkei.

»Für Holz und Kohle müssen Sie selbst sorgen. Sammeln Sie keine Äste und Zweige vor Ort: Parks liefern kein Brennholz! Das gilt erst recht für Parkbänke und anderes Mobiliar.«
(Auf Deutsch, Türkisch, Englisch, Russisch und Arabisch nachzulesen in »Grillen in Berlin«, herausgegeben von der Berliner Senatsverwaltung für Stadtentwicklung.)

Bereits ein Drittel der gut 1,7 Millionen in Deutschland lebenden Türken ist hier im Lande geboren. Ihre Lebensverhältnisse unterscheiden sich trotzdem stark von denen der Deutschen. Kurz zusammengefasst verdienen sie weniger, wohnen auf weniger Quadratmetern und haben eine geringere Bildung. So wohnt der Durchschnittsdeutsche auf 54 m^2, der Durchschnittszuwanderer aus der Türkei auf 27 m^2. Das monatliche Haushaltseinkommen der Deutschen liegt bei 2570 Euro (brutto), das der Türken bei 2210 Euro. 2 % der Deutschen haben keinen Schulabschluss, bei den hier lebenden Türken sind es 19 %; keine Ausbildung haben 23 % der Deutschen und 59 % der türkischen Zuwanderer – von den türkischen Frauen haben sogar ganze 70 % keine Ausbildung.[71]

Die großen Unterschiede stammen größtenteils aus der Geschichte dieser Zuwanderungswelle und der Struktur des deutschen Bildungssystems. Schließlich warb Deutschland »Gastarbeiter« und nicht »Gastingenieure« an; gesucht wurden Menschen, die bereit waren, einfachste Tätigkeiten für überschaubaren Lohn zu verrichten. Mit anderen Worten: Um bei Siemens am Fließband zu stehen, braucht man kein Universitätsstudium! In der zweiten Generation fangen die Unterschiede langsam an, sich zu verringern. Wie in deutschen Familien auch, wächst aber die Chance der Kinder, eine gute Ausbildung zu bekommen mit dem Bildungsniveau der Eltern. Akademikerkinder werden Akademiker, Arbeiterkinder zumeist wieder Arbeiter.[72]

Bei so eklatanten Unterschieden der Lebensbedingungen verwundert nicht, dass die wenigsten Türken engeren Kontakt zu Deutschen halten. Nur ein Drittel gibt an, deutsche Freunde zu haben – und 16 % fühlen sich auf Grund ihrer Herkunft oft benachteiligt.[73]

Beinbruch zum Aufschwung

Orte wie Quickborn, Todesfelde und Hasenmoor passierend, erreiche ich radelnd das Städtchen Kaltenkirchen, gelegen am Rand des »äußerer Hamburger Speckgürtel« genannten Gebietes. Hier brannte vor einigen Jahren das bekannte Strohdachhaus am Kleinstädtischen Marktplatz, eine »Katastrophe«, wie man sich in vielerlei Gesprächen erschüttert versicherte. Statt des ehemals hochgehaltenen Kleinods nimmt jetzt ein Beton-Klotz mit eingemieteter Drogeriekette den zentralen Platz ein. Wo man einstmals unter windigem Flachdach auf den Zug gen Hamburg wartete, befindet sich nun ein großräumig überdachter Bahnhof mit unter der Erde verlaufenden Schienen. Und wo die Autorin früher in einem alten Dunkelbau den Schulschluss herbeisehnte, befindet sich jetzt ein luftiger Neubau mit Naturwissenschaftstrakt und Cafeteria.

Schließlich erreiche ich die Wohnung von Birsen[74], die mir strahlend die weiße Eingangstür ihres ruhig gelegenen Hauses öffnet. Wir setzen uns neben Pferdebildern und diversen Pflanzen zu Kaffee und Keksen in ihre große Sofaecke, wo sie zu erzählen beginnt. In Burdur, einem Ort in der Nähe Antalyas aufgewachsen, war in ihrem Leben »zunächst nur Glück«. Der Vater ein kleiner Fuhrunternehmer, der selbst noch oft am Steuer eines LKW saß, die Mutter Hausfrau und Birsen als drittes und jüngstes Kind »immer ganz nah bei der Mutter«. Die allerdings starb 1986, was das Leben der 16-jährigen Türkin von einem Tag auf den anderen ändern sollte: »Mein Vater wollte sofort wieder heiraten, und ich konnte mir auf gar keinen Fall vorstellen, zu einer anderen Frau auf einmal ›Mama‹ sagen zu sollen und sie als meine Mutter zu betrachten.« Die Konsequenz war klar, Birsen musste weg aus dem Ort und der Familie. »Eigentlich wollte ich studieren und Rechtsanwältin werden, hatte auch schon mit den Aufnahmeprüfungen begonnen. Aber es hätte noch ein Jahr gedauert, bis ich hätte weggehen können.«

Der schnellere Weg hieß »Mann«. Er war 20, Deutsch-Türke und mit seinen Eltern zu Besuch daheim. »Er sagte, seine Eltern würden gerade eine Frau für ihn suchen, da habe ich gesagt: ›Vielleicht ja mich?‹« Der Herr hatte prinzipiell keine Einwände, so dass die Eltern zur gegenseitigen Betrachtung erschienen. »Donnerstag sind wir das erste Mal ausgegangen, Freitag kamen seine

Eltern, Montag haben wir geheiratet.« Einen Monat später, im Februar 1987, kam Birsen zur neuen Familie nach Deutschland bzw. nach Kaltenkirchen. In Sichtweite des Gymnasiums, wo ich zu dieser Zeit mehr aus dem Fenster als auf die Tafel der 7c blickte, erlebte sie fortan, was heute gern als »Parallelwelt« bezeichnet wird.

Der erste Eindruck war indes gut. Alles sei »schön, sauber, praktisch, diszipliniert und korrekt« gelaufen: »Das war interessant zu sehen, wie die Leute hier so leben. Zum Beispiel, dass es Ampeln gab für Fußgänger, wo sie dann anhielten und erst bei Grün gingen. Ich habe auch Jugendliche auf der Straße küssen sehen und dachte ›Oh Gott, was machen die?‹« Die Neueinwanderin gratulierte sich zu ihrem Schritt in die große, ferne Welt. »Das änderte sich aber schnell, so nach zehn Tagen begann mein Martyrium.« Während der Mann zur Arbeit ging, blieb sie mit Schwiegermutter und Schwägerin im Haus zurück. »Ich habe alles für sie machen müssen, kochen, putzen, bis zur Unterwäsche alles bügeln.« Kam der Mann dann nach Hause, beschwerte sich die Schwiegermutter jedoch. »Sie sagte nie direkt zu mir, wie ich etwas zu tun habe, sondern sagte immer nur zu ihrem Sohn, ich hätte zum Beispiel den Tee nicht richtig eingegossen und irgendetwas nicht schnell genug geholt.« Der Sohn hörte sich die Beschwerden seiner Mutter an und schlug seine Frau anschließend. Regelmäßig. Einen Ausweg gab es nicht: »Ich musste dann auch putzen gehen in Büros, bin dort immer von meinem Schwiegervater oder meinem Mann hingefahren worden nach Dienstschluss, habe alleine geputzt und bin wieder abgeholt worden.« Von dem Geld sah sie nichts. »Das hat mein Schwiegervater für Kartenspiel und Puff gebraucht, oder um seine Freunde einzuladen. Ich bekam höchstens mal 10 DM, der Rest war weg.« Kontakt zur Außenwelt gab es nicht, weder zu den Nachbarn noch zur Familie in der Türkei, dafür sorgte ein von den Schwiegereltern angebrachtes Schloss am Telefon.

Auch Deutsch zu lernen wurde der heute 37-Jährigen verboten. »Ich wollte gerne die Sprache hier verstehen, aber meine Schwiegereltern haben gesagt, es reiche, wenn sie Deutsch könnten, ich brauche das nicht.« Schließlich bat sie ihren Mann um Hilfe. »Der ist dann mit mir in die Bücherei gegangen, und wir haben eine

Kassette und ein Buch für den Deutschunterricht ausgeliehen. Er hat zu mir gesagt, seine Eltern dürften das auf gar keinen Fall mitbekommen und ich solle nur in unserem Schlafzimmer nachts und heimlich lernen.« Mit Kopfhörer unter der Bettdecke schaffte die junge Türkin so die erste Grundlage für ihre spätere Freiheit.

Schließlich gelang es der inzwischen Schwangeren sogar, den Mann zu einer eigenen Wohnung zu überreden. Die Konsequenz war Armut. »Meine Schwiegereltern hatten einen Kredit auch auf unseren Namen für ein Haus in der Türkei aufgenommen. Als wir dann auszogen, haben sie aufgehört, den zu bedienen, um uns zu bestrafen. Wir mussten das dann alleine bezahlen.« Kredit und Wohnungsmiete fraßen fast das ganze Einkommen des Mannes auf, so dass Birsen schon kurz nach der Geburt ihrer Tochter wieder putzen ging. »Ich musste mein kleines Kind allein in der Wohnung zurücklassen, um zu arbeiten, und wusste dann nie, in welchem Zustand ich es wiederfinden würde.« Geld für Windeln gab es nicht, und das Essen bestand meist aus Tütensuppe. »Meine Schwester in der Türkei hat dann gesagt, ich solle meine Tochter lieber bei ihr lassen. Hier konnte ich sie ja kaum ernähren.«

Was folgte, waren noch zwei Kinder, mehrere schlechte Jahre mit wenig Geld, ohne Zuspruch und mit düsterer Perspektive. »Ab 1995 habe ich dann im Krankenhaus als Reinigungskraft angefangen.« Und hier wendete sich das Blatt dann von unvorhergesehener Seite. »Ich putzte im Krankenhaus und hatte wieder viele Schläge von meinem Mann bekommen. Ich putzte also und weinte, putzte und weinte. Bis mir jemand die Hand auf die Schulter legte und fragte, ob es mir nicht gut ginge.« Der Mann war wegen eines Beinbruchs dort und stellte sich bei ihr als »Pastor Rüß aus Henstedt-Ulzburg« vor. »Ich wusste aber gar nicht, was ›Pastor‹ bedeutet, und habe nur gesagt, es gäbe Ärger zu Hause, und ich bräuchte dringend Arbeit.« Der Pastor, der im Umland als erzkonservativ beleumundet war und seine Eleven in strengem Regiment durch die Konfirmation führte, fragte nach Birsens Adresse, »Telefon hatte ich ja nicht«. Vom Beinbruch kuriert und aus dem Krankenhaus entlassen, stand der Mann schließlich keine zwei Wochen später vor der Wohnungstür der jungen Türkin und sagte, sie solle mit ihm fahren. »Da hab ich mich natürlich erschrocken und gedacht: ›Junge Frau in Not, Mann, ausnutzen, verschleppen‹, und wollte nicht. Dann sagte er das Zauberwort ›Arbeit‹, und ich bin sofort eingestiegen.«

Es folgten Reinigungsaufträge für zwei Kirchen und ein Gemeindehaus des Nachbarortes – und damit der Beginn des Aufschwungs in Birsens Leben. Per Empfehlung kamen weitere Aufträge dazu, Deutschkenntnisse und Selbstbewusstsein wuchsen, so dass die Türkin sich schließlich selbst bei Firmen vorstellte und »von 5 Uhr morgens bis kurz vor Mitternacht arbeitete«. Einmal im Rollen, wurde der Schneeball schnell größer, und Birsen begann ab 1998 Mitarbeiter einzustellen. Inzwischen putzen 33 Angestellte für die Unternehmerin, deren Arbeit mittlerweile weitgehend die Beaufsichtigung des Personals ist. Um die verschiedenen Stellen besser erreichen zu können, »habe ich mir eines morgens gesagt, als ich wieder um 4 Uhr meinen alten Ford Fiesta anschieben musste: Du brauchst ein ordentliches Auto«. Das ist gelungen, mittlerweile gehört das größte Statussymbol auf dem Parkplatz des Kaltenkirchener Krankenhauses der Jungunternehmerin: »Ich habe mir dann einen neuen Volvo gekauft, aber der begann ab 160 immer laut zu werden, da habe ich gesagt: ›Heute verkaufe ich dich und hole mir einen Mercedes!‹« Sie ging in die nächste Vertretung, zeigte auf einen »Wagen, der mir gefiel und fragte, ob der auch ein Navigationssystem hat, schließlich mag ich keine Karten lesen. Der Verkäufer hat nur gesagt: ›Gute Frau, bei dem Preis hat ein Auto alles!‹, und ich habe gesagt: ›Gut, wann kann ich ihn abholen?‹« Der Mann schwärme heute noch, so ein kurzes und entschiedenes Verkaufsgespräch habe er noch nie geführt; Birsen ist zufrieden mit ihrem Sechszylinder 320 E und lacht. »Der kannte immer nur Frauen, die mit ihren Männern kommen und die dann fragen müssen.«

Ihren Mann fragt die 37-Jährige inzwischen gar nichts mehr. »Vor zwei Jahren haben wir uns scheiden lassen. Ich habe 17 Jahre gedacht, dass es besser wird, aber es wurde nur immer schlimmer, und so mussten wir uns trennen.« Im türkischen Umfeld der Kleinstadt sei diese Entscheidung nicht gut angekommen. »Die sagen alle, kaum hätte ich Geld, schon würde ich ihn rauswerfen. Die wissen ja alle nicht, was ich durchgemacht habe.« Gegen schlechtes Gerede setze sie sich aber zur Wehr: »Ich bin ganz bestimmt keine Schlampe, ganz bestimmt nicht!«

Auf die Frage, ob sie gläubig sei, antwortet die Unternehmerin spontan und entschieden »Ja!« Sie stehe jeden Tag früh auf, dusche und bete anschließend, erklärt Birsen und holt ein säuberlich zusammengelegtes Tuch aus der Schublade ihres Schrankes. Der Koran steht sichtbar auf einem Intarsien-Tischchen daneben und erfreut sich offenbar regelmäßiger Benutzung. Auch in die Moschee gehe sie natürlich und könne mich gern mit ein paar deutschen Frauen bekannt machen, die übergetreten seien. Im alltäglichen Leben sei der Glaube ohnehin wichtig. »Ich würde zum Beispiel niemals meine Angestellten schlecht behandeln oder zu hohe Rechnungen ausstellen.«

Ihre Zukunft sieht die inzwischen eingebürgerte Deutsche hier in der Bundesrepublik bzw. sogar in Kaltenkirchen, das »doch so schön« sei, wie sie mir strahlend versichert. »Außerdem habe ich hier ja auch einiges Geld in Immobilien angelegt.« Hätte sie jedoch damals als junge Frau gewusst, was auf sie zukommt, wäre sie »niemals nach Deutschland gekommen. Meine Mutter war Analphabetin, und ich habe das Abitur allein geschafft. Ich bin eine Kämpferin und hätte in der Türkei eine bessere Karriere gemacht, nicht nur als Putzfrau.« Und schließlich gäbe es auch hier, im schönen Kaltenkirchen, ein paar Nachteile: »Die Deutschen sind wie die Roboter. Man besucht sich nur am Wochenende und alles besteht aus Konsequenz, Disziplin und Distanz.« Die Anpassung habe dazu geführt, dass »ich hier Arbeit träume, Arbeit denke und mich überhaupt nicht mehr als Frau und als Mutter fühle.« Bei der nachfolgenden Einwanderer-Generation habe sich diese Mentalität anderseits zu wenig verfestigt: »Die deutsche Generation ist ziemlich faul. Die Eltern sind hergekommen und wollten nur Geld verdienen und dann wieder nach Hause. Die haben deshalb keine Zeit gehabt, ihre Kinder auch zu erziehen. Die Kinder sind nun nicht selbstbewusst, haben keinen Schulabschluss und keinen Job.« Auch sie selbst habe durch die viele Arbeit das Aufwachsen ihrer Kinder verpasst. Aber noch gehen alle drei zur Schule und die Älteste auch schon mal in die Disco: »Ich vertraue ihr und habe gesagt, sie soll mit mir reden, weil ich nichts über sie von anderen Leuten erfahren will. Und schließlich weiß ich am Tage auch nicht immer, was sie macht.«

Mit Kopftuch zum Koranunterricht

Birsen und mich zieht es an diesem Freitag Abend nicht in die Disco, sondern an einen für mich ungewöhnlichen Ort: Wir sind angemeldet in der Kaltenkirchener Moschee, einem eher unauffälligen Haus, das anstelle von Minaretten nur ein D.I.T.I.B.-Schild samt türkischer und deutscher Fahne trägt. Spezielle Techniken vermutend, bitte ich Birsen, mir das mitgebrachte Tuch um den Kopf zu binden. Sie beschließt gemeinsam mit einer ebenfalls gerade eintreffenden Freundin, es zum Vorteil meiner Gesundheit beim Bauersfrauen-Look mit einfachem Knoten unter dem Hals zu belassen. »Das Tuch ist ein bisschen kurz, und Du bekommst sonst kaum Luft.« Im Vorraum trenne ich mich von meinen Cowboystiefeln und betrete nach dem Jerusalemer Felsendom und der Istanbuler Hagia Sophia die dritte Moschee meines Lebens. Einen touristischen Höhepunkt hatte ich hier im Herzen Schleswig-Holsteins nicht erwartet, der Raum überrascht mich aber dennoch: Ein Garderobenständer steht neben einem Regal voller türkischer Kekse und Tee, drei oder vier Stühle stehen herum, vorn ein einfaches Pult mit Tafel, auf dem Boden ein paar Schreibbänke und an der Hinterseite ein hängendes Bücherbord, an dem ich mir während des Gespräches ungefähr fünfmal den Kopf stoßen werde. Während aus einem Lautsprecher hinter den Keksen eine nach Imam klingende Stimme ertönt, lautet eine meiner ersten vorsichtigen Fragen denn auch, ob das hier also ihre Moschee wäre. Nein, lachen die Mädchen, dieser Raum sei nur für den Unterricht, die Moschee sei im Nachbarzimmer. Dort würden gerade die Männer beten. Einigermaßen erleichtert beginnen wir uns zu unterhalten.

Nach und nach kommen etwa ein Dutzend Mädchen und fünf Frauen herein. Bei jeder der Frauen stehe ich auf und will gehen. Denn schließlich hieß es, die Mädchen kämen hierher zum Religionsunterricht, wobei ich ein bisschen mit ihnen sprechen könne, ich solle allerdings gehen, wenn die Lehrerin käme. Jedes Mal täusche ich mich, stoße mir beim Hinsetzen den Kopf. Während Birsen mit einer Freundin in der gegenüberliegenden Ecke zur Lautsprecherstimme auf einem Teppich kniend mitbetet, lasse ich mir in akzentfreiem Deutsch erzählen, dass nur drei der Mädchen auch auf der Straße mit einem Kopftuch herumlaufen, auf welche Schulen sie gehen und wie es mit deutschen Freundschaften bestellt ist. Wir unterhalten uns laut, was offenbar in Ordnung ist.

Nach einer halben Stunde erscheint schließlich die Lehrerin, ich stehe auf und will gehen. Es gibt ein kurzes türkisches Hin und Her, zu dem ich freundlich guckend und nichts verstehend nicke. Das Ergebnis teilt mir eines der Mädchen mit: »Wir wollen, dass Sie bleiben und sich da vorne hinsetzen. Dann können wir uns noch weiter unterhalten. Wir sind eigentlich nur wegen Ihnen gekommen.« Auch Birsen scheint nichts gegen eine Verlängerung zu haben, so dass wir beide uns schließlich auf zwei Stühlen vorne neben der Tafel wiederfinden.

Ich erfahre, dass die Koranlehrerin in der Türkei ein fünfjähriges Studium absolviert hat und gleich im Anschluss hierher nach Kaltenkirchen versetzt worden ist. Große Wahlmöglichkeiten, wohin die Reise ging, hatte sie nicht. »Wir brauchten eine Lehrerin, sie hatte ihr Studium absolviert.« Auf die Frage, ob es nicht schwierig sei, in einem Land zu leben, dessen Sprache man nicht verstehe, macht sie eine Geste, die eigentlich keiner Übersetzung mehr bedarf. »Sie meint, Sie sollten besser nicht nachfragen, es sei ganz schrecklich.« Zu einem Deutschkurs habe die Zeit bislang aber nicht gereicht. Die Lehrerin spricht, ihre Schülerinnen übersetzen mir: »Jetzt wollen wir einmal etwas über Sie erfahren!«

Nach einer kurzen Vorstellung, was ich in meinem Leben sonst so mache und warum ich heute Abend hergekommen bin, lautet gleich die erste Frage: »Halten Sie den Islam für ein Problem?« Eine Woche nachdem der sogenannte »Karikaturenstreit« in jeder Talkshow die ursprüngliche Programmplanung über den Haufen geworfen hat und keine Zeitung mehr ohne mehrseitige Berichte von brennenden dänischen Fahnen auszukommen scheint, eine interessante Frage, auf deren Antwort 20 unter Kopftüchern hervorschauende Augenpaare interessiert warten. Nein, antworte ich, nicht der Islam an sich sei für mich ein Problem, wohl aber gäbe es in Deutschland Schwierigkeiten mit und in der türkischen Einwanderer-Gemeinschaft. Zum Beispiel verließen zu viele türkische Jugendliche ohne Abschluss die Schule. Der Grundsatz, dass Bildung wichtig sei und das auch für Mädchen, sei offenbar noch nicht überall anerkannt.

Die Autorin (Mitte) mit einigen Schülerinnen des Koranunterrichts in der Kaltenkirchener Moschee

Während mehrere Mädchen teilweise abwechselnd, teilweise parallel übersetzen und energievolle Antworten der Lehrerin bekommen, erfahre ich, dass auch die Lehrerin meine Auffassung teilt. »Sie kontrolliert auch immer unsere Zeugnisse und sagt, dass es wichtig ist, viel über die Religion zu wissen, aber auch sonst im Leben erfolgreich zu sein. Wir sollen gute Abschlüsse machen und dann etwas lernen.«

Immerhin, denke ich, eine studierte Frau am Pult, die auf gute Schulleistungen pocht und daneben den Mädchen noch die arabische Schrift beibringt, ist doch kein schlechter Ansatz. Ich frage, ob sie Ideen hätten, was man machen könne, um die Situation zu verbessern. Was folgt, ist eine lange Aufzählung, die vom Ende der Diskriminierung der Kopftuchträgerinnen bis zur Einführung islamischer Feiertage reicht. Dann kommt der überraschende Abschluss: »Davon mal abgesehen, liegen 70 bis 80 % der Probleme bei den Türken selbst. Die müssten sich mehr anstrengen.« Wie man das außerhalb dieses kleinen Unterrichtsraumes fördern könnte, darüber herrscht auch hier offenbar Ratlosigkeit.

Eine der Frauen, die bislang schweigend auf dem Boden neben den Mädchen gesessen hat, fragt nun, wie ich denn diesen Abend hier empfinden würde. Während eine der anderen Frauen gerade mit einem Tablett voller Cola-Gläser herumgeht, antworte ich, vor allem über ihr Interesse überrascht zu sein. Schließlich hätten viele meiner deutschen Freunde, denen ich von dem Buchprojekt berichtete, gefragt, wie ich es denn anstellen wolle, mit Türken in Kontakt zu kommen, die würden doch sicher nicht mit mir reden wollen. Alle fangen an zu lachen, die Lehrerin will schnell übersetzt bekommen, schlägt die Hände an den Kopf und sagt: »Oh, wenn ich nur Deutsch könnte!«

Die gerade noch Cola ausschenkende Frau berichtet, ihre Töchter würden keine deutschen Freunde finden können. »Meine Älteste ist im Sommer in die fünfte Klasse gekommen. Sie versucht seit sieben Monaten, mal ein deutsches Mädchen zu uns nach Hause einzuladen, aber keine will mitkommen. In zwei Wochen hat sie Geburtstag und möchte feiern. Ich habe ihr gesagt, sie solle ruhig mehrere Mädchen einladen, und bin nun gespannt, ob jemand kommt.« Derweil jedenfalls spreche das Kind auch in den Pausen nur mit einem einzigen Mädchen: »Die hat sonst niemanden gefunden und war auch allein, deshalb redet sie nun mit meiner Tochter.« An der Sprache dürften die Probleme in diesem Fall nicht liegen, immerhin redet selbst die Mutter mit echtem Holsteiner Akzent.

Vielleicht aber liegt auch hier das Problem beim berühmten Kleidungsstück. So beginnen die Mädchen untereinander jetzt zu diskutieren. Einige haben deutsche Freundinnen, andere nicht; einige fühlen sich in der Schule diskriminiert, andere nicht; einige meinen, der Koran schreibe das Kopftuchtragen vor, andere sehen das nicht so. Eines der Mädchen berichtet, sie habe sich gegen ihre Eltern durchsetzen müssen, das Kopftuch zu tragen. »Die haben Angst, dass ich keinen Arbeitsplatz finde, wenn ich so ein Bewerbungsfoto losschicke.« Das Schulpraktikum im letzten Jahr sei aber erfolgreich verlaufen. »Der Chef meinte am ersten Tag zu mir, ich könne das Kopftuch ruhig abnehmen. Da habe ich geantwortet, ich trage das freiwillig und wolle es aufbehalten. Am Ende des Praktikums hat er dann zu mir gesagt, ich könne ja richtig arbeiten, sei interessiert und überhaupt nicht so, wie er sich das immer vorgestellt habe. Ich glaube, ich könnte da vielleicht später mal richtig anfangen.«

Schließlich werde ich gefragt, ob ich denn etwas über den Islam wisse. Wahrheitsgetreu antworte ich mit einem »nicht wirklich«, erzähle aber, dass ich in der nächsten Woche Geburtstag habe und mir von einer moslemischen Freundin ein Buch darüber gewünscht hätte – immerhin müsse ich mich ja jetzt mal informieren. Es beginnt ein aufgeregtes Tuscheln und zwei der Frauen verschwinden. Ein paar Minuten später treffe ich sie nebenan in dem inzwischen männerfreien Moschee-Raum, der auch meinen Vorstellungen eines sakralen Ortes deutlich eher entspricht. Ganz in Grün gehalten, hängen mehrere gerahmte arabische Sätze an den Wänden, es gibt eine Kanzel, einen Kronleuchter und etwas, das aussieht wie ein Beichtstuhl, allerdings hier wohl für den Muezzin gedacht ist. An einer der Wände ist ein ganzer Büchertisch nur für mich aufgebaut worden. »Sie dürfen sich eines aussuchen!«, wird mir strahlend erklärt. Da man für jede Wahl Grundlagenkenntnisse braucht, wende ich mich an die Religionslehrerin. Sie wählt für mich eine Übersetzung des Korans und »Die Auferstehung«. Als Erinnerung gibt es noch die Unterschriften der Mädchen auf der letzten Seite des Buches. Dann stellen sich ein paar von ihnen mit mir zum Foto zusammen. Eine der Frauen ruft: »Macht ein türkisches Foto«, woraufhin alle sich umarmen.

Nach gut zwei Stunden werde ich herzlich von allen händeschüttelnd verabschiedet und aufgefordert, doch mal wieder vorbeizukommen. Gut möglich!

Scheiß-Deutscher

Aziz wurde 1963 in Silifke in der Südtürkei geboren, »das liegt an dem türkisfarbenen Fluss, in dem Barbarossa ertrunken ist.« Der Zweijährige musste dann eine Weile bei seiner Großmutter leben – die Eltern waren vorausgefahren nach Deutschland und wollten sich dort um Wohnung und Arbeit kümmern. 1966 dann folgte der Dreijährige in Richtung Augsburg. »Mir kam alles sehr fremd vor und ich konnte auch die Sprache nicht. Vor Schreck sind mir erstmal die Haare ausgefallen, und ich hab bald begonnen, die ganze Straße zu terrorisieren.« Weit und breit habe es kein einziges anderes türkisches Kind gegeben, »und die deutschen Kinder sind ja vergleichsweise zurückgeblieben. Bei uns kann ein Siebenjähriger schon ein Auto zerlegen und lackieren, ein Zehnjähriger kann eine ganze Familie ernähren.« Nach dem ersten Schrecken fand sich Aziz dann in Lederhosen und Kniestrümpfen wieder und fand seine bayerische Kindheit im Ganzen betrachtet »super«.

1969 kam der »türkische Seppel« zur Schule und sah »Dank einer sehr katholischen Lehrerin in meiner Kindheit mehr Kirchen als Moscheen«. Was sich sogar als Vorteil erwiesen habe, »denn so hab ich alles über Moses, Jesus und so gelernt, und als wir Ende 1970 nach Berlin gegangen sind, da hab ich als einziger Türke am Religionsunterricht teilgenommen und immer Einsen bekommen«. Nur mit dem Jodeln hapert es bis heute. »Mein 1970 in Augsburg geborener Bruder ist da sehr gut drin.«

In Berlin habe es dann auf einmal auch andere Türken in der Umgebung gegeben. »Das war dann wie ein kleines Dorf, jeder kannte jeden.« Ans Bleiben hätten die Eltern aber trotzdem eigentlich nicht gedacht: »Mein Vater saß die ganze Zeit auf gepackten Koffern. Bei ihm hieß es immer, er wolle nur warten, bis die Kinder aus der Schule sind. Inzwischen ist selbst meine kleine Schwester 30 – und meine Eltern sind immer noch hier.«

Für Aziz selbst bedeutete das Berliner Leben erstmal Arbeit: »Ich hab schon mit neun Jahren auf dem Markt gestanden.« Und zwar ohne, dass seine Eltern davon wussten. »Wir Türken waren ja immer die Ärmsten in der Klasse. Die anderen hatten zu Hause einen Kühlschrank voll mit Sachen und kamen zum Beispiel immer mit Fruchtjoghurts zur Schule. So was hatten wir nicht, das wäre Luxus gewesen. Wir kamen mit Butterbrot, da war eine Scheibe Irgendwas drauf und fertig.« Mit einfacher Kleidung und Brotscheiben kann man zur Not leben – auf Klassenfahrt kommt man als eines von vier Arbeiterkindern nicht. »In der 4. Klasse ging es an den Wannsee, und in der 6. Klasse wollten wir eine Fahrt nach St. Peter Ording machen, die sollte 273 DM kosten, das weiß ich bis heute.« Von seinen Eltern hätte Aziz dieses Geld nie bekommen können. »Daher kommt doch heute immer das Gerede, die Kinder dürften aus religiösen Gründen nicht mit auf so eine Tour. Das stimmt doch gar nicht. In den meisten Fällen haben die Eltern einfach kein Geld, schämen sich, und dann

Aziz auf der Dachterrasse des Radiosenders Metropol FM

nimmt man die Religion als Vorwand.« Aziz selbst ging heimlich auf dem Markt arbeiten und bezahlte die Reisen selbst. »Meinen Eltern habe ich gesagt, ich sei gesponsert worden.«

Überhaupt sei das mit der Religion so eine Sache: »Currywurst wird bei uns natürlich auch gegessen, aber dann eben hinter der Bude, damit die Nachbarn es nicht sehen.« Und natürlich habe seine 1976 geborene Schwester ihn, den Bruder, immer an der Seite gehabt, »unsere Mutter musste ja arbeiten. Also habe ich meine Schwester vom Kindergarten abgeholt, bin mit ihr auf den Spielplatz gegangen und habe sie betreut.« Um die Bekleidung von Mutter und Schwester brauche er sich keine Sorgen zu machen: »Atatürk hat 1919 den Türken gezeigt, wie man sich anzieht. Das haben die nicht erst in Deutschland gelernt. Meine Mutter ist zum Beispiel mit kurzem Röckchen in München angekommen. Und Frauenwahlrecht haben wir auch seit 1934.« Schwierigkeiten gäbe es da erst seit den 70er Jahren »dann kamen die Türken mit den Kopftüchern. Und ab den 80er Jahren kam dann der Knoblauchexpress.« Auch er selbst sei mal mit einer solchen Fuhre unterwegs gewesen: »Ich hatte das ganze Auto voll mit Knoblauch und bin natürlich an der österreichischen Grenze angehalten worden. Der Grenzer hat dann gefragt, ob ich was zu verzollen hab. Ich machte den Kofferraum auf – und werde nie das Gesicht dieses Mannes vergessen! So was hatte der noch nie gesehen.«

Ansonsten seien die 80er Jahre für Türken in Deutschland nicht lustig gewesen: »Damals hab ich das erste Mal das Wort ›Kanake‹ gehört, das gab es vorher gar nicht, vorher hatte man sich hier ganz integriert und wohl gefühlt. Und auf einmal konnte man nicht einmal mehr gegen Deutsche Fußball spielen, ohne dass blöde Kommentare kamen und man sich geprügelt hat.« Er selbst sei Mitglied in einer Gang und auch in Massenschlägereien verwickelt gewesen, »anders konnte man sich hier damals nicht behaupten«.

Nebenbei habe er sich als Teenie natürlich aber auch ausgelebt. »Viele Türken haben dann ja Schwierigkeiten nach der Wende bekommen. Die sind immer nach Ostberlin rüber, haben sich da ausgetobt, und auf einmal fiel die Mauer, und die Frauen klopften dann hier an die Tür.«

1998 zog Aziz aus dem wiedervereinigten Berlin in einen kleinen Ort in der Nähe von Nizza. »Ich hatte in Venedig eine Frau getroffen und bin dann zu ihr nach Frankreich gezogen.« Dort erwartete den Türken eine Überraschung. »Die haben mir immer wieder meine Reifen zerstochen, die Spiegel abgebrochen, Türen eingetreten, Fensterscheiben eingeschmissen, mir hinterhergepöbelt – weil sie mich für einen Deutschen hielten.« Franzosen wie Araber des Ortes hätten nur das deutsche Kennzeichen seines Autos gesehen und schon sei klar gewesen, »dass die mich da weghaben wollten«. Einmal sei er von einer arabischen Jugendgruppe mit Waffen eingekreist worden, die »mich als Deutschen fertigmachen wollten«. Er habe noch nicht gut Französisch gekonnt und immer nur gerufen »Je suis Turc!« Da seien sie ruhiger geworden, hätten ihn aber erst noch zum Beweis etwas auf Türkisch sprechen lassen, bevor sie ihn in Ruhe ließen. »Aber die dauernden Schäden an meinem Auto hörten nicht auf, bis ich dann eines Tages mit meiner Frau zum Bürgermeister des Ortes gegangen bin. Ich habe gekocht vor Wut, und sie wollte erst nicht übersetzen, was ich zu sagen hatte, es gab Geschrei, aber schließlich habe ich dem Bürgermeister vermitteln können, dass ich Selbstjustiz übe, wenn die Übergriffe nicht aufhören.« Vom folgenden Tag an sei auch wirklich nichts mehr passiert, »aber es war doch klar, dass ich da nicht gut würde leben können«. Also ging es 2000 wieder zurück nach Deutschland.

In der Türkei war Aziz dann nur noch mal für einen Monat »2002, da habe ich meinen Militärdienst abgeleistet. Eigentlich dauert der 18 Monate, aber du konntest auch nur einen hingehen und zusätzlich 10000 DM bezahlen.« Dieser eine Monat habe auch gereicht: »Wir waren mit 72 Leuten in einem Raum, Hygiene und Essen waren schrecklich. Wer es bis dahin noch nicht war, wurde dort zum Mann.«

Derzeit liegt Aziz' Lebensmittelpunkt in Berlin. »Das ist eine Stadt, die ich im Frühjahr und Sommer gegen keine andere eintauschen würde.« Hier ist er mit einer Ukrainerin verheiratet. »Die Hochzeit fand in Dänemark statt, weil wir in Deutschland ja noch Jahre gebraucht hätten, um alle geforderten Papiere zusammenzubekommen.« Das gemeinsame, einjährige Kind ist noch staatenlos, wird aber schon mal dreisprachig erzogen: Türkisch, Russisch und Deutsch.

Wo die eigene Reise hingehen soll, ist für den 43-Jährigen völlig offen. Derzeit arbeitet er als Medienberater für den türkischen Radiosender Metropol FM. Der Sender ging im Juni 1999 zum ersten Mal 24 Stunden am Tag auf Sendung und ist das einzige türkische Radio außerhalb der Türkei; sein Programm zielt auf »Deutsch-Türken« ab. In Berlin erreicht er einen Marktanteil von über 70 % und bietet sich so seinen potentiellen Kunden für »Ethnomarketing« an. »Die 60000 bisher [von türkischen Migranten] gegründeten Unternehmen erwirtschaften jährlich einen Umsatz von 25 Milliarden Euro und konnten 300000 neue Arbeitsplätze schaffen. Und das wirkt sich positiv auf die deutsche Wirtschaft aus«, heißt es auf einer der Werbepostkarten des Senders.

Ob Aziz' eigene Zukunft auch hier in Deutschland liegt, weiß er noch nicht: »Ich zahle hier meinen Solidaritätsbeitrag und kann trotzdem nicht nach Marzahn in Ostberlin fahren, ohne beschimpft zu werden. Auch als Unternehmer werden einem in Deutschland viele Schwierigkeiten in den Weg gelegt. Viele von uns Türken, die wirklich etwas machen wollen, spielen also mit dem Gedanken, wegzugehen – in die Türkei oder auch ein drittes Land.«

Keine Hoffnung, nirgends

Eine Freundin bringt mich von Kaltenkirchen in ein anderes kleines Städtchen im Süden Schleswig-Holsteins. Hier wollen wir Myriam treffen, die in Wirklichkeit zwar anders heißt, aber ihren Namen nirgendwo erwähnt wissen will. Denn ihre Geschichte ist so schrecklich, dass selbst ich als bloße Zuhörerin mich schon hilflos und bedrückt fühle. Denn Hoffnung gibt es hier nicht, nirgends.

Wir halten vor einem Haus und nehmen einen schmalen Weg Richtung Eingangstür. Rechts in dem kleinen Garten liegen eine windschiefe Kommode neben einem umgekippten Kühlschrank und einem Einkaufswagen voll leerer Alkohol-Flaschen. Wir nehmen die schmale Treppe hinauf in den ersten Stock, an unserer Seite bröckelt der Putz von den Wänden. Oben angekommen, öffnet uns eine von Myriams Töchtern die Tür. Sie selbst ist nicht da. Sie sei noch drüben, in der Spielhalle, wird uns gesagt. Die Halle ist leer, abgesehen von zwei deutschen Frauen hinter dem verglasten Tresen. Ihre Gesichter spiegeln den Rauch von hunderten Zigaretten und ungezählten einsamen Stunden wider. Myriam sei im Raum nebenan, sagen sie und fahren fort mit dem Zählen der Tageseinnahmen.

Wir finden die Türkin schließlich vor zwei bunt wirbelnden und quäkenden Maschinen. Mit ihrer Arbeit als Reinigungskraft ist sie fertig. Das hier ist für sie Entspannung. Ein paar Minuten noch wolle sie weiterspielen, wir könnten schon vorgehen und den Kaffee bereiten. Wieder draußen deute ich auf den Einkaufswagen mit Flaschen neben uns und die gerade verlassene Spielhalle und frage meine Freundin, ob Myriam Muslimin sei. »Nein« sagt sie und lacht, »sie ist orthodoxe Christin. Aber bei uns gibt es das auch.« Wieder oben in der Wohnung angekommen, fühle ich mich mehr als fehl am Platz mit meinem Strauß lila Tulpen, dem besten, was der auf dem Weg liegende Supermarkt zu bieten hatte. Hier wirken die fest zusammengeschnürten Stengel wie von einem anderen Planeten. Im kleinen Flur hängen Bilder vom letzten Abendmahl Jesu, in der Küche, wo wir uns jetzt setzen, liegt ein abgetretener Teppich auf dem Boden. Der Esstisch ist aus Plastik, und neben ein paar Resten vom Mittag finden nun meine Tulpen in einem Saftglas ihren Platz.

Meine Freundin setzt Wasser für den Kaffee auf, und als Myriam schließlich hereinkommt, stehen schon drei Tassen türkischen Moccas auf dem Tisch. Ich trinke eine kleinen Schluck, habe die Zähne voller Kaffeepulver und muss zugeben, nicht integrationsfähig zu sein. Die Tasse wird während des Gespräches kalt werden, aber nicht leer.

Und dann beginnt Myriam in stark gebrochenem Deutsch zu erzählen. Wie sie aufgewachsen ist mit arabischer Muttersprache und christlicher Religion, in einem kleinen Ort im Südosten der Türkei, »wo schon Petrus und Paulus waren.« Dass sie nicht zur chule gegangen ist, sondern stattdessen auf dem Feld arbeiten musste. Dass sie verheiratet wurde mit nur 16 Jahren – und schließlich 1985 als 20-Jährige nach Deutschland kam. »Hier, dachte ich, wird alles besser. Aber das war nicht so. Hier fehlten die Worte, ich konnte nicht sprechen. Und war ›Scheiß Ausländer‹«. Einen Deutschkurs habe sie nie besucht, nie lesen und schreiben gelernt, stattdessen gleich eine intensive Beziehung zur Nachbarin gehabt. »In unserer ersten Wohnung hat die Nachbarin jede Nacht Sturm geklingelt, den Knopf festgeklemmt. Wir hatten kleine Kinder, die wurden immer wach. Wenn wir die Tür aufmachten, war keiner da. Nur einmal haben wir sie erwischt und gefragt, was das soll. Da hat sie gesagt, sie hasst Ausländer. Und das war die Frau eines Pastors.«

Die Wohnung selbst war im dritten Stock einer Hochhaussiedlung. »Wenn ich den Müll rausgebracht habe, hab ich immer die Haustür aufgelassen, weil ich sonst den Weg nicht wieder zurückgefunden hätte.« Schließlich hätten alle Häuser gleich ausgesehen. Die nachbarschaftlichen Beziehungen des Herkunftsortes waren verschwunden und somit auch keine Sicherung mehr vorhanden für Myriam und ihre stetig anwachsende Töchterschar. »Mein Mann ist immer wieder fremdgegangen. Er hat der anderen Frau erzählt, dass er mit seiner Schwägerin zusammenwohnt. Ich habe extra Fahrradfahren gelernt, um von der Fabrik alleine nach Hause zu kommen und zu sehen, was er macht.« Mit der neuen Technik kamen dann auch neue Möglichkeiten. »Einmal hatte er mit dieser Frau telefoniert, da habe ich die Wahlwiederholung gedrückt. Ich habe gesagt, dass ich seine Schwägerin bin und gerne mal mit ihr Eisessen gehen würde. Dann haben wir uns getroffen, und ich habe ihr erzählt, dass ich nicht seine Schwägerin sondern die Ehefrau bin, und dass wir vier Kinder zusammen haben.«

Die Frau war überrascht und wenig erfreut, schließlich hatte sie die baldige Eheschließung versprochen bekommen. Myriam selbst bekam das Ende der Affäre allerdings zu spüren: »Mein Mann hat schon vorher angefangen zu trinken und hat mich dann immer geschlagen. An dem Tag kam er ganz besonders wütend nach Hause und hat mich durch die ganze Wohnung geprügelt. Die Polizei kam, und ich musste ins Krankenhaus. Ich habe drei Tage auf der Intensivstation gelegen.« Dann unterschrieb sie eine Patientenverfügung, auf eigenen Wunsch nach Hause entlassen zu werden, denn schließlich warteten dort die Kinder, um die sich sonst niemand kümmerte. »Von meinem Mann habe ich rauchen, trinken und spielen gelernt. Das kannte ich vorher nicht.«

Das Telefon klingelt in der Melodie »Freude schöner Götterfunken«. Myriam nimmt ab, bringt den Apparat zu einer der Töchter und fragt mich, ob ich ihre Geschichte interessant fände. Während immer wieder diverse Mädchen in die kleine Küche kommen, die irgendetwas von ihrer Mutter wollen, erzählt sie mir, wie sich der Strudel ihres Lebens stetig und unaufhaltsam abwärts bewegte. »Es kamen immer Briefe, die habe ich nicht aufgemacht. Ich kann ja nicht lesen.« Es seien schon »so viele« gewesen, sagt sie und zeigt mit den Händen einen knappen halben Meter Breite. Schließlich habe sie davon ihrer inzwischen neuen Nachbarin erzählt. »Die hat dann gesagt, ich solle ihr das mal zeigen und war dann ganz erschrocken: ›Sie müssen ausziehen‹, hat sie gesagt, ›Ihre Wohnung wird geräumt.‹« Auf diese Art erfuhr Myriam, dass ihr Mann zwar Gehalt und Kindergeld auf sein Konto bekam, es aber nicht zum Zahlen der Miete verwendete. »Er hat es für Frauen und Alkohol ausgegeben.«

Die Nachbarin versprach zu helfen und stellte sich in den Türrahmen, als Beamte kamen, um die Wohnung zu räumen. »›Sie können die Frau mit den Kindern doch nicht einfach auf die Straße setzen. Wo sollen die denn hin?‹, hat sie gesagt und den Leuten erklärt, dass mein Mann nicht gezahlt hat.« Die Räumung wurde abgebrochen und Myriam mit zur Polizei genommen. »Der Polizist hat zu mir gesagt, ich müsse nur unterschreiben, dass ich mich von meinem Mann scheiden lassen will, dann könne ich bleiben und würde vom Staat auch Hilfe bekommen. Also habe ich unterschrieben, was mehr eine gemalte Linie war, wie von einer Katze.« Das führte dann aber nicht zum Happy End, sondern machte die Türkin zur Aussätzigen in ihrer eigenen Familie. »Einer meiner Brüder und eine Schwester leben hier, die haben aufgehört, mit mir zu sprechen. Sie sagen, ich bin eine Schlampe, weil ich mich scheiden lassen wollte.« Der Ehemann hingegen zeigte sich wenig beeindruckt von der Willensäußerung seiner Frau. »Schon am Abend stand er vor der Tür und sagte, er schlägt mich tot, wenn ich ihn nicht reinlasse.« Sie ließ ihn rein, wurde wieder blutig geschlagen, blieb aber am Leben. »Männer sind wie Kaugummi im Pullover. Die bekommst du nicht weg.«

So ging es über Jahre. »Er hat dann auch aufgehört zu arbeiten. Ich arbeite seit Jahren ganz alleine für acht Personen.« Mehrere Putzstellen habe sie. »Ich bin erst 41, sehe aber aus wie 50, nicht wahr?« Vor einigen Jahren dann kam der Gebärmutterkrebs. »Ich musste nach der Operation hier zu Hause liegen. Da haben sie mich auf der Arbeit gekündigt und mir auch kein Krankengeld bezahlt. Also habe ich mir nach vier Wochen wieder eine andere Stelle suchen müssen und habe dort gleich angefangen zu arbeiten.« Und die sechs Kinder: »Alles Mädchen«, sagt sie seufzend. Vier haben die Schule inzwischen verlassen und sind arbeitslos, nur zwei gehen morgens noch regelmäßig aus dem Haus. Auch der Mann ist geblieben. »Ich kann ja nicht weg von ihm.

Der findet mich immer wieder, und dann gibt es Schläge.« Schließlich habe sie auch nie gewusst, wohin sie gehen sollte, in der örtlichen türkischen Gemeinschaft gibt es auch jenseits von Bruder und Schwester nur Missachtung für Frauen, die ihren Mann verlassen. Inzwischen sei es mit dem in die Jahre gekommenen Mann aber besser geworden. »Seit zwei Jahren ist er lieb und schlägt mich nicht mehr so.« Jetzt reicht es ihm, vor dem Fernseher zu trinken und ab und an eine andere Frau aufzusuchen. Mann, Frau und sechs Töchter leben so weiterhin zusammen in der Dreizimmerwohnung.

»Ich habe immer viel geweint in meinem Leben«, sagt Myriam, »immer mehr Tränen als Lachen. Und keine Zukunft.« Letztes Jahr habe die Freundin, die auch mich hierher in ihre Küche geführt hat, ihr ein Flugticket in die Türkei geschenkt. »Meine Mutter ist sehr krank. So konnte ich sie jedenfalls noch einmal sehen.« Von den anderen Verwandten ließ sich hingegen kaum jemand blicken. »Ich habe meine Nichte immer unterstützt und ihr Geld geschickt, wenn es irgendwie ging. Dann hat sie geheiratet, als ich da war – und ich habe keine Einladung bekommen, weil ich mich von meinem Mann habe scheiden lassen wollen. Männer dürfen so etwas, Frauen nicht. Dann heißt es: ›Hast du noch Gesicht zu reden? Du bist eine Schlampe!‹« Sie guckt einen Moment in die Luft, bevor sie zusammenfasst: »Es gibt keine Scheiße, die nicht zu mir gekommen ist!«

Bevor wir gehen, liest Myriam noch im Kaffeesatz meiner Freundin und erzählt einiges über deren Entwicklungsmöglichkeiten im Beruf und Privaten. Ich schaue in ihre eigene Tasse und sehe nur einen schmalen, schwarzen Rand. Wenn ich wieder in der Gegend sei, sagt sie, solle ich gern noch einmal vorbeikommen, sie könne mir noch viele Geschichten erzählen. Dann werden wir fest umarmt und gehen wieder die steile Treppe hinunter in Richtung Auto.

Amerikaner

Argentinier

Das Herkunftsland

Fläche: 2 780 400 km² (Weltrang: 8)
Einwohner: 37 032 000 (Weltrang: 31)
Hauptstadt: Buenos Aires, 11 500 000 Einwohner (Großraum)
Sprachen: Spanisch (Amtssprache), Sprachen der indigenen Bevölkerung
Bruttosozialprodukt je Einwohner: 7460 $
Größe der Gruppe in Deutschland: 4725 (Minderheitenrang: 87)
Migrationsgründe: während der Militärdiktatur 1976–1983 vor allem politisch motivierte Migration; heute vor allem ökonomisch bedingt; Familienzusammenführung
Religion: 91 % Katholiken, 2 % Protestanten, Minderheiten von Juden und Muslimen

Interkulturelles Gärtnern

»Der Mann sollte zum Radio gehen!«, denke ich beim ersten Telefonat mit Carlos Leonhardt. Als wir uns drei Wochen später gegenüberstehen, passt das Outfit zur Stimme: südamerikanischer Basthut, Abenteurer-Weste und in der Hand ein Packen argentinisches Grillfleisch. Der Interview-Termin am Sonntagnachmittag scheint nicht zu intensiv in Arbeit ausarten zu sollen.

Vor zwei Jahren ist Carlos nach Deutschland gekommen und damit eigentlich wieder »zurück«. Schließlich ist der Argentinier noch in Schlesien geboren, ging dann allerdings mit Eltern und Geschwistern 1948 nach Südamerika, wo ein Jahrzehnte zuvor ausgewanderter Onkel die durch Vertreibung mittellos gewordene Familie aufnahm. »Ich bin ein komisches Produkt«, formuliert es der Mehrfach-Migrant, den es auch in den Jahren auf dem anderen Kontinent selten an einem Platz hielt. Dabei »habe ich angefangen als ein sehr geordneter junger Mann.« Ohne Frage, denn was sonst bedeutet ein BWL-Studium mit anschließender 13-jähriger Tätigkeit bei der Firma Osram, »die in Argentinien sehr angesehen war«. Im verflixten 14. Jahr stellte der Deutschargentinier dann jedoch fest, dass er inzwischen zur Nummer Zwei des Unternehmens aufgestiegen war, aber nie Nummer Eins werden konnte, weil dafür immer aus Deutschland Entsandte genommen wurden, er aber als argentinische Kraft galt.

Wenn schon nicht nach oben, dann jedenfalls zur Seite hieß die Devise, die Carlos zunächst zum Verwalter einer argentinischen Zeitung machte und anschließend nach Chile und Peru führte. »Ich hatte mich mit einem Freund als Unternehmensberater selbstständig gemacht. Unsere Arbeit hörte aber nicht beim Verfassen von ein paar Papieren auf – wir haben uns auch um die konkrete Umsetzung gekümmert.« Und die fand nun mal im Ausland statt. Eineinhalb Jahre Chile und anschließende fünfeinhalb Jahre Peru standen auf dem Plan. »In Peru habe ich im Amazonasgebiet gelebt. Wir haben dort Minen gesucht und deren Gehalt bestimmt, errechnet wie viel Gold etwa in einem Kubikmeter Gestein vorkommt – und ob sich das dann für eine Erschließung lohnt.«

1998 gingen die Weltmarktpreise herunter, das Geschäft hatte keine Perspektive mehr, und Carlos kam zurück nach Argentinien, allerdings nicht nach Buenos Aires, sondern ins Tausende Kilometer entfernte Feuerland. Hier, am letzten bewohnten Ort der Welt, leitete der ehemals so geordnete junge Mann eine kleine, private Fluglinie. »Dann kam aber der wirtschaftliche Zusammenbruch, selbst die großen Linien wie Lapa und Aerolinas Argentinas gingen Pleite, die Konten wurden eingefroren und anschließend auf ein Drittel des vorherigen Wertes herabgestuft.«

2001 war das, und das Ende der sonst im südamerikanischen Vergleich recht ausgeprägten Mittelschicht. Eine Weile kam es zu landesweiten Demonstrationen, die manchen schon auf einen möglichen Umschwung hoffen ließen, doch letztendlich ging im Lande alles seinen gewohnten Gang – nur auf deutlich niedrigerem Niveau als zuvor. Die Kopplung des Peso an den Dollar im Werte von 1:1 wurde aufgelöst zu Gunsten eines nun wieder frei pendelnden Kurses von etwa 1:3,5. Ein Dank Inflation eingetretener Wertverlust des über die Jahre Gesparten von mehreren Hundert Prozent war für den Argentinier jedoch keine neue Erfahrung: Über ein Dutzend Nullen wurden in den letzten 50 Jahren von der immer wieder mit anderen Namen versehenen Währung des Landes gestrichen. Egal ob nun »Peso«, »Peso Argentino« oder »Austral« – unsicher war das Geld des südamerikanischen

Carlos Leonhardt beim Grillen im Interkulturellen Garten

Landes schon immer und mit ihm die Lebensplanung seiner Einwohner. »2001 hatte ich dann endgültig die Nase voll und wollte nicht ständig ans tägliche Überleben denken, sondern in Frieden leben.«

Sehr recht war das Maria, seiner Frau, einer Argentinierin mit portugiesischen Vorfahren, die bislang weder jemals in Deutschland gewesen war, noch die Sprache kannte. Jetzt jedoch erzählt sie, während Paprika und Auberginen vom Grill genommen werden, dass eigentlich sie es war, die Deutschland als Ort für einen Neustart vorgeschlagen hatte. »Carlos erzählt manchmal von ›wir hier‹ und meint ›Argentinier in Argentinien‹. Ich fühle mich inzwischen sehr weit weg von dort!« Gerade sitzt allerdings auch der Hauptgrund, der manchen Migranten sehnsüchtig an die Heimat denken lässt, neben ihr. Der Sohn ist für drei Wochen zu Besuch, hat seine Freundin gleich mitgebracht und stößt nun mit slowakischem Bier in der Runde an. »So verbringen wir unsere Sonntage hier immer,« sagt Maria, » wir grillen, jeder bringt was mit, manche sind eingeladen, andere kommen dazu.«

Heute sitzt hier am Tisch u. a. noch ein weiterer Carlos, der jedoch aus Honduras stammt und mit seiner deutschen Frau nach Berlin gekommen ist. Zum Essen hat er Tapas mitgebracht, »die hier in Deutschland immer als ›typisch mexikanische Küche‹ gelten, dabei ist das typisch hondurensisch!« Gemeinsam bepflanzt das Paar eine kleine Parzelle des »Interkulturellen Gartens«, den Carlos Leonhardt gleich nach seiner Ankunft hier in Berlin entdeckt hat. In Berlins Stadtteil Köpenick gelegen, hat der Bezirk eine 4000 Quadratmeter große Fläche zur Verfügung gestellt, auf der nun Menschen aus 17 Nationen Beete bepflanzen und Feste feiern. Mit Blick auf das kleine Flüsschen Wuhle weisen hier beschriftete Baumstämme auf die Herkunft der jeweiligen Hobbygärtner hin. Die Ukraine findet sich neben Vietnam, Bosnien neben Ägypten. Alle paar Meter gibt es ein paar Gemeinschaftssitzecken, dazu tragbare Grills, einen Kräutergarten sowie einen Lehmofen zum Brotbacken.

»Der Garten erfüllt drei Funktionen«, erzählt Carlos, »zum einen können Immigranten so direkten Kontakt zur Erde aufnehmen, auf der sie jetzt leben, sie ernten Dinge, die sie gepflanzt haben und können selbst so Wurzeln schlagen. Zum anderen kann man hier Deutsch sprechen. Schließlich sprechen viele anfangs nicht gut, und wenn man dann vielleicht noch ein negatives Erlebnis hat zum Beispiel in einem Geschäft, hört man schnell ganz auf zu üben. Hier ist die Umgangssprache Deutsch, fast alle sind Ausländer und haben so keine Angst, sich zu blamieren. Und als Drittes ist es schließlich wichtig, eine Beschäftigung zu haben, viele sind ja zumindest am Anfang arbeitslos und können dann hier etwas Sinnvolles tun.« Auch Carlos und seine Frau haben hier ihre Startrampe gefunden.

Obwohl Maria ursprünglich auch Betriebswirtschaftlerin war, hat sie im neuen Land zunächst als ABM-Kraft im Garten gearbeitet, bevor sie einen neuen Beruf für sich entdeckte. »Ich arbeite sehr gerne in der Altenpflege, habe hier im Krankenhaus nun auch eine kleine Stelle und die Chance, einen weiterführenden Kurs zu machen, um mich richtig auszubilden.« Zu der Arbeit ist sie durch Vermittlung verschiedenster Organisationen vom Roten Kreuz über ein Zentrum für Folteropfer bis hin zur Ausländerbeauftragten des Bezirkes gekommen. Carlos berichtet von diesen und Dutzender anderer Stellen, wer mit wem zusammenarbeite, was organisiere – er kennt scheinbar alle Zuständigkeiten und Verknüpfungen, so dass ich nach kurzer Zeit das Mitschreiben sein lasse und feststelle, hier in einer wirklichen Parallelgesellschaft gelandet zu sein, jener nämlich der deutschen Institutionen, die der Neueinwanderer ganz im Gegensatz zu mir offensichtlich aus dem Effeff kennt.

Das Gespräch am Tisch wendet sich jedoch bald einem anderen, hochaktuellen Thema zu, über das auch ich mich gerne auslasse: Ein Frage, die über Monate über dem gebeutelten Land hing und neben Vogelgrippe und Feinstaub kaum Platz zum Leben ließ, ist endlich geklärt; nämlich jene, wer die Nummer Eins im deutschen Tor zu sein hat. Die Sympathien des Tisches liegen bei In- wie Ausländern eindeutig auf Seiten des frisch gekürten Herrn Lehmann. Zugleich muss ich jedoch bei Carlos mangelnde Integrationsbereitschaft feststellen. So berichtet der Doppelstaatler, 1986 in Mexiko das Finale zwischen Argentinien und Deutschland live gesehen zu haben – und zwar samt lauthalser Unterstützung der Südamerikaner. Bekanntlich wurde Argentinien damals Weltmeister, ein Vorgang, den man als Deutschstämmiger selbstverständlich nicht gutheißen sollte! Nach mehreren Gemüse-, Wurst- und Salatgängen kommt eine in Berliner Supermärkten erhältliche argentinische Spezialität auf den Tisch: richtiges Fleisch! Nun, da kann man sogar über die Unterstützung der falschen Mannschaft hinwegsehen ...

Anschließend erzählt Carlos noch von seinen weiteren Plänen. Nachdem der Garten mit mehreren großen Festen pro Jahr gut in Schwung gekommen ist und von der deutschen Nachbarschaft angenommen wird, so dass ein wirklicher Austausch stattfinden kann, plant der Migrant ein neues Projekt. »Das wird ein Treffpunkt für die verschiedensten Kulturen sein, den wir ›Punto Común‹ nennen wollen. Da wird es dann zum Beispiel Montag bosnische, Dienstag argentinische und Mittwoch indische Küche geben, alles erschwinglich und vor allem offen nach draußen. Denn schließlich bedeutet Integration ja, dass man mit den Deutschen hier lebt, die Sprache lernt und anwendet.« Dem neu zu schaffenden Zentrum, das wieder einmal von einem Netz diverser Institutionen mitgetragen werden soll, sieht Carlos mit leuchtenden Augen entgegen: »Das wird ein richtiger Begegnungspunkt werden!«

Probleme, Kontakt zu Deutschen zu finden, habe er selbst sowieso nie gehabt. »Ich habe hier auch bei den Nachbarn geklingelt, die eingeladen, zu unseren Festen zu kommen, habe alle geduzt, und wenn dann jemand komisch geguckt hat, habe ich gesagt, es nicht besser zu wissen, ich käme ja aus Argentinien, dann waren alle sehr freundlich.«

Für seine eigene Zukunft wünscht sich der Argentinier noch ein Studium »Politik oder Zeitgeschichte. Denn wenn man Jahre lang mit den täglichen Nöten beschäftigt war, bleibt manchmal die geistige Entwicklung etwas auf der Strecke. Das würde ich also gerne noch machen, und danach dann vielleicht sehen, ob ich für das Radio etwas machen kann.« »Ja!«, rufe ich und ernte Überraschung für die vorbehaltlose Unterstützung – aber nach einem argentinischen Nachmittag kann man sich eben wieder vieles vorstellen, eben auch einen Lebenslauf zwischen BWL, Goldgraben, Fluglinien, Migrationsberatung und Rundfunkmoderator. Das Potential ist schließlich vorhanden!

Chilenen

Das Herkunftsland

Fläche: 756 096 km² (Weltrang: 37)
Einwohner: 15 211 000 (Weltrang: 59)
Hauptstadt: Santiago, 5 493 062 Einwohner
Sprachen: Spanisch (Amtssprache), Sprachen der indigenen Bevölkerung
Bruttosozialprodukt je Einwohner: 4590 $
Größe der Gruppe in Deutschland: 5734 (Minderheitenrang: 83)
Migrationsgründe: bis 1990 vor allem politisch motiviert (Flucht ins Exil)
Religion: 77 % Katholiken, 13 % Protestanten, Minderheiten von Bahai, Juden und Animisten

Raus aus der Provinz

»Über ein Jahr lang,« so heißt es in der Einladung zur Filmpremiere, »begleitete der chilenische Filmemacher Atilio Menéndez Moabiter Jugendliche auf ihrem Weg zwischen Grenzen, Ausgrenzung und in ihrem Projekt ›Theater Grenzen-los!‹« Entstanden ist der Film »twentyone Moabit«, der heute mit viel Rapmusik und großem Bahnhof in einer Veranstaltungshalle wenige hundert Meter von Deutschlands Innenministerium gezeigt wird. Die Migrantendichte im Viertel ist eine der höchsten Berlins – und deren Nachwuchs feiert sich heute mit lautem Hallo.

»Ich bin erst hier politisch geworden,« erzählt mir Antilio. »In Chile spielen solche Diskussionen ja seit der Militärdiktatur keine große Rolle mehr. Da entwickelt sich erst ganz langsam wieder ein Interesse; vorher hat man alles, was ansatzweise mit Politik zu tun hatte, lieber ganz aus den Gesprächen herausgelassen.« Hier in Deutschland sei dann »das Gefühl, etwas tun zu müssen« sehr schnell erwacht. »Ich hatte noch nie in einem Land gelebt, das gerade Krieg führt,« erzählt der 33-Jährige, »und dann beteiligte sich Deutschland am Jugoslawienkrieg, und die Medien taten alle so, als ob das gut wäre, obwohl doch ganz offensichtlich war, dass sich so die Situation nur verschlimmerte. So habe ich beschlossen, mich politisch zu engagieren.«

Was folgte, war eine Aneinanderreihung der verschiedensten Projekte. »Ich war da bei einem Solidaritätsbündnis für Palästina, aber da haben sich alle immer nur ewig gestritten, wie man sich auf der Internetplattform präsentieren solle, wirklich gemacht hat niemand was.« Schließlich sei es ja auch schwer, »sich in Deutschland für Palästinenser zu engagieren, da kommt ja immer sofort der Antisemitismusvorwurf.« Nach einigen anderen kleinen Gruppen wie zum Beispiel »Wrangelkiez gegen den Krieg«, sei er schließlich auf »twentyone Moabit« gestoßen und habe die Chance bekommen, das Projekt, dessen Ziel es ist, »gegen Antisemitismus und Islamophobie im Klassenzimmer« anzugehen, als Dokumentarfilmer zu begleiten. Herausgekommen ist nicht nur eine Dokumentation des Projektes »Theater für Frieden und Gerechtigkeit – gegen Antisemitismus und Islamophobie«, dessen Stück »Intifada – im Klassenzimmer?!?« mehrere Preise gewann, sondern auch ein Film, der die soziale Realität der Jugendlichen des Kiezes anschaulich wiedergibt – was für den Betrachter manchmal recht anstrengend sein kann. So erleben die etwa 200 anwesenden Familienangehörigen, Kommunalpolitiker und Sozialpädagogen auf der Leinwand eine an ein Wunder grenzende Entwicklung: Aus ein paar Kaugummi kauenden, schlurfenden, wenig motivierten Jugendlichen mit mäßigem Deutsch entsteht tatsächlich eine funktionierende Theatergruppe. »Derzeit ist ein zweites Stück in Planung«, erzählt mir der Chilene nach ausgiebig beklatschter und bejohlter Filmvorführung, »aber da muss die Finanzierung erst noch geklärt werden«.

Seine eigene Finanzierung hängt indes nicht an den diversen Projekten, in denen er sich engagiert. »Ich bin Stadtführer und zeige Touristen in einer Dreieinhalb-Stunden-Tour zu Fuß Berlin.« Die Tour zwischen Potsdamer Platz, Reichstag und Museumsinsel ist eigentlich kostenlos, »aber die geben gute Trinkgelder, das lohnt sich«. Perspektivisch steht vielleicht als »richtiger Job« noch eine Promotion an. »Ich hatte in Santiago beim Studium eine Deutsche kennengelernt. Die ist dann nach einem Jahr wieder zurückgegangen. Da ich sowieso immer mal weg wollte, bin ich dann hinterhergeflogen.« Schließlich habe er fünf Jahre in Brasilien gelebt und sei auch in Santiago auf eine internationale Schule gegangen. »Und dieses Internationale fehlte mir nach dem Abitur dann im Alltagsleben. Santiago ist schon sehr provinziell, und auch kulturell ist da nicht viel los.«

Der erste Eindruck von Köln, der Studienstadt der Freundin, war da schon besser. »Es lag hoher Schnee, als ich 1996 ankam,

Der Dokumentarfilmer Atilio Menéndez nach erfolgreicher Premiere

den kannte ich sonst nur vom gelegentlichen Skifahren oben auf den Bergen. In einer Stadt hatte ich den noch nie gesehen und fand das sehr skurril!« Richtig gefallen hätten ihm »die vielen Ausländer hier, es war alles sehr bunt.« Etwas farbloser ging es indes zwischen Freundin und Neueinwanderer zu, so dass sich beide nach kurzer Zeit trennten. »Aber ich habe nicht darüber nachgedacht, dann wieder nach Chile zu gehen. Stattdessen habe ich beschlossen, hier noch mal zu studieren.« Einen chilenischen Abschluss in Literaturwissenschaften hatte Antilio schon, hier in Berlin begann er dann mit Philosophie. »Das hab ich nun so weit fertig und überlege, noch einen Doktor hinten dranzuhängen.«

An eine Rückkehr in die Heimat denkt der Chilene auch nach fast zehn Jahren Deutschland nicht: »Mich begeistert die Entwicklung da nicht gerade, so weit ich sie mitbekomme. Denn ich lese ja keine chilenischen Zeitungen oder höre chilenisches Radio. Schließlich gibt es in Chile keine Briefwahl, ich kann also noch nicht einmal mit einer Wahlstimme Einfluss auf die Entwicklung nehmen. Also gibt es für mich keinen Grund, warum mich die Entwicklung in Chile mehr interessieren sollte, als die in jedem anderen Land der Welt. Wichtig ist für mich nur, was hier, wo ich lebe, in Deutschland, passiert.« Auch einen Staatsbürgerschaftswechsel könnte sich Antilio vorstellen, »denn jetzt ist es ja so, dass ich meine Aufenthaltsgenehmigung verliere, wenn ich für sechs Monate aus Deutschland weggehe. Wenn ich aber die Staatsbürgerschaft hätte, könnte ich so lange weg sein, wie ich möchte.« Ein konkretes Ziel schwebt ihm dabei allerdings nicht vor. »An Rio, wo ich von meinem zehnten bis 15. Lebensjahr wohnte, habe ich gute Erinnerungen. Aber diese Vielfalt wie hier in Berlin gibt es dort auch nicht.«

Seine Freunde kämen folglich von überall her. »Ich kenne auch ein paar Chilenen, habe die aber eher durch Zufall gefunden, andere Ausländer und natürlich Deutsche.« Die seien bei weitem nicht so kontaktscheu, wie in manch lateinamerikanischem Vorurteil behauptet wird: »Ich habe da inzwischen so viele Ausnahmen kennengelernt, das ich gar nicht mehr weiß, ob sie vielleicht die Mehrheit sind!« Und selbst den sprichwörtlich grimmigen Gesichtsausdruck des Durchschnittsteutonen mag der Chilene nur noch als Vorurteil sehen: »Wenn das Wetter so schlecht ist, wie hier heute, dann gucken die Menschen auf der ganzen Welt wenig erfreut!« Blieben also nur noch zwei Dinge, die dem Chilenen als »typisch Deutsch« einfallen: »Termine drei Wochen im Voraus zu machen und sich bei allem auf den Staat zu verlassen. Wo sonst ruft man die Polizei, wenn der Nachbar das Radio laut aufdreht?«

Mexikaner

Das Herkunftsland

Fläche: 1 953 162 km² (Weltrang: 14)
Einwohner: 97 966 000 (Weltrang: 11)
Hauptstadt: Mexiko-Stadt, 17 800 000 Einwohner (Großraum)
Sprachen: Spanisch (Amtssprache), indianische Sprachen
Bruttosozialprodukt je Einwohner: 5070 $
Größe der Gruppe in Deutschland: 7092 (Minderheitenrang: 77)
Migrationsgründe: vor 1994 vor allem Arbeitsmigration und Familienzusammenführung; danach auch Flucht vor dem (Bürger-)Krieg
Religion: 89,7 % Katholiken, 4,9 % Protestanten, Minderheiten von Bahai, Juden u. a.

Göttliches Gesetz

Auf dem Weg zur »Latinokirche« St. Nikolai im Bezirk Reinickendorf zeigt sich Berlin wieder einmal von seiner winterlich schönsten Seite: Vor vier Wochen hat es geschneit, zwei Tage lang sah man freudestrahlende Menschen durch den frischen Schnee stapfen und sich zu den Vorzügen eines echten Winters gratulieren. Dann taute es wie jedes Jahr, Wege und Wiesen wurden zu Seen, die kurz darauf vom Dauerfrost überfroren und nun seit einem knappen Monat Radfahrer wie Fußgänger von den Vorzügen der S-Bahn oder wahlweise eines längeren Karibikaufenthaltes zu überzeugen suchen. Ich erinnere mich an meinen ersten Besuch einer lateinamerikanischen Kirche. In einem Dorf jenseits aller befestigten Straßen war das, irgendwo im Westen Costa Ricas, wo ich auf der Ladefläche eines Pickups zwischen Hunden, Vogelbauern und einem halben Dutzend Menschen sitzend zu einem freistehenden Dach gefahren wurde. Hier war die Kirche, wo neben Liederzetteln auch Fächer auslagen und ich damals noch so wenig verstand, dass ich immer nur laut »Amen« rief, wenn es gerade passend erschien.

Meine Stimmung aber war damals gut und auch jetzt steigt sie etwas, als ich um fünf vor zwölf eintretend bemerke, dass die Kirche zum Glück geheizt ist. Statt Fächern liegen Zettel aus: »Hier drin ist der Herr und ruft dich«, steht dort auf Spanisch, »sprich mit ihm, nicht mit den Menschen neben dir. Wenn du reden willst, geh raus, denn dies ist Gottes Haus. Danke für dein

Verständnis!« Nur ungefähr 30 bis 40 Leute sind gekommen, die allerdings in den ersten drei Reihen sitzen und nicht, wie in manch deutscher Kirche üblich, über den ganzen Raum versprengt sind. Also gehe auch ich ganz nach vorne und erwarte weisungsgemäß stumm den Beginn des Gottesdienstes. Erst als ich mich während des ersten Liedes nach dem begleitenden Gitarrenspieler umsehe, bemerke ich die etwa 300 Menschen, die in der Zwischenzeit hinter mir Platz genommen haben. Nach den Gesichtern zu schließen, ist hier, in der ehemals von spanischen »Gastarbeitern« gegründeten Gemeinde, nun ganz Lateinamerika vertreten.

Direkt neben mir sitzt Rosario, was übersetzt so viel heißt wie »Rosenkranz«. Sie ist mit ihrem deutschen Mann Frank und der gemeinsamen, kleinen Tochter gekommen. Mariella ist noch kein halbes Jahr alt und soll demnächst getauft werden. Das bedeutet für die Eltern zunächst mal Arbeit. »Zur Vorbereitung müssen wir zwei Monate lang in die Bibelstunde gehen,« sagt die Mexikanerin. Erst danach gäbe es die Bescheinigung des Pfarrers, die sie brauchen, um dem lang ersehnten Nachwuchs in der fernen Heimat das gesegnete Wasser über den kleinen Kopf laufen zu lassen.

Kurz entschlossen begleite ich die drei also direkt nach dem Gottesdienst in meine erste spanischsprachige, katholische Bibelstunde. Heute geht es um die Bedeutung des fünften Gebotes. »Du sollst nicht töten«, heißt es und steht zumindest nach Auslegung des spanischen Pfarrers in Widerspruch zu manch deutschem Gesetz. In seiner Heimat etwa gäbe es inzwischen bereits eine Ärzte-Bewegung, die sich aus Gründen des Glaubens weigere, Abtreibungen durchzuführen. Sehr richtig findet das der Pfarrer, menschliches Leben entstünde im Augenblick der Vereinigung von Eizelle und Samen, die Möglichkeit zur Abtreibung entspräche somit einem »Gesetz gegen die Menschheit«. Auch wer an einer Abtreibung helfend teilnehme, werde folglich exkommuniziert, also aus der Gemeinschaft der katholischen Kirche ausgeschlossen. Daraufhin entbrennt in der Gruppe eine heiße Diskussion über die Rolle von Krankenschwestern, die einem Arzt zu assistieren hätten, der wiederum eine Abtreibung vornehme. Pauschal könne da nicht entschieden werden, so der Pfarrer, grundsätzlich aber gelte für einen Katholiken der Inhalt päpst-

Rosario mit Familie vor der Kirche in Berlin-Reinickendorf

licher Enzyklika als Wegweiser. »Die Aufgabe der Christen ist, diesen Hinweisen Folge zu leisten.«

Wie es mit der Verhütung steht, darüber scheiden sich indes die Geister nicht nur innerhalb unserer 15-köpfigen Bibelstunde. Wir erfahren, dass ein Pfarrer vor nicht allzu langer Zeit die These aufstellte, Verhütung beuge Abtreibungen vor und sei somit erlaubt. Seither ist er seinen Beruf los. Entspannter geht die Kirche da inzwischen schon mit Selbstmördern um. Wurden die früher noch jenseits der Friedhofsmauern verscharrt, wissen nun einige der Teilnehmer von Suizidopfern zu berichten, die mit kirchlichem Segen ins Erdreich verabschiedet wurden.

Nach exakt 60 Minuten wissen wir Bescheid über das Verbot der Sterbehilfe, die Möglichkeit, den Dienst an der Waffe zu verweigern und die gute Tat einer Organspende und machen uns auf ins Erdgeschoss des Gemeindehauses. Hier ist noch immer großer Betrieb, es gibt das spanische Nationalgericht Paella und an die 100 Gemeindemitglieder nutzen den Sonntagnachmittag zum Austausch – oder holen wie der Pfarrer und seine Freunde die Dominosteine heraus. Während es am Nebentisch ununterbrochen klappert und scheppert, erzählt mir Rosario von ihrem Weg nach Deutschland.

Ein halbes Jahr hatte die inzwischen 42-Jährige bereits in Kanada gelebt und ein weiteres in den USA, als sie sich mit drei Freundinnen zu einer längeren Reise durch Europa entschloss: »Wir Mexikanerinnen haben inzwischen zum größten Teil genug vom Machismus, studieren und wollen Karriere und Geld machen. Den Traum vom Leben zwischen Küche und Kindern hat da kaum noch eine.« Da die Reise des Frauen-Quartetts neben England und Frankreich auch Österreich, die Schweiz und Deutschland zum Ziel haben sollte, beschloss die Mexikanerin, einen Deutsch-Kurs zu belegen. Ihr damaliger Deutschlehrer Frank ist ihr heutiger Ehemann. »Kamen viele Mexikanerinnen, die du kennst, der Liebe wegen nach Deutschland?«, frage ich und bekomme augenzwinkernd zur Antwort: »Ja, das sind meistens 20-jährige Frauen, die 40-jährige Männer haben – die kommen natürlich alle nur aus Liebe ... Ich bin 42, mein Mann ist 40, ich bin wegen des Geldes hier!«

Seit zwei Jahren ist sie nun im kalten Berlin und sieht für sich keine besonders rosigen Perspektiven zwischen Alexanderplatz und Zoo: »Ich dachte, es wird mit der Sprache kein Problem geben, da ich ja meinen Deutschlehrer mitnehme, aber mein Mann spricht leider nur Spanisch mit mir. Auf Deutsch verstehen wir uns nicht.« Folglich könne sie noch immer nur langsam einfache Sätze bilden, »und damit findet man hier keine gute Arbeit. Es gibt ja viele Mexikanerinnen, die hierher kommen und dann als Putzfrau enden oder auf anderer Leute Kinder aufpassen. Solche Arbeit interessiert mich aber nicht, ich will einen Managerposten.« Schließlich sei sie studierte Umwelttechnikerin und habe in Mexiko nicht nur als Angestellte eines großen Unternehmens in einer Firmenleitung gearbeitet, sondern auch nebenbei ihren eigenen Betrieb geleitet. »Das ist in Mexiko so üblich, da machst du was, guckst, wie die Dinge laufen und arbeitest dann mit der Zeit auf eigene Rechnung.« Erst in Deutschland habe sie Menschen getroffen, die 20 oder 30 Jahre in ein und demselben Unternehmen arbeiten. »Wie uninteressant! Man muss sich doch immer mehrere Optionen eröffnen, um Wahlmöglichkeiten zu behalten.«

Kein Wunder also, dass die beiden geläufigsten deutschen Worte »Problem« und »Schuld« seien. »Man kennt hier nur einen Weg, alles andere ist ein Problem. An diesem Problem muss dann jemand Schuld sein.«

Auch das deutsche Sicherheitsstreben erheitert die Mexikanerin: »Einen sicheren Job gibt es nicht, das muss man sich gar nicht erst einbilden. Sicher ist im Leben nur der Tod.« Folglich könne sie auch nicht wirklich nachvollziehen, was ihren Mann hier festhalte: »Als Deutschlehrer in Mexiko hatte er Spaß und wurde anerkannt. Hier hat er jetzt einen ›sicheren Job‹, der keine Freude und kein Lob bringt.« Sie selbst würde lieber heute als morgen ins Flugzeug steigen und zurückfliegen. »Es ist einfach sehr schwer für mich, hier zu leben. Ich vermisse die Familie, die Freunde und den ganzen Lebensstil.« Besonders schrecklich sei zum Beispiel die deutsche Art, Weihnachten zu feiern. »Da sitzt man dann nur mit der engsten Familie mit diesem Stück Brot zu Hause ...« »›Stück Brot‹« erklärt ihr Mann, »damit meint sie den Stollen, den meine Mutter selbst gebacken hatte!« »... also ›Stollen‹«, fährt sie fort, »singt ein paar Lieder, guckt in die Kerzen und geht um 22 Uhr ins Bett. In Mexiko gehen wir um Mitternacht in die Kirche und tanzen dann zu Hause bis um 7 Uhr morgens! Aber hier könnte man ja nicht mal nachts Musik hören, weil es Gesetze gibt gegen Lärmbelästigung.«

Die Zukunft ihrer Tochter sieht die Mexikanerin offenbar auch eher in der alten Heimat: »Sie hat beide Staatsbürgerschaften, wenn sie 18 ist, muss sie sich dann entscheiden, und ich hoffe, sie entscheidet sich für die Staatsbürgerschaft, die ihr besser gefällt,« sagt sie und lacht. Den deutschen Erziehungsstil findet Rosario viel zu locker: »Wenn ich sehe, dass Mädchen hier bei ihren Freunden übernachten dürfen oder der Freund kommt mit nach Hause, dann wundere ich mich schon sehr, sowas kenne ich nicht, und ich werde auch versuchen, das zu verhindern«, erklärt sie mit energischem Blick in Richtung Mann, der sich während unseres Gespräches liebevollst um den Nachwuchs kümmert.

Wirklich schlechte Erfahrungen habe sie hier indes selbst noch nie gemacht. »Ich werde im Bus schon mal komisch angeguckt, und wenn ich im Supermarkt was frage und nicht so gut spreche, gehen die schon mal einfach weg; aber rassistisch sind die Menschen leider überall, das ist in Mexiko nicht anders.« Deutschland könne sie also durchaus für Ausländer empfehlen: »Es ist landschaftlich sehr schön und macht Spaß, wenn man für begrenzte Zeit mit einem Bündel eigenem Geld herkommt; aber dauerhaft hier leben und von einem Mann abhängig sein – das ist nichts!« Selbst dann nicht, wenn eine starke Latino-Gemeinde zumindest einen ersten Startpunkt und das gelegentliche Gefühl von Heimat bieten kann.

US-Amerikaner

Das Herkunftsland

Fläche: 9 809 155 km² (Weltrang: 3)
Einwohner: 281 550 000 (Weltrang: 3)
Hauptstadt: Washington, 572 100 Einwohner
Sprachen: Englisch (Amtssprache), Spanisch (regionale Amtssprache)
Bruttosozialprodukt je Einwohner: 34 100 $
Größe der Gruppe in Deutschland: 96 642 (Minderheitenrang: 15)
Migrationsgründe: vor allem ökonomisch motiviert; Ausbildung, persönliche Bindungen
Religion: 26 % Katholiken, 16 % Baptisten, 6 % Methodisten, 4 % Lutheraner, 2 % Presbyterianer, 1 % Anglikaner; 2,3 % Juden, 1,8 % Muslime; Buddhisten, Bakai und Sikhs

Bingo!

»Charity« ist wichtig für Amerikanerinnen, auch wenn sie gerade nicht in Amerika und vielleicht nicht mal wirklich Amerikanerinnen sind. Beim Treff der American Women in Berlin jedenfalls bilden die American Women selbst die Minderheit. Um 15 Uhr versammelt man sich im südlichen Steglitz, dort, wo zumindest an einem Sonntag im Frühling kaum Verkehr herrscht und man auf dem Weg von der S-Bahn nur einem gemächlich seinen Hund ausführenden Rentnerehepaar begegnet.

Angelika McLarren begrüßt mich. Sie ist Präsidentin der Frauen und gebürtige Berlinerin. Zu der Vereinigung und fließendem Englisch kam sie über ihren Mann Christopher, den sie gleich vorstellt. »Ich bin schottischer Abstammung und habe hier eine Gruppe für traditionelle schottische Tänze gegründet«, erzählt

Christopher. Gedacht war das Ganze zur besseren »Völkerverständigung«, für die der gebürtige Washingtoner ansonsten auf dem Teufelsberg sorgte. »Ich bin 1973 als Soldat hierher gekommen und habe beim Abhördienst gearbeitet. Das war eine gute Arbeit, denn so wussten wir, was sie machten, sie wussten, was wir machten – es gab keine Missverständnisse und keinen Krieg!« Des Deutschen folglich schon aus Schul- und Studienzeiten mächtig, traf Christopher dann beim schottischen Tanz auf seine jetzige Frau. »Sie wollte Englisch lernen, und ich muss sagen: Sie hat ihr Ziel erreicht!«

30 Jahre und zwei gemeinsame Kinder später leben die beiden allerdings noch immer in Berlin. »Hier kann man sehr gut leben, und ich vermisse nur sehr wenig aus Amerika.« So wenig, dass er nur alle fünf Jahre einmal herüberfährt, »schließlich sind die USA groß, wir haben überall Verwandte, und wenn man dort ist, will jeder besucht werden. Das kostet sehr viel Zeit und Geld, dann überlegt man sich das vorher zweimal.« Sein Geld verdient der Ex-Soldat seit zehn Jahren als Englischlehrer. »Die Armee ist 1994 hier abgezogen, und die meisten Männer haben ihre Frauen mitgenommen. Meine Frau hat mich dabehalten.« Probleme, mit Sprachunterricht über die Runden zu kommen, gibt es scheinbar für einen Ex-Geheimdienstler mit Schwerpunkt Wirtschaftsenglisch nicht.

Heute allerdings verpasst Christopher die Chance, der Haushaltskasse noch durch einen Gewinn ein wenig auf die Sprünge zu helfen, denn er ist Spielleiter und somit nicht gewinnberechtigt beim jetzt beginnenden Bingo. Unermüdlich wird er die nächsten Stunden ein engmaschiges Rondell drehen, aus dessen unterer Öffnung bunte Kugeln mit Nummern herausfallen. Es ist wie eine Art Dauerlotto in bunt, schließlich stehen die einzelnen Farben für die Buchstaben B, I, N, G und O. Christophers Job ist es, jede der herauskullernden Kugeln laut auf Deutsch und Englisch in den Raum zu rufen: »N 63« heißt es oder »B 22«.

Der Amerikaner blickt auf gut 30 gebannt auf vor ihnen liegende Karten fixierte Menschen. Während ich bei mir selbst jenseits von Skat und Poker nie die geringste Spielleidenschaft wecken konnte – und auch die in erster Linie nur wegen der Möglichkeit interessant finde, zu bluffen und das Spiel womöglich durch intelligente Züge und Koalitionen gewinnen zu können –, bemerke ich nun rings um mich echte Leidenschaft auf der Suche nach dem Glück des »Bingo-Rufes«. Denn schließlich darf sich jeder, dem es gelingt, als erster eine quere oder schräge Linie auf der Zahlenkarte vollständig auszufüllen, ein Geschenk vom Gabentisch aussuchen. Hier finden sich neben Keksen und original amerikanischer Erdnussbutter auch allerlei Dinge, welche die Damen offenbar aus ihren Kellern zusammengetragen haben. Jedenfalls entspannt sich an meinem Tisch in einer der wenigen Pausen eine angeregte Diskussion darüber, was man alles von zu Hause noch hätte mitbringen können, wenn man schon vorher von diesem Verteilsystem erfahren hätte.

An dem Tisch sitzen vor ihren bis zu sechs Karten ein paar Witwen von US-Soldaten. Einige haben, so wie Maryann, auch mehrere Jahre in den Vereinigten Staaten gelebt. 1947 ging sie rüber, als dann jedoch ihr Mann in Vietnam fiel, ging es samt Kindern zurück nach Berlin. Den Kontakt zur zweiten Heimat hat sie jedoch nie verloren und ist inzwischen in der amerikanischen Kirche Berlins aktiv. »Bei uns sind 27 Glaubensrichtungen versammelt und diverse Nationalitäten.« Schließlich sei alles, »was unter dem Namen Gottes zusammenkommt, bei uns willkommen«, einschließlich einiger Russen und einer »Muslimin, die ihr Kind aber christlich erzieht.« Die Kirche bekomme kein Geld vom Staat, sondern lebe ausschließlich von Spenden, und »der Pastor kommt aus den USA«. Auch hierher kämen viele Deutsche, »die ein paar Jahre in Amerika gelebt haben und den Gottesdienst dort besser fanden als in Deutschland. Schließlich sind bei uns auch Kinder willkommen, die laufen schon mal in den Gängen herum, es wird gelacht und gelebt.«

Jede Menge Kinder bzw. Jugendliche sind auch heute hier beim Bingo vertreten. »Es war so üblich, dass jede Garnison hier eine Institution unterstützt hat«, erzählt mir Angelika McLarren. »Wir haben dann nach dem Abzug quasi das St. Monika Kinderheim übernommen.« Jedes Jahr werde ein gemeinsames Weihnachtsfest ausgerichtet, der Nationalfeiertag gefeiert und eben zu solchen Veranstaltungen wie heute eingeladen. »Wir kennen die schon, seit sie kleine Kinder waren und merken, dass es bei ihnen gut ankommt, dass wir sie nicht vergessen und sie hier willkommen

Christopher McLarren beim Ziehen einer Bingo-Kugel

sind.« Ihre eigenen Familien seien schließlich keine wirklichen Fluchtpunkte, »›schwierige Verhältnisse‹, wie man so sagt.« Die Jugendlichen sitzen also ebenso wie die Soldatenwitwen mit Anspannung vor ihren Karten und legen die roten Plättchen brav auf jede aufgerufene Zahl. Ruft einer »Bingo!«, geht es ein bisschen aufgeregt und stolz nach vorne zu Christopher, der die Karten kontrolliert und dann begeistert verkündet: »Wir haben ein Bingo!«

Nach jedem »Bingo!« habe ich die Chance zu Kurzgesprächen mit den ansonsten vertieften Damen. Eine Weile kann ich so auch mit Lisa sprechen, eine der ganz wenigen echten Amerikanerinnen an diesem Nachmittag, die mit ihren beiden Kindern gekommen ist. Ihren deutschen Mann konnte sie nicht mitbringen, schließlich ist der Journalist beim SWR und muss heute arbeiten. Vorher war er u.a. in England und den USA tätig, wo er seine Frau kennengelernt hat. Die lebt gern in Berlin, »schließlich ist die John-F.-Kennedy-Schule hier sehr, sehr gut. So eine Möglichkeit, die Kinder wirklich schriftlich und mündlich sehr gut zweisprachig aufwachsen zu lassen, gibt es in den USA kaum.« Folglich will die Familie auch gern noch etliche Jahre in Berlin bleiben. »Wir wohnen auch ideal, in der Nähe des Schlachtensees, da ist es wie auf dem Dorf mit viel Natur, aber in einer Viertelstunde ist man am Kudamm.« Amerikaner würden deshalb »Berlin lieben, auch wenn es natürlich einige Dinge gibt, die uns hier merkwürdig erscheinen. Zum Beispiel, wenn man spazieren geht, es kommt einem jemand entgegen und der guckt dann auf den Boden. In Amerika würde man natürlich grüßen, dazu heißt es hierzulande dann wieder, das wäre oberflächlich.«

Jetzt gibt es einmal »Bingo!« für die Tochter, die sich im Eifer des Gefechts vor dem Gabentisch jedoch nicht, wie eigentlich vorgenommen, für die Erdnussbutter entscheidet. »Sie ist in ihrem Geschmack sehr amerikanisch und hatte letztes Jahr hier ein Glas gewonnen, also wollte sie nun unbedingt wiederkommen.« In der Hoffnung auf einen weiteren Glückstreffer und im Angesicht einer noch vorhandenen Kekstüte neben vier Gläsern Erdnussbutter werden jetzt aber erstmal die Kekse gewählt.

Nach zwei Stunden »I 43« und »G 12« steigt meine Hochachtung für Christophers Durchhaltevermögen; der unbedingte Wille zum Bingo-Glück schläft hingegen bei mir noch immer. Ich mache mich also auf den Weg, nicht ohne vorher noch einen Blick auf die anderen Räume des Treffpunkts der »amerikanischen Damen« zu werfen, die heute hier im »Multi-Kulti-Café« zusammengekommen sind. Dessen einzige Toilette ist behindertengerecht und mit Wickeltisch ausgestattet, im Flur ist eine Fotoausstellung zu den Folgen von Tschernobyl zu besichtigen, und im Nebenraum werkelt die Malwerkstatt der Volkshochschule. In Deutschland ist vieles nebeneinander möglich.

Afrikaner

Libyer

Das Herkunftsland

Fläche: 1 775 500 km² (Weltrang: 16)
Einwohner: 5 540 000 (Weltrang: 100)
Hauptstadt: Tripolis, 1 776 000 Einwohner
Sprachen: Arabisch (Amtssprache), Berber- und nilosaharische Sprachen; Englisch und Italienisch (Handelssprachen)
Bruttosozialprodukt je Einwohner: knapp 9500 $
Größe der Gruppe in Deutschland: 2963 (Minderheitenrang: 96)
Migrationsgründe: Arbeitsmigration, politische Gründe
Religion: 97 % Muslime (Islam ist Staatsreligion); 0,7 % Katholiken; Kopten, weitere Minderheiten

Zweite Geburt

Ausgerüstet mit zwei großen Reisetaschen komme ich zur Volkshochschule in Kaltenkirchen. Denn gleich nach dem Termin hier will ich zurück nach Berlin. Eine freundlich guckende Dame hält mir die Tür auf, hört aber auch drinnen noch nicht auf, mich interessiert zu betrachten. Dann stellt sie sich vor als die Mutter einer ehemaligen Schulfreundin, bei der ich das letzte Mal vor 17 Jahren zu Besuch war. Auf dem Lande kennt und erkennt man sich! »Was machen Sie denn hier?«, fragt sie sehr erstaunt. Nun, ich bin auf dem Weg zum Kurs »Deutsch für Ausländer«.

Unterwegs treffe ich auf Ulrike Wessels. Sie ist hier zuständig für die »Migrationssozialberatung«. Unter dem Dach der Diakonie hilft sie Immigranten bei allen anfallenden Problemen vom Behördengang über die Wohnungssuche bis zu Schwierigkeiten in der Familie. »Es ist gut, dass wir die Sprachkurse hier unter demselben Dach haben. Viele der Migranten können so in den Unterrichtspausen einfach kurz vorbeikommen und ihre Probleme ansprechen.« Die seit dem 1. Januar 2005 verpflichtenden Sprachkurse sieht Wessels durchaus positiv, »gerade für Frauen, da sie kommen müssen und nicht mehr die Möglichkeit besteht, sie außen vor zu lassen.« Allerdings seien für den zu lernenden Stoff viel zu wenige Unterrichtsstunden veranschlagt. »Wir müssen die in 600 Stunden da durchbringen, da kommen viele nicht mit.«

Ihre Kollegin Petra Sommer, mit der ich nun einen der Kurse besuche, pflichtet ihr bei: »Wenn zum Beispiel Lehrer kommen, die vielleicht auch schon andere Fremdsprachen gelernt haben, dann schaffen die das in der Regel. Aber in den Kursen sitzen ja nicht nur Akademiker, da haben wir auch Handwerker und Fernfahrer, die diese Art des Lernens gar nicht gewohnt sind.« Als Ergebnis fielen etliche durch den abschließenden Test. »Und den wollen viele Arbeitgeber inzwischen sehen, bevor sie jemanden einstellen.« Davon mal abgesehen, fühlten sich viele in ihrem Pessimismus bestätigt. »Die kommen hierher, alles ist fremd, sie fühlen sich überfordert.« Wer dann noch im Sprachkurs nicht gleich mitkäme, neige oftmals zum Aufgeben. »Besonders Männer haben damit oft Schwierigkeiten. Die hatten zu Hause das Sagen und alles unter Kontrolle, nun kommen sie nach Deutschland und müssen häufig feststellen, dass ihre Frauen energievoller an die neuen Aufgaben herangehen und auch schneller lernen.«

Wir gehen hinüber zum Klassenraum, wo gerade etwas über die Rolle der Frau in der Werbung gelernt wird. Im nächsten Kapitel wird es um unterschiedliche Sitten und Gebräuche in diversen Ländern gehen. Hier, so scheint es, sitzen die Experten dafür: Niger, Indien, Russland, Kosovo, Polen, die Türkei und Libyen sind vertreten. Auf meine Frage, was sie als typisches Erlebnis mit ihrer Ankunft in Deutschland verbinden, heißt es: »Man bekommt viel Post von Behörden.«

Danach entbrennt eine Diskussion, wo es sich besser lebe, auf dem Lande oder in der Stadt, in Ost oder West. Während der Nigrer Hamburg für einen deutlich angenehmeren Aufenthaltsort hält als das uns umgebende Kaltenkirchen, wo er ständig nach seinen Papieren gefragt würde, aber sonst keiner mit ihm reden wolle, und den Osten Deutschland für eigentlich nicht betretbar hält, erklärt Adel aus Libyen, der Osten sei voller offener und freundlicher Menschen; er könne sich gut vorstellen, dort zu leben.

Als wir beide uns nach dem Unterricht gemeinsam auf den Weg zur örtlichen Bummelbahn »AKN« machen, erzählt er mir, warum das aber nur schlecht ginge. Geboren im Juli 1965, habe er

Adel vor dem Bahnhofsplatz von Kaltenkirchen

eigentlich zwei Geburtstage: »Ich bin Kapitän«, erklärt er und deutet das Drehen an einem großen Steuerrad an. Jahrelang sei er vor den Küsten Europas und Nordafrikas unterwegs gewesen, habe jeden Hafen der Region gekannt. Im April 2004 dann geriet er in ein schweres Unwetter. Riesige Wellen hätten sein Schiff fernab jeder Küste zum Kentern gebracht. Lediglich neun der fast 28 Besatzungsmitglieder hätten Untergang und mehrtägiges Ausharren auf einer der Rettungsinseln überlebt. »Dann hat uns ein Tanker aufgenommen und so gerettet.«

Auf ein Schiff zu steigen, kann sich der Libyer fortan kaum noch vorstellen. Er beschloss, seine Heimat zu verlassen und statt dessen zur deutschen Frau zu kommen. »Wir hatten uns in Hamburg bei einer meiner Reisen kennengelernt.« Die beiden heirateten und leben nun seit sieben Monaten gemeinsam in Bad Bramstedt, einem Ort, der – abgesehen von seiner Rheumaklinik – keinen sehr weitreichenden Ruf hat. In seiner Muttersprache kann der Nordafrikaner dort nur mit »einem Tunesier reden. Der ist auch mit einer deutschen Frau verheiratet und lebt deshalb in Bad Bramstedt.« Da auch Arbeitsplätze hier nicht unbedingt dicht gestreut sind, ist Adels Plan somit, nach bestandenem Deutschtest eine Arbeit am Hamburger Hafen zu finden.

Obschon ihn die Menschen ja mehr gen Osten zögen, erklärt er – schließlich käme seine Frau aus Thüringen. Ihre Eltern hätten ihn sehr warmherzig empfangen und wie einen Sohn behandelt: »Mutti und Vati sind dort sehr nette Menschen, sehr freundlich!« Auch die Landschaft sei wunderschön mit all den Bergen, nur einen richtigen Überseehafen sucht man dort natürlich vergebens. Hier in Deutschland zu bleiben, kann Adel sich trotz allen Heimwehs dennoch gut vorstellen, immerhin scheint Migration in der Familie der Normalfall: »Meine Eltern haben sich beim Studium in Paris kennen gelernt. Zwei meiner Brüder leben auf Malta, zwei andere in England.« Insgesamt hat der 41-Jährige zehn Brüder, »wir sind eine ganze Fußballmannschaft«, erklärt er strahlend. Schließlich sei Libyen viel größer als Deutschland und habe nicht einmal sechs Millionen Einwohner, »da bekommt man gerne Kinder, um das Land zu bevölkern!« Außerdem seien viele Kinder auch eine gute Vorsorge für das Alter, »viele Kinder – viel Ansehen und viel Unterstützung«. Obschon seine jetzige Frau auch Nachwuchs haben wolle, will der Libyer aber erstmal warten, bis er Arbeit gefunden hat.

Bekannte jedenfalls hat er schon: Kurz bevor wir den Kaltenkirchener Bahnhof erreichen, überholen uns zwei junge Deutsche. »Denk an deine Frau zu Hause, Adel!«, ruft der eine über die Schulter zurück. Ich bin gespannt, von wem ich bei meinem nächsten Besuch alles gefragt werde, ob ich nun einen libyschen Freund habe!

Senegalesen

Das Herkunftsland

Fläche: 196 722 km² (Weltrang: 86)
Einwohner: 9 530 000 (Weltrang: 82)
Hauptstadt: Dakar, 1 641 358 Einwohner
Sprachen: Wolof, Französisch (Amtssprachen), Mande-Sprachen (Bambara, Sarakolé u. a.), Serer, Diola, westatlantische Sprachen (Malinké, Peul, Ful)
Bruttosozialprodukt je Einwohner: 490 $
Größe der Gruppe in Deutschland: 2184 (Minderheitenrang: 103)
Migrationsgründe: vor allem politisch motiviert (Asyl)
Religion: 94,5 % Muslime (Sunniten), 5 % Christen (meist Katholiken), Anhänger von Naturreligionen

Moderner Gastarbeiter

Abduel ist seit gut einem Jahr in Deutschland und möchte in einem Buch über Einwanderer auf keinen Fall namentlich vorkommen. Seinen Alias-Namen sucht er selbst beim Kochen in seiner kleinen Küche in Hamburg aus. Während wir das Gericht aus Fleisch, Bohnen und einem per Hand zu Klößen formbaren Brei essen, erzählt er mir auf Französisch von seinem Weg nach Deutschland. Schon als Zwölfjähriger ging er nach Marokko. »Da sind die Schulen besser als im Senegal. Denn bei uns wurde das Bildungssystem nach den Vorstellungen der Franzosen eingerichtet, so dass viele Senegalesen sich noch immer bevormundet fühlen.« Mit sechs anderen Kindern seiner Gegend wurde er auf den Weg geschickt, »und war froh, endlich von der Familie wegzukommen.« Schließlich sei bei ihm zu Hause die Familienstruktur ganz anders als hier in Europa: »Mein Vater hatte zwei Frauen und insgesamt zehn Kinder. Er war und ist das unbestrittene Familienoberhaupt. Es ist bis heute so, dass, wenn er sagt, dass ich etwas machen soll, ich das auch machen muss.«

Allein in der Fremde zu leben, gefiel dem Jugendlichen deshalb nicht schlecht. »Ich hatte im Großen und Ganzen auch keine Schwierigkeiten als Schwarzer. Die Marokkaner fordern zwar in der Fremde oft mehr Rechte, als sie in ihrem eigenen Land zu geben bereit sind; aber wir wurden als Ausländer recht gut behandelt.« Einmal sei er allerdings mit einem Mitschüler in dessen Heimatdorf gefahren. »Der hatte mich schon vorgewarnt, dass die dort noch nie einen Schwarzen gesehen haben. Als wir dann da waren, kamen alle Kinder an und begannen, an meiner Haut zu reiben, um zu sehen, ob die Farbe abgeht. Ich war ein richtiger Exot!« Nach dem Abitur ging es aber wieder in den Senegal. »Leider, ich hätte gerne in Marokko auch noch studiert, aber das Geld war nicht da.« Also wurde Abduel stattdessen Marktverkäufer in Dakar. »Aber ich hatte schon noch Träume für mein Leben und wusste, dass ich so zu Hause nie den Grundstock für ein Geschäft verdienen könnte, deshalb wollte ich nach Europa. Schließlich ist es hier sehr viel einfacher, ein kleines Grundkapital zu verdienen – reich zu werden ist dafür in Afrika leichter!«

2000 gelang die Reise, allerdings auf allerlei Umwegen. »Es war lange Zeit einfacher, ein europäisches Visum zu bekommen, wenn man einen Pass aus Gambia hat. Also bin ich erstmal dorthin, habe mir einen Pass besorgt und bin dann nach Frankreich gekommen.« Das Besorgen falscher Papiere sei im Großen und Ganzen kein wirkliches Problem, zum Beispiel würden manchmal auch Pässe untereinander ausgetauscht. »Es ist durchaus möglich, dass jemand ein gültiges Visum für ein europäisches Land hat und den Pass dann einem Bekannten verleiht, der auch hierher will.« Schließlich sei von Grenzbeamten aller Länder leicht festzustellen, ob Pass oder Visum gefälscht seien – »aber ob die Person auf dem Foto auch wirklich die vor ihnen ist, können sie schon schwerer feststellen.« Letzten Endes ginge es ja aber immer nur um die Möglichkeit, sich eine bessere Zukunft aufzubauen, »und da versucht man eben alles, um das zu schaffen.« Ein Freund von ihm sei so zu einem französischen Pass gekommen, »denn es gibt ja viele schwarze Franzosen, die dann doch zurück in ihre Herkunftsländer gehen und wissen, dass sie erstmal nicht mehr reisen werden. Deren Pass kann man dann vorübergehend bekommen.« Einer Zukunft mit Papieren samt biometrischen Merkmalen und Fingerabdrücken sieht der Senegalese gelassen entgegen. »Es ist ja immer so, dass erst etwas Neues eingeführt wird, dann dauert es eine Weile, und anschließend ist ein Weg gefunden, trotzdem das Ziel zu erreichen.« Einwanderung werde so jedenfalls ganz sicher nicht verhindert. »Ich glaube, es ist genau andersherum. Wenn Europa die Schranken herunterlassen würde, kämen erstmal sehr viele Afrikaner und würden sich hier umgucken. Dann würden sie feststellen, dass Europa in Wirklichkeit bei weitem nicht so schön und einfach ist, wie sie es sich immer vorgestellt haben, und dann würden sie wieder nach Hause gehen. Aber wenn etwas schwierig zu erreichen ist, gilt es als erstrebenswert. Also wollen alle nach Europa.«

Abduel selbst ging zunächst ein paar Monate nach Frankreich, dann nach Spanien, anschließend nach Italien. »Da leben über 100 000 Senegalesen, es gibt eine gute Gemeinschaft.« Ungeschriebenes Gesetz sei, einen Neuankömmling zunächst einmal für zwei Monate zu beherbergen. »Du kannst so lange bei einem Landsmann wohnen, bekommst Essen und Kleidung. Danach musst du selbst zurechtkommen.« Der heute 33-Jährige hatte Glück. »Als ich zwei Monate dort war, erließ die italienische Regierung eine Amnestie für alle, die schon mindestens zwei Jahre im Land waren. Da bin ich zum senegalesischen Konsulat gegangen und habe mir bestätigen lassen, dass ich schon so lange dort bin.« Die dortigen Beamten hätten auch ohne Zögern eine solche Bescheinigung ausgeschrieben, »schließlich wissen die, dass wir hier Geld verdienen wollen, um es dann nach Hause zu unseren Familien zu schicken. Das unterstützen sie.« Ausgestattet mit richtigen Papieren, war es dann leichter, Arbeit zu finden. »Ich habe alles gemacht, von der Fischfabrik bis zum Putzen.« In Italien habe sich auch seine Theorie von den überflüssigen Einreisebeschränkungen bestätigt. »Es gab viele Frauen, deren Männer in Italien waren und Geld nach Hause schickten. Damit konnten sie dann bis um 10 Uhr ausschlafen, sich anschließend mit Freunden treffen und ein schönes Sozialleben haben. Aber am Telefon haben sie immer gesagt, auch unbedingt nach Europa kommen zu wollen. Als sie dann da waren, haben die Männer gesagt, ok, dann musst du aber auch wie in Europa leben, morgens aufstehen und in die Fabrik gehen. Zeit für Freunde und das gewohnte offene Leben auf der Straße gab es so nicht. Nach ein paar Monaten sind fast alle wieder zurück in den Senegal gegangen.«

Er selbst ging vor gut einem Jahr nach Deutschland, weil ihm ein Bekannter einen Job anbot. »Der wohnte in der Nähe von Köln und hatte alles, was erlaubt ist, auf Märkten verkauft.« Abduel stieg ein in das Geschäft und kam so ganz gut über die Sommermonate. »Meine italienischen Papiere erlauben mir, sechs Monate am Stück außer Landes zu sein, auch in Deutschland. Wenn ich dann hier kontrolliert werde, sage ich immer, ich sei gestern angekommen.« Dank offener innereuropäischer Grenzen beweise schließlich kein Stempel im Pass mehr das Gegenteil. Nur im Winter sei es schwierig, hier genug Geld zu verdienen. »Ich mache alles, was bezahlt wird. Aber oft genug wird dann eben auch nicht bezahlt, weil die Arbeitgeber wissen, wer illegal hier ist und sein Geld nicht einklagen kann.«

Lange will der Senegalese folglich auch nicht mehr hierbleiben, sondern glaubt, in etwa einem Jahr die nötige Summe gespart zu haben, um ein Geschäft in Dakar aufmachen zu können. »Ich kenne viele Leute dort, die es so gemacht haben. Und in Deutschland sehe ich auch keine Zukunft für mich. Zum Beispiel möchte ich auch kein Kind mit einer deutschen Frau bekommen.« Schließlich hätte so ein Kind kaum Aufstiegschancen. »Das würde dann hier aufwachsen und in der Werbung und in den Medien immer nur sehen, dass Schwarze höchstens im Sport und in der Musik was werden können. Alle anderen Karrieren sind für sie unerreichbar.« Auch er selbst, als Afrikaner, könne schließlich dann nicht mehr gut angesehen werden. »Es ist doch klar, dass solche Kinder dann ihre weiße Mutter sehen, der alle Türen offen stehen und den schwarzen Vater, den Loser. Also wird einem solchen Kind auch schnell der Respekt vor dem Vater fehlen.« Ausnahmen seien sicher möglich, »aber ich sehe das bei manchen meiner Bekannten, dass denen ihre Kinder einfach entgleiten.« Schließlich funktioniere hier die Kindererziehung ganz anders. »In Afrika kann ich ein Kind einfach mal zu Hause einschließen, wenn ich Sorge habe, dass es auf der Straße nur zu Schaden kommt und darf ihm auch mal eine Ohrfeige geben. Hier ist das alles verboten. Aus meiner Perspektive passt das aber nicht zu unserer Mentalität. Es mag sein, dass die Deutschen mit ihren Kindern so zurechtkommen, für die meisten Afrikaner ist das aber schwierig, schließlich sind wir das aus unserer Kindheit anders gewohnt.«

Direkten Rassismus habe er selbst während seiner Zeit in den verschiedensten deutschen Städten noch nicht erlebt. »Ich werde hier nur so ungefähr alle drei Monate kontrolliert, das ist alles. Auf der Straße draußen ist mir bislang auch noch nichts passiert, und ich habe auch mehrere deutsche Freunde.« Zu denen Kontakt zu bekommen, sei allerdings nicht gerade einfach. »Hier ist es ja möglich, dass man ein ganzes Jahr Tür an Tür mit jemandem wohnt und nicht mehr als ›Guten Tag‹ sagt. Man weiß nichts voneinander. Das ist für mich schon sehr seltsam.« Dabei habe er sich extra Mühe gegeben, zusätzlich zu seinem Französisch, Italienisch, Englisch, Arabisch und Wolof noch etwas Deutsch zu lernen. »Ich wollte auch einen Kurs machen, was dann aber doch schnell ziemlich teuer wurde. Aber für ein kleines Gespräch reicht es natürlich.«

Seine Zukunft sieht der 33-Jährige im Senegal. Jeden Monat schickt er derzeit seiner Familie etwas Geld nach Hause, »das ist normal und wird erwartet, dass man jeden Monat zumindest 50 oder 100 Euro gibt.« Aber auch ein paar hiesige Verhaltensweisen hat der Afrikaner schon übernommen: »Bei uns darfst du nicht direkt ›Ja‹ oder ›Nein‹ sagen, das gilt als sehr unhöflich. Wenn dir zum Beispiel jemand etwas zu trinken anbietet, musst Du erst mal so tun, als wollest du gar nicht, musst dann zusagen und es trinken. Ich sage inzwischen immer ganz klar ›Ja‹, wenn ich was will, und lehne ab, wenn ich nicht will. Ich denke, dass ist schon ein Vorteil, wenn man klar seine Wünsche äußern kann.«

Interessant findet er, worüber Deutsche sich in ihrem eigenen Land beschweren. »Das Wetter finde ich auch nicht schön, aber ich muss immer lachen, wenn die Deutschen sich über ihre Bürokratie beschweren. Dann sage ich immer: Die waren noch nie in Afrika!« Dort brauche man immer für alles viel Zeit, Geduld und Geld. »Unser schlimmstes Problem ist die Korruption, es geht eigentlich nichts mehr ohne Schmiergeld oder Beziehungen.« Überraschend findet er nur die Konsequenzen, die nach Deutschland entsandte, senegalesische Beamte aus dem Zusammentreffen der beiden Kulturen ziehen würden. »Ein Freund von mir wollte hier heiraten und brauchte eine Bescheinigung aus dem Senegal, dass er dort nicht verheiratet ist. Dort haben sie dann die Kurzform seines Namens in die Formulare reingeschrieben, wie man ihn auf der Straße kannte. Es fehlte gegenüber dem offiziellen Namen genau ein Buchstabe. Hier auf dem deutschen Standesamt wollten sie diese Papiere dann nicht anerkennen und haben sie zur senegalesischen Botschaft geschickt. Und die haben ihm dann tatsächlich keine Unterschrift druntergesetzt, dass er das ist, sondern haben ihn den ganzen Vorgang im Senegal nochmal machen lassen – wegen eines einzigen Buchstabens im Vornamen!«

Aber nicht nur im Punkte Bürokratie empfindet Abduel die Verbindung zweier Kulturen nicht immer als gerade hilfreich. »Ich gehe hier auch nur zu den Feiertagen in die Moschee. Schließlich mögen die Araber lieber Afrikaner, die keine Ahnung haben vom Islam. Ich habe aber in Marokko gelebt, kann Arabisch und habe einiges über den Islam gelesen. Mir können sie also nicht so viel vormachen, weil ich merke, was Religion ist und was ihre Kultur – und dass sie immer versuchen, beides zu vermischen.« So bänden sich im Senegal die betenden Frauen auch ein Kopftuch um, »aber nur zum Beten, doch nicht, um damit auf der Straße herumzulaufen!« Eine Art religiöses Zuhause fände er hier in Deutschland somit auch nicht. »Aber das wollte ich ja auch nie – Europa ist nur eine Zwischenstation, die interessante Erfahrungen und etwas Geld bietet. Und bald gehe ich wieder zurück.« Und das unter Umständen nicht allein. Denn immerhin hat Abduel hier sogar eine Frau kennengelernt. »Ihr Vater kommt aus Mali, die Mutter aus dem Senegal – es ist schon erstaunlich, dass man Tausende Kilometer reist, um dann jemanden zu treffen, den man auch zu Hause hätte kennenlernen können. Aber so ist es umso besser, wir haben viele ähnliche Erfahrungen gemacht – und ich hoffe jetzt nur noch, dass meine Familie sie akzeptiert.«

Togoer

Das Herkunftsland

Fläche: 56 785 km² (Weltrang: 123)
Einwohner: 4 670 000 (Weltrang: 113)
Hauptstadt: Lomé, 700 000 Einwohner
Sprachen: Französisch, Kabyé, Ewe (Amtssprachen), Gur-Sprachen, Fulbe, Yoruba, Hausa
Bruttosozialprodukt je Einwohner: 290 $
Größe der Gruppe in Deutschland: 12 099 (Minderheitenrang: 59)
Migrationsgründe: vor allem politisch motiviert: Flucht vor Verfolgung
Religion: 50 % Anhänger von Naturreligionen, 35 % Christen (darunter 22 % Katholiken), 15 % Muslime (Sunniten)

Durch Rummenigge nach Rostock

Fünf verschiedene Müllbehälter stehen auf der Straße vor dem »Waldemarhof« in Rostock – und an dem für Flaschen sind darüber hinaus noch genaue »Einwurfszeiten« vermerkt. *Das* ist ein Symbol für Deutschland, denke ich, und erinnere mich an meine Jahre in Argentinien, wo ich einmal der Verkäuferin eines Supermarktes die Welt erklären wollte: Sie solle mir bitte keine Plastiktüte für die Bananen geben, schließlich brauche Plastik über 100 Jahre, um sich wieder zu zersetzen; der ökologische Wahnsinn unserer heutigen Tat werde also noch unsere Enkel und Urenkel belasten! Seit meinen dort vorgetragenen Ausführungen weiß ich, wie ein Blick ausschaut, der einem harmlosen Irren gilt. Hier aber ist Deutschland und eine klare Orientierung an Flascheneinwurfszeiten möglich.

Hinter der organisierten Abfallentsorgung findet sich ein kleiner Stichweg, der direkt zum Eingang der Begegnungsstätte führt. Hier im Büro der Afrikanischen Bürgerinitiative (A. B. I. e. V.) treffe ich auf Koffi. Im Büro des Togolesen deutet alles auf den Versuch möglichst reibungsloser Orientierung hin: Auf dem Schreibtisch liegt unter Glas die Karte dieser Welt, an der Tür hängt die Bundesrepublik, an der Wand Mecklenburg-Vorpommern und auf dem Schrank steht schließlich der afrikanische Kontinent im roten Webrahmen – abgestützt von mehreren Fußballpokalen. Der 34-Jährige ist nicht nur selbst leidenschaftlicher Fußballer und Trainer mit DFB-Lizenz, es war auch der Fußball, der ihn schon früh für Deutschland begeisterte: »Immer wenn irgendeine Meisterschaft war, haben wir für Deutschland geklatscht, die hatten ja eine sehr gute Mannschaft mit Hoeneß, Littbarski und Rummenige.«

Jedenfalls »hatte Deutschland damals einen guten Ruf bei uns«, weshalb der Afrikaner sich auch auf gen Norden machte, als er in seiner eigenen Heimat nicht mehr bleiben konnte. »1998 hatten wir Präsidentenwahlen, danach gab es viele Demonstrationen, und wir wurden gejagt wie die Tiere im Busch!« ›Wir‹, das waren Menschen wie Koffi, der nicht nur Mitglied der unterlegenen Sozialistischen Partei war, sondern auch jahrelang als Taek-Won-Do-Lehrer Zugang zu den Militärkasernen hatte. »Und die dachten dann, ich wäre ein Spion der Opposition, weil ich ja ungehindert ein- und ausgegangen war.« Folglich tauchte der damals 24-Jährige zunächst einmal ab und ging dann ins benachbarte Benin. »Meine Frau hat dort unser erstes Kind bekommen.« Da die Ehe hart erkämpft war, »schließlich bin ich Katholik und meine Frau Muslimin, so dass ihr Vater anfangs gar nicht begeistert von unseren Hochzeitsgedanken war«, hatte der dann 25-Jährige Verantwortung für ein besseres Leben zu übernehmen. Da an Rückkehr und gemeinsame Zukunft im Togo nicht zu denken war, machte sich Koffi auf nach Europa. »Ich war erst kurz in Frankreich bei meiner Schwester und bin von dort dann nach Deutschland gefahren.«

In Frankreich selbst wollte er nicht bleiben. »Ich mag die französischen Politiker nicht zu sehr, schließlich sind viele afrikanische Länder noch heute abhängig von der ehemaligen Kolonialmacht, bei uns zum Beispiel regiert niemand ohne das Einverständnis der Pariser Regierung.« Also ging es nach Deutschland, wo schon nach 19 Tagen der Antrag auf Asyl bewilligt wurde. Schwierigkeiten tauchten dennoch schnell auf: »Mein erster Gegner hier war die deutsche Sprache – ein sehr, sehr harter Gegner!«, erzählt der Togolese in mittlerweile fließendem Deutsch lachend.

Sein Leben fand zunächst in einem Asylbewerberheim im mecklenburgischen Martensdorf statt. Drei Monate später ging es nach Grimmen, anschließend nach Greifswald, wo er an der Universität Taek-Won-Do-Unterricht gab. »Für mich ist der Sport die wichtigste Waffe, das beste Mittel, um etwas zu erreichen. Schließlich sind Leute im Sportbereich immer offen und ich weiß, dass ich willkommen bin.« Erhebliche Probleme mit Rassismus habe er somit auch nie gehabt, wobei die Auslegung des Togolesen, wo Ausländerfeindlichkeit anfängt, für diese positive Erfahrung wohl auch hilfreich war: »Wenn jemand sagt, ›Ausländer raus!‹, dann hat er das Recht dazu, wir leben in einer Demokratie mit Meinungsfreiheit. Das muss man akzeptieren.« Nur Gewalt fände er »nicht so gut, aber damit hatte ich hier noch keine Probleme«, erklärt der 1,86 Meter große Sportler, der in Togo nicht nur für den Zoll arbeitete, sondern sich zwischendurch sein Geld auch mal als Bodyguard verdiente. Im Übrigen könne er auch verstehen, »wenn man uns hier nicht mag. Schließlich zeigen die Medien immer nur die schlechten Seiten von Afrika, da kommen

Koffi im Büro der Afrikanischen Bürgerinitiative in Rostock

immer nur Hunger und Bürgerkrieg vor, die positiven Aspekte bleiben ganz außen vor.« Und dazu gehörten etwa die Familienstrukturen. »Bei uns ist es ganz normal, dass, wer Geld hat, die ganze Familie unterstützt. Hier gibt es dafür das Sozialamt.« Wenn in Afrika eine Schlägerei auf der Straße stattfände, mische man sich sofort ein und versuche, die Parteien zu trennen, »hier ruft man dann die Polizei, die ja dafür zuständig ist. Aber es wäre schön, auch zu lernen, wie man selbst eingreifen kann!« Dann könne auch vieles besser werden: »Wenn es dunkel ist und eine Kerze scheint, soll man zur Kerze gehen, sagen wir. Und in Mecklenburg-Vorpommern gibt es viele Kerzen, wie den Verein ›Diên Hông‹ oder den Landesfußballverband.«

Von Greifswald zog es Koffi zurück nach Rostock auf Grund der Ausbildungsmöglichkeiten zum kaufmännischen Assistenten beim Verein »Diên Hông«.[75] Nach der erfolgreich abgeschlossenen Weiterbildung arbeitet der Togolese nun für die Afrikanische Bürgerinitiative. Diese hat sich zum Ziel gesetzt, den insgesamt »106 Afrikanern in Rostock« nicht nur einen Anlaufpunkt bei Schwierigkeiten zu bieten, sondern auch deren Zusammenhalt zu fördern. »Ich komme aus dem Togo, aber ich bin schon in erster

Linie Afrikaner, Westafrikaner. Mein Urgroßvater kommt aus Nigeria, meine Mutter aus Benin; und da mein Vater Geschäftsmann war und wir oft umgezogen sind, bin ich an der Elfenbeinküste geboren.« Aufgewachsen in Togos Hauptstadt Lomé, spricht Koffi dennoch von seinem Dorf. »Jeder Afrikaner hat ›sein Dorf‹, wo er herstammt und sich jeder Zeit wieder zurückziehen kann.« Er selbst war zwar nur einmal in dem kleinen Örtchen, das nach dem Zweiten Weltkrieg von Togo nach Benin wechselte, »das war bei der Trauerfeier nach dem Tode meines Vaters.« Dennoch sei dieses Dorf »wie bei jedem Afrikaner fest in meinem Kopf. Da hat meine Familie ein Haus und ich werde willkommen geheißen, falls ich einmal dorthin muss.«

Denn was die Zukunft bringe, könne man schließlich nie wissen. »Meine Aufenthaltserlaubnis gilt immer nur für zwei Jahre. Nur eine Festanstellung wäre ein Grund für die dauerhafte Aufenthaltserlaubnis. Aber wie das gehen soll, hier in Mecklenburg, weiß auch niemand.« Gerne würde Koffi, der nun schon seit sieben Jahren im Lande ist und vor sechs Jahren seine Frau nachkommen lassen konnte, eine Art sportlichen Austausch zwischen Afrika und Deutschland organisieren. »Ich könnte mir auch gut vorstellen, wieder nach Afrika zurückzugehen, aber derzeit geht es für mich im Togo nicht.«

Fraglich wäre natürlich auch, ob er mit seinen neuen, deutschen Erfahrungen dort gut ankäme. »Hier tun die Politiker noch etwas für das Land, in Afrika denkt jeder nur an sein eigenes Portemonnaie, und wenn jemand Präsident wird, bringt er gleich seine ganze Familie und das Dorf mit in die Regierung.« Das Geld, was etwa durch Entwicklungshilfe in diese Region fließe, käme so auch schnell wieder nach Europa zurück, »sie wirtschaften in ihre eigene Tasche, bei der Bevölkerung kommt von dem ganzen Bodenschätze-Export hingegen fast nichts an. Und das Geld der Präsidenten liegt dann mit der Komplizenschaft der europäischen Politiker irgendwo auf Schweizer Konten. Und wir bleiben so, wie die großen europäischen Konzerne und Politiker uns sehen wollen.« Was Afrika brauche, seien also »keine Entwicklungsgelder, sondern Freiheit und Gleichberechtigung!« Dann könne vielleicht auch einiges, was hier in Deutschland besser funktioniere, in Ländern wie dem Togo umgestaltet werden. »Wir haben dort zum

Beispiel per Gesetz Schulpflicht, aber niemand kümmert sich darum, ob das auch umgesetzt wird. Es gibt also Recht, Richter und Verfassung, aber das Leben läuft anders.«

Trotz der in Afrika oftmals deutlich widrigeren Bedingungen stellt Koffi jedoch fest, »dass es hier in Deutschland mehr Stress gibt. Bei uns hat man viel weniger Stress, egal ob jemand nun Geld hat oder nicht, das Leben ist nicht so angespannt.« Das Europa-Bild der Afrikaner sei somit auch »zu schön. Wenn man herkommt, merkt man, was man Gutes verlassen hat.« Außerdem könne er auch »1000 Jahre in Deutschland leben und werde doch nie wie ein Deutscher fühlen. Dafür sind unsere Erfahrungen und die Kultur einfach zu verschieden – und ich denke auch, dass es reicht, die positiven Dinge der europäischen Kultur meinen Lebenserfahrungen hinzuzufügen.«

Asiaten

Chinesen

Das Herkunftsland

Fläche: 9 572 419 km² (Weltrang: 4)
Einwohner: 1 261 100 000 (Weltrang: 1)
Hauptstadt: Peking, 10 780 900 Einwohner
Sprachen: Chinesisch (Putonghua) (Amtssprache), verschiedene chinesische Dialekte, 55 Sprachen der Minderheiten (u. a. Tibetisch, Mongolisch, Uigurisch), Englisch (Handelssprache)
Bruttosozialprodukt je Einwohner: 840 $
Größe der Gruppe in Deutschland: 71 639 (Minderheitenrang: 22)
Migrationsgründe: wirtschaftliche Beziehungen, Studium, politisch motiviert
Religion: 70 % konfessionslos, 8 % Buddhisten, 3 % Taoisten, 2 % Muslime, 1 % Protestanten, 0,3 % Katholiken, 0,1 % Lamaisten (Tibet), Konfuzianismus weit verbreitet

Im Fluss des Chi gen Westen

Den Weg zu Sha Fei zu finden, ist nicht besonders einfach. Mitten in Lichtenberg strande ich umzingelt von Straßen, die seltsamerweise nach links, rechts und geradeaus denselben Namen tragen – was die Orientierung nicht unbedingt erleichtert. Als Ortsfremde frage ich das übliche Zentrum lokalen Grundwissens: eine Briefträgerin. Nun, auch sie ist leicht überfordert, deutet eine ungefähre Richtung an und meint, eigentlich solle sie das schon wissen, nur sei alles hier vor lauter Beton ein wenig unübersichtlich. Erfreut mit dem Rad unterwegs zu sein, überquere ich schließlich einen Parkplatz, klettere über einen Zaun, kreuze einen Erdwall mit Baumreihe und stehe schließlich vor dem richtigen all der Hochhäuser in diesem Viertel Ostberlins!

Es ist ein Studentenwohnheim und – wie fast überall in den Hochhaussiedlungen dieser Welt – von innen erheblich schöner als von außen. Ich staune jedenfalls, was man in Deutschland so alles Studentenheim nennt, zumindest Sha Feis Heim hat drei Zimmer, ein geräumiges Bad, Küche, und das Ganze lichtdurchflutet und hell. »In China sehen die Studentenwohnheime etwas anders aus!«, lacht die Chinesin, die bereits in ihrer Heimat einen Bachelor in Umweltplanung erreicht hat. Sieben Jahre arbeitete sie dann im Umweltschutzamt der Provinzhauptstadt Wuhan, bevor sie eine Chance ergriff, mal etwas von Europa zu sehen – wenn auch mit Umweg über ein Pekinger Studentenwohnheim: »Es gab ein Auswahlverfahren, wo man auf englische Sprachkenntnisse und Fachkompetenz geprüft wurde. Wer gut abschnitt, hatte die Möglichkeit, eine weitere Fremdsprache zu lernen und dann ein Jahr nach Deutschland zu gehen!« Die Chinesin, die wie fast alle ihrer Landsleute gern reisen wollte und interessiert war an der Welt außerhalb des Reiches der Mitte, bewarb sich und bestand. »Die Prüfung war eigentlich ganz leicht für mich, so dass ich dann 1998 für neun Monate nach Peking ging, um da einen Deutschkurs zu belegen.« Dort wohnte sie mit sechs Frauen auf einem Zimmer, »das war anfangs ein bisschen schwierig, weil wir ja alle schon verheiratet waren und ein Leben mit eigener Wohnung gewöhnt waren, aber wir wurden dann gute Freundinnen.« Einmal im Monat besuchte sie ihren Mann in Wuhang oder er sie im immerhin zwölf Zugstunden entfernten Peking. Abgesehen von der Distanz zu Familie und Heimatstadt genoss die damals 28-Jährige ihren Aufenthalt. »Wir mussten nur Deutsch lernen und hatten den ganzen Rest der Zeit frei, mussten nicht arbeiten und nicht putzen, sondern konnten uns die Stadt ansehen.«

Im Mai 1999 bestieg sie dann zusammen mit 15 Kollegen ein Flugzeug nach Deutschland. Zunächst einmal ging es nach Saarbrücken, wo die Gruppe von der ausrichtenden Carl Duisberg Gesellschaft begrüßt wurde. »Saarbrücken war ganz anders als China, sehr sauber und grün. Es regnet dort ja auch im Mai, so dass die Bäume ein richtiges Grün haben, nicht so staubig wie bei uns. Die Leute waren auch alle sehr edel, waren gut angezogen und putzten ihre Häuser heraus. Deren Fenster waren teilweise so schön geschmückt, dass sie wie Märchenhäuser aussahen!«

Vom gepflegten Saarbrücken ging es danach ins ebenso ruhige Süddeutschland. »Wir fuhren nach Radolfzell am Bodensee, wo die Duisberg Gesellschaft ein Ausbildungszentrum hat.« Dort gab es nochmals einen zweimonatigen Sprachkurs und auch viel Zeit, um die Umgebung zu erkunden. »Wir waren immer zusammen mit dem Wochenendticket unterwegs, das war preiswert, so dass wir sehr viel gesehen haben in dieser Zeit!« Anschließend ging es mit der ganzen Truppe nach Berlin, »das war toll, endlich eine große Stadt!« Und zwar eine mit gleich zwei Vorteilen: »Mir gefällt der Verkehr hier sehr gut, es gibt immer Busse und Bahnen, so dass man gar kein eigenes Auto braucht und trotzdem überall hinkommt.« Mindestens genauso wichtig ist allerdings, dass »es hier inzwischen mehrere Asia-Shops gibt. Ich hatte vorher sehr abgenommen, weil es ja in Radolfszell kein chinesisches Essen gibt. Hier nun kann ich alle nötigen Gewürze kaufen und richtiges chinesisches Essen kochen!« – mittlerweile für drei Personen. Denn Berlin wurde vom kurzen Ausbildungsstopp zum dauerhaften Wohnort.

»In Berlin haben wir dann noch fünf Monate einen theoretischen Kurs zu Themen wie Lärmschutz, Wasserreinhaltung und Umweltmanagement gemacht und sind danach getrennt ins Praktikum gegangen. Da kam mich mein Mann Li besuchen.« Den hatte Sha direkt zum Deutsch-Kurs angemeldet, schließlich »wollte er mich zwar eigentlich nur mal wiedersehen, aber man bekommt als Chinese ja schwer ein einfaches Touristenvisum, so dass ich ihn hier beim Kurs eingeschrieben habe.« Li kam also – und war begeistert. »Ich war ja schon fast ein Jahr aus China weg und vermisste meine Familie und die Freunde. Er war erst ein paar Wochen hier und noch ganz begeistert. Also hat Li immer gesagt, wir könnten doch hier bleiben.« Obwohl er schon eine eigene Firma hatte und auch Sha mit ihrem deutschen Weiterbildungskurs gute Aufstiegschancen in China gehabt hätte, beschlossen die beiden also, hier noch mal ein ganzes Studium zu absolvieren.

»Inzwischen sitze ich an meiner Diplomarbeit und komme mir dabei oft schon recht alt vor!« Immerhin studiere man in China nur drei oder vier Jahre, »aber was man da lernt, reicht auch, um dann damit zu arbeiten.« So richtig sicher, ob ihre Entscheidung gut war, in Deutschland zu bleiben, ist sich die 35-Jährige nicht. »Alle meine Freunde in China arbeiten schon seit vielen Jahren, haben gute Posten und verdienen viel Geld. Und ich studiere hier immer noch!« Für den Beruf sei die Entscheidung, noch einmal technischen Umweltschutz zu studieren, also zweischneidig. »In China ist es wichtig, jetzt auf solche Sachen zu achten, da die

Sha Fei (ganz rechts) mit ihrer Familie

Industrie ja sehr schnell wächst und mit ihr die ökologischen Probleme. Hier in Deutschland kann ich dazu viel lernen. Auf der anderen Seite braucht man aber immer ein Netzwerk, um in gute Jobs zu kommen – und das habe ich ja nun durch die Jahre im Ausland verloren.«

Das Netzwerk fehlt nicht zuletzt auch hier in Berlin, wo Sha nun auch ihren zweijährigen Sohn beherbergt, der während unseres Gespräches gerade in der Kita ist. »Mein Mann macht wenig im Haushalt, ich muss studieren und auch Geld verdienen, so dass ich meinen Sohn zuerst für ein Jahr zu meinen Eltern nach China gebracht habe.« Die Chinesin wundert sich oft über die Reaktion ihrer deutschen Bekannten, wenn sie von diesem Teilzeitaufwachsen bei der älteren Generation berichtet. »Bei uns ist das normal, dass man davon ausgeht, dass die Eltern im Zweifel sogar mehr von der Kindererziehung verstehen als man selbst und man sein Kind also vertrauensvoll dalassen kann.« In Deutschland sei Mutter zu werden überhaupt nicht so entspannend wie in China. »Hier haben sie nach der Geburt gleich das Fenster aufgerissen, man sollte aufstehen und durch die Gegend turnen und alles selbst erledigen. In China liegt man mindestens vier Wochen in mehrere Decken eingehüllt entspannt im Bett, lässt sich bedienen und wird umsorgt und beglückwünscht. Das ist viel schöner – und auch gesünder. Schließlich sagt man bei uns, dass die Knochen nach der Entbindung offen sind, und wenn man sich nicht vorsichtig darum kümmert und sich zum Beispiel erkältet, leidet man möglicherweise den Rest seines Lebens an einer Gesundheitsschwäche.«

Die Mutter-Kind-Beziehung ist in dem Land der Ein-Kind-Politik auch sonst erheblich ausgeprägter. »Hier laufen die Mütter ja oft mit Tragetüchern herum und haben dann beide Hände frei, können also machen und arbeiten, was sie wollen. Bei uns ist es üblich, das Kind die ganze Zeit im Arm zu halten und zu streicheln. Kinder brauchen doch körperliche Nähe und Zuwendung!« Ganz absurd sei, dass viele Deutsche nicht einmal in einem Zimmer mit dem Nachwuchs schliefen, »das ist doch sehr gefährlich, da bekommt man ja gar nicht mit, wenn dem Kind etwas fehlt!« Sie selbst ist – nachdem sie schließlich ein ganzes Jahr lang getrennt leben mussten – zwei Monate lang jeden Tag zusammen mit ihrem Sohn in die Kita gegangen – schließlich musste der sich erst einmal an die neue, nicht chinesische Umgebung und die deutsche Sprache gewöhnen. »Inzwischen kann er sich aber ganz gut verständigen und kommt allein zurecht.«

Für Sha steht allerdings auch wegen des Sohnes fest, dass sie es nach ihrem erfolgreich abgeschlossenen zweiten Studium wieder in der Heimat versuchen will. »Wir leben hier in einem anderen Kreis, jenseits der Deutschen. Und ich glaube, das ist schwierig für ein Kind, immer ›der Ausländer‹ zu sein. Am Ende haben sie vielleicht gar keine eigene Kultur und sitzen zwischen beiden Stühlen.« Gerade innerfamiliär könnte das schwierig werden, »schließlich sind Kinder hier unabhängiger. In China kann man dafür leichter zusammenleben.« Sie selbst bemerkt nach mittlerweile sechs Jahren Deutschland bereits, wie ein Leben im Ausland verändert. »Ich bin viel ruhiger geworden. Wenn ich in China meine alten Freunde treffe, bin ich immer ganz erstaunt, wie wendig, schnell und spontan die sind. Sie wissen immer sofort, was zu tun ist, wo sich eine neue Möglichkeit zum Beispiel für ein Geschäft bietet. Ich komme mir da schon manchmal sehr altmodisch vor.« Hier in Deutschland gebe es schließlich nicht so viele Veränderungen, das Leben sei langsamer, und bevor eine Entscheidung getroffen werde, könne man lange darüber nachdenken. Und unter Umständen auch einmal »Nein« zu etwas sagen. »In China sind die Beziehungssysteme viel komplexer als hier. Du hast mich zum Beispiel angerufen und hattest meine Nummer von einer Freundin. In China hätte ich dir ein Interview also kaum ablehnen können – hier kann ich auch sagen, dass ich keine Lust habe.«

Zum Glück hatte die 35-Jährige Lust zu einem Treffen! Immerhin zieht mich seit Jahren einiges nach China, ich unterrichte u. a. die chinesische Kampfkunst WingTsun, bin durch Teile des Landes gereist und kann nun meinen neuesten Spleen voll ausleben: Ein Mobile hängt an der Decke des Zimmers, es ist mit dem Ying- und Yang-Zeichen bestückt und zerstreut somit einströmende Chi-Energie. »Machst Du Feng Shui?«, frage ich und bekomme ein »Nein« zur Antwort. Folglich bestimmen wir am Ende des Interviews noch den Norden der Studentenwohnung, ich erläutere beste Plätze für das Aquarium, die Pflanzen, Ess- und Arbeitsplätze. Sha hört sich alles genau an, beschließt, bald ein paar Dinge umzustellen und stellt trocken fest: »Es gibt in Deutschland viele Chinaexperten – mehr als in China!«

Iraner

Das Herkunftsland

Fläche: 1 648 000 km² (Weltrang: 17)
Einwohner: 64 015 000 (Weltrang: 17)
Hauptstadt: Teheran, 6 758 845 Einwohner
Sprachen: Persisch (Farsi) (Amtssprache), Luri, Kurdisch, Balutschi, Turksprachen
Bruttosozialprodukt je Einwohner: 2010 $
Größe der Gruppe in Deutschland: 65 187 (Minderheitenrang: 23)
Migrationsgründe: vor allem politisch motiviert, Studium
Religion: 99 % Muslime (Islam ist Staatsreligion) darunter 90 % Schiiten, 8 % Sunniten; Minderheiten von Christen, Juden, Parsen, Mandäern

Taek Won Do aus dem Germanenweg

Reza Rahimi holt mich mit seinem weißen Mercedes am Hamburger Hauptbahnhof ab. »Inzwischen kennen die mich ja in der Schleswig-Holsteiner Kleinstadt, wo ich arbeite, aber in den ersten Jahren war es schon etwas Besonderes, wenn ich mal nicht von der Polizei kontrolliert wurde.« Auf der Fahrt durch das schneetreibende Hamburg beginnt der 38-Jährige, mir seinen Weg nach Deutschland zu schildern.

1968 geboren, stand Reza 17 Jahre später die Einberufung zum Militär unmittelbar bevor. »Ich sollte in den Krieg gegen den Irak gehen, und da mein Onkel ein bekannter Oppositioneller war, sicher nicht in hinterster Linie mit irgendeinem Schreibtischjob.« Da der Perser allerdings schon immer lieber Arzt als junger Held im Grab werden wollte, beschloss er, das Land zu verlassen. »Einen Pass habe ich natürlich in der Situation nicht bekommen, also ging es in einer kleinen Gruppe über die Berge nach Pakistan.« Mit von der Partie war sein 15-jähriger Bruder, den der Vater gleich mitgeschickt hatte, »so waren wir immer zu zweit und konnten einander unterstützen.« In Pakistan glücklich angekommen, sollte der Weg eigentlich Richtung Indien gehen, wo die Familie Kontakt zu einem Medizin-Professor hatte. »Aber dann flog mein Vater geschäftlich nach Deutschland und überlegte sich, dass er vielleicht alle zwei Jahre mal in Indien ist, aber drei- bis viermal pro Jahr in Deutschland.«

Die neue Vorgabe des Familienoberhauptes hieß also Deutschland, so dass die beiden Brüder wenige Wochen später mit Pässen des UNO-Flüchtlingswerkes im Flugzeug Richtung Berlin saßen. »Und mein erster Eindruck hier war dann sehr komisch. Wir sind aus dem Flughafen gegangen, direkt zu einem Taxi, haben dem Fahrer die Visitenkarte des Hotels am Kurfürstendamm gezeigt, wo mein Vater auf uns wartete. Aber anstatt loszufahren, hat der Fahrer nur gelacht.« Auch der zweite und dritte Fahrer machte keine Anstalten, loszufahren, so dass der Perser begann, sich über die merkwürdigen deutschen Taxifahrer zu wundern. »Dem vierten habe ich dann ein Bündel Geld unter die Nase gehalten, weil ich dachte, sie glauben vielleicht, ich könne nicht zahlen.« Dieser Mann konnte zwar auch kein Englisch, holte aber eine Karte der Stadt hervor und zeigte auf eine Grenze. »Da habe ich dann ver-

Reza mit Familie in seinem Hamburger Haus

standen, dass es offenbar ein Problem gibt. Denn ich wusste doch nicht, dass es ein Ost- und ein Westdeutschland gab und ein Ost- und ein Westberlin. Für mich war Deutschland Deutschland.«

Schließlich brachte der Fahrer die offensichtlich Ortsfremden dann aber immerhin zu einer S-Bahn und zeigte ihnen, in welche Richtung sie zu fahren hätten, so dass die Brüder schließlich doch, nach einer sehr kurzen Ausreisekontrolle – »die hatten offensichtlich schon auf uns gewartet« – beim Vater im Hotel ankamen. Der hatte einen Anwalt dabei, mit dem man sich gemeinsam

Richtung Ausländerbehörde auf den Weg machte. »Mein Vater hat dann gesagt, dass seine Söhne nicht im Asylbewerberheim leben werden, sondern im Hotel, und ansonsten auch keine Leistungen in Anspruch nehmen wollen. Daraufhin ging alles sehr schnell, der Anwalt half beim Ausfüllen der Papiere, nach anderthalb Stunden waren wir draußen und sind erstmal shoppen gegangen.«

Vater und Söhne verbrachten einen schönen Monat in Berlin, »wo wir so ziemlich jede Bar und jedes Musikstück gesehen haben«, bis der Weg nach Hamburg frei war, der Stadt, die der persische Geschäftsmann als passenden Wohnort für seine Söhne ausgesucht hatte. »Dort haben wir dann von einem Bekannten eine möblierte Wohnung übernommen, und mein Vater ist wieder nach Hause geflogen.« Die beiden Jungs gingen fortan zur Schule, »erst zusammen in so eine Vorbereitungsklasse, wo man ein Jahr lang Deutsch lernt und die Lehrer einen nebenbei fachlich einstufen können«, dann ging es aufs Gymnasium.

Der Asylantrag war nach nur drei Monaten positiv beschieden, so dass die Papiere in Ordnung waren und die Zukunft in Deutschland geplant werden konnte. Für Reza war der Weg klar. »Nach meinem Abitur 1992 habe ich mich für einen Medizin-Studienplatz beworben. Zusagen gab es von drei Universitäten: Rostock, Magdeburg und Leipzig. Alle drei im Osten, da hab ich mich natürlich nicht so gefreut.« Die Entscheidung fiel dann auf Magdeburg, »denn 1992 waren ja gerade die Ausschreitungen in Rostock gewesen, in so eine rassistische Stadt wollte ich nicht, und Leipzig war einfach sehr weit weg von Hamburg.«

An der Magdeburger Universität waren dann »die Professoren und die Atmosphäre sehr gut.« Es gab nur 157 Studenten im Semester, davon allerdings 150 Deutsche. »An der Universität habe ich mich wohl gefühlt, aber einfach so spazierengehen in Magdeburg ist als Ausländer gefährlich gewesen.« Bewegungsfreiheit brachte das passioniert betriebene Hobby des Studenten: »Ich bin Taek-Won-Do-Meister. In Sachsen-Anhalt war ich der höchst graduierte und habe da Taek Won Do überhaupt erst richtig aufgebaut.« Jeden Tag habe er mehrere Stunden unterrichtet und so »viele Freundschaften geschlossen, die bis heute halten.« Einmal habe er auf dem Weg zum Training leider auch die praktische Anwendung üben müssen. »Ich bin schon im Bus angepöbelt worden, dann ausgestiegen, mit zwei Rechten hinter mir. Der eine hat mir die Tasche weggenommen und hat weiter gepöbelt. Ich habe ihn gebeten, mir meine Tasche wiederzugeben, stattdessen haben die angefangen, mich zu schubsen. Das war direkt vor einer Polizeistation, die haben das bestimmt gesehen, sind aber nicht rausgekommen. Ich sah dann, dass ich verbal nicht weiterkomme und zuschlagen musste. Mir tat das sehr Leid, ich bin Arzt und möchte Menschen heilen, nicht verletzen, aber dem einen habe ich dann den Kiefer gebrochen und den anderen auch auf den Boden gebracht.« Erst dann eilten die Beamten herbei und hörten vom Kampfkünstler, dass er Anzeige wegen Volksverhetzung und versuchter Körperverletzung stellen wolle. Stattdessen wurde er zunächst selbst in eine Arrestzelle gesteckt. Erst der hinzugerufene Kripobeamte habe ihn schnell entlassen und sich für seine Streifen-Kollegen entschuldigt.

»In Hamburg habe ich nie so etwas erlebt und kann mir einen Angriff kaum vorstellen«, sagt der Arzt, als wir vor seinem Haus im Germanenweg Halt machen. Drinnen wartet neben seiner Frau Shahnaz und den beiden Kinder auch ein riesiger Fernseher, mit dem die Familie 18 iranische Sender empfangen kann. Während ich auf dem Ledersofa direkt neben den mit Gold bestückten, ausladenden Vasen Platz nehme, zeigt mir Reza ein paar der Programme. »Hier gibt es zum Beispiel einige von den Fundamentalisten, die machen vielleicht fünf Prozent der Bevölkerung aus, beherrschen aber leider das ganze Land.« Er selbst sieht das Thema Religion schon entspannter: »Mohammed war klug, der wollte nicht, dass die Menschen bis zehn Uhr im Bett liegen und nichts tun. Also hat er gesagt: ›Morgens früh zum Beten aufstehen!‹ Wenn man sich die Bewegungen beim Gebet mal genau anschaut, sieht man, dass es eine gute Gymnastik ist, bei der alle Gelenke bewegt werden. Ich brauche das nicht, ich mache ja Taek Won Do.« Im Übrigen erkenne er »die Fundamentalisten nicht als Muslime an. Das Kopftuch hatte den Sinn, Frauen vor Blicken zu schützen. Wenn sie aber zum Beispiel hier in Deutschland mit einem Kopftuch herumlaufen, werden sie genau deswegen angeguckt. Wir können die Religion nicht leben wie vor tausend Jahren.«

Wieder zurück in den Iran zu gehen, kann sich Reza momentan nicht vorstellen, fliegt aber seit dem Tode Khomeinis 1996 und der folgenden Öffnung des Landes gelegentlich für Urlaub und Verwandtenbesuche hinüber. Dort lernte er auch seine jetzige Frau kennen. »Ich hatte mehrere Jahre eine deutsche Freundin, die auch fließend Persisch gelernt hatte, persisch kochen konnte und in meine Familie integriert war. Eine Heirat wäre durchaus möglich gewesen. Aber die Beziehung ist dann in die Brüche gegangen, weil wir zu lange zwischen Hamburg und Magdeburg gependelt sind und sie die Distanz nicht mehr aushalten konnte.«

Kurz darauf stand der erste »Heimaturlaub« nach Jahren an und Reza »fand die persischen Frauen auf einmal sehr attraktiv« und überlegte sich, »eine Iranerin heiraten zu wollen.« Daraufhin wurde ihm die Tochter eines guten Freundes des Vaters vorgestellt. »Im Iran lernst du eine Frau ja nicht auf der Straße kennen und bist dann erstmal so befreundet.« Die arrangierte Begegnung zeigte Wirkung: »Ich habe sie gesehen und gewusst, dass sie eine Frau zum Heiraten ist.« Zwei Monate später wurde Hochzeit gefeiert, und Shahnaz flog nach Deutschland.

Inzwischen sind beide nach einem Jahre dauernden Behördenlauf in Deutschland eingebürgert. »Das war schwierig, weil die Deutschen eine Ausbürgerungsbescheinigung vom Iran haben wollten. Der Iran bürgert aber nicht aus.« Zudem hätten sich einige der Beamten ein wenig zu genau an die Vorschriften gehalten: »Ich saß da einer Frau gegenüber, die eine Bescheinigung von mir haben wollte, dass ich Deutsch kann. Da sagte ich zu ihr, ›Gute Frau, was spreche ich denn gerade mit Ihnen? Chinesisch? Ich habe in Deutschland Abitur gemacht und studiert, ich behandele in einem deutschen Krankenhaus deutsche Patienten und spreche mit denen wirklich nur Deutsch!‹ Aber sie wollte ein Zertifikat einer Sprachschule haben!« Schließlich sei die Dame in Pension gegangen, die Akten wanderten auf den Schreibtisch eines Kollegen, und wenige Wochen später konnte der deutsche Pass abgeholt werden. »Auf den Behörden herrscht da sehr viel Willkür. Ich kenne Leute, die sind arbeitslos, vorbestraft, können nicht richtig Deutsch und machen komische Geschäfte. Deren Verfahren dauerte zwei Monate, dann hatten sie den deutschen Pass. Ich habe höchstens mal falsch geparkt und brauchte drei Jahre.«

Inzwischen sind die Eheleute aber behördlich genehmigte Doppelstaatler. »Ich finde das auch ganz gut so, immerhin ist es doch komisch, wenn man in sein Heimatland reist und dafür ein Visum beantragen muss.« Den deutschen Pass habe er unter anderem auch wegen der dauernden Visaprobleme haben wollen: »Ich war ja Leistungssportler und musste viel zu Wettkämpfen ins Ausland. Wenn die dann einen iranischen Pass sahen, hat es immer Wochen mit dem Visum gedauert. Schließlich denken die bei Iranern immer alle ›Oh, die Terroristen kommen!‹«

Freundschaftlichen Kontakt auch zu Deutschen pflegt der Iraner, soweit es die Zeit zulässt. »Ich arbeite ja 80 bis 90 Stunden die Woche, und wenn ich dann nach Hause komme, möchte ich auch oft nur die Familie sehen und Ruhe haben.« Im Iran wäre das gar nicht möglich. »Da lernst du innerhalb einer Woche die ganze Straße kennen. Es ist viel warmherziger, geht aber auch besser, weil die Arbeit dort nicht so im Vordergrund steht. Hier in Deutschland lebt jeder maschinell, geht zur Arbeit, guckt nicht rechts und links, und man muss sich Mühe geben, um mal mit jemandem ein Bier trinken zu gehen.«

Leute, die Zeit gefunden haben, zu viel Bier zu trinken, hat der Arzt auch schon kennengelernt: »Ich mache am Vatertag immer Dienst, wir feiern den ja nicht, und so können die Deutschen mit ihrem Bollerwagen losziehen. Da hatte ich dann auch schon manches Mal Leute in der Ambulanz, die grölten und sagten, sie würden sich nicht von einem Ausländer behandeln lassen.« Bislang habe er aber nur einmal die Polizei rufen lassen müssen, »meistens kann man das im Gespräch klären, und ich glaube, dass man auch nur so, in Ruhe, Vorurteile abbauen kann.«

Kontakte zur iranischen Gemeinschaft pflegt der Arzt schon aus Zeitgründen kaum – abgesehen natürlich von denen zur eigenen Familie. Schließlich wohnt sein inzwischen als Computerspezialist arbeitender Bruder samt Frau und Kindern im Nachbarhaus. Man sieht sich täglich und unterhält sogar eine gemeinsame Haushaltskasse. Das sei praktisch, da jeder sich Geld nehmen könne, wenn eine Anschaffung anstünde. Gerade heute jedoch wurde das Geld 1:1 zwischen den beiden Haushalten verteilt. »Mein Bruder und ich haben für unsere Ehefrauen Autos gekauft. Das soll eine Überraschung sein, die wir ihnen morgen übergeben.«

Japaner

> **Das Herkunftsland**
>
> **Fläche:** 377 837 km² (Weltrang: 60)
> **Einwohner:** 126 770 000 (Weltrang: 10)
> **Hauptstadt:** Tokyo, 11 750 000 Einwohner (Großraum)
> **Sprachen:** Japanisch (Amtssprache), Englisch (Verkehrssprache)
> **Bruttosozialprodukt je Einwohner:** 35 620 $
> **Größe der Gruppe in Deutschland:** 27 550 (Minderheitenrang: 37)
> **Migrationsgründe:** vor allem ökonomisch motiviert, ferner Studium, musisch-künstlerische Ausbildung
> **Religion:** 85 % Schintoisten und Buddhisten, 9 % Angehörige von Mischreligionen, 0,8 % Christen; Japaner gehören meist mehreren Religionsgemeinschaften an, von denen es 100 000 gibt

Bei den Brotessern

Emi zu finden, könnte schwer werden, denke ich, schon auf dem Weg zum verabredeten Treffpunkt in Berlins Mitte. Es gießt in Strömen, als ich mein Rad in den zum Glück unverschlossenen Hausflur schiebe und überlege, wie man in einem Haus mit vier Treppenaufgängen und sechs Stockwerken einen Menschen finden soll, ohne zu wissen, welcher Nachname am Klingelschild steht. Denn offiziell gemeldet ist Emi hier nicht – was wir beide bei der Verabredung vergessen haben. Während ich mich schon von Tür zu Tür klingeln sehe, kommt eine junge Frau den Hausflur entlang. Jetzt mache ich, was manche Ausländer schon als seltsame deutsche Eigenschaft beschrieben haben: Die Frau sieht aus wie eine Asiatin, ich suche eine Asiatin, also hoffe ich, dass beide sich vielleicht kennen! Und ich habe Glück. Sie selbst kennt zwar keine Japanerin im Haus, hat sich aber von einer deutschen Freundin erzählen lassen, hinter welcher Tür ab und an mal eine verschwindet. Und so stehe ich also fünf Minuten später Emi gegenüber, die mir bei japanischem Grüntee ihre ungewöhnliche Reise nach Deutschland schildert.

13 Jahre war sie alt, als ihr Vater ein paar Bücher von unterwegs mitbrachte: »Ich habe schon als Kind unheimlich viel gelesen, im Gegensatz zu meinen Eltern. Mein Vater kannte sich also gar nicht aus mit Büchern und hat dann irgendetwas aus den Regalen gegriffen, was ihm grad passend erschien und wollte mir damit eine Freude machen.« Mit spannender Lektüre rechnete

die kleine Emi also nicht. »Aber an dem Tag hat er mir das Buch ›Juniorhighschoolschülerin in München‹ mitgebracht, und ich wusste, dass ich Waldorf-Pädagogik in meinem Leben machen wollte.«

Ohne sich groß um die entsetzten Eltern zu kümmern, brach sie baldmöglichst die Schule ab. »In Japan machen ungefähr 97 % aller Schüler die Highschool, vorher zu gehen ist also schon ungewöhnlich.« Emi aber war sich ihrer Sache sicher und ging 1989, gerade 17-jährig, allein nach Deutschland. »Ich war noch so jung und wusste nicht, wie schwierig das ist, alleine zu leben im Ausland ohne Familie.« Auch ihr Plan, dem Buch entsprechend Waldorfschülerin zu werden, missglückte: »Ich habe erst in Schwäbisch-Hall am Goethe-Institut Deutsch gelernt, dann war ich 18 und zu alt für die Waldorfschule.« Die Konsequenz aus diesen Schwierigkeiten war für die Japanerin offensichtlich: »Also habe ich es dann eben studiert.«

Das wiederum ging nur in der Schweiz, wo Emi sechs Jahre verbrachte, und als Fazit formuliert: »Gemütlich, aber kulturell doch sehr eng!« Um das Gelernte im Fach »Sprachgestaltung« auch gleich weiterzugeben, unterrichtete die Japanerin anschließend für zwei Jahre an einer ungarischen Privat-Uni in der Nähe von Budapest: »Dort habe ich mich aber nicht sehr wohl gefühlt. In Ungarn gibt es viel Ausländerfeindlichkeit, und im Japanischen Club dort war es noch schlimmer als in Japan.« Japaner würden immer sofort Hierarchien bilden, das sei schon in der Sprache angelegt, die für einen alten Mann eben eine ganz andere Anrede vorsehe, als für einen jüngeren – von einer Frau ganz zu schweigen. »Deshalb grüßen wir uns auch im Ausland auf der Straße nicht oder sprechen uns an – man weiß ja dann nicht genau, wer über wem steht, und wie man sich korrekt zu verhalten hat.« Also fällt das Gespräch sicherheitshalber ganz aus. Einmal, so erzählt Emi, habe sie hier in Deutschland einen Mann gesehen, »der sah aus wie ein Japaner und hatte auf dem Tisch vor sich eine japanische Zigarettenschachtel liegen. Da bin ich dann hingegangen und hab ihn angesprochen, einfach mal so, um zu reden.« Der Mann habe eine Weile vor sich hingestarrt »und ist dann einfach aufgestanden und weggegangen. Ohne ein Wort zu sagen.«

Diese festen Strukturen, »wegen denen wir ja eigentlich raus wollen aus Japan«, fänden sich dann in so manchem Club wie dem in Budapest in extremer Form wieder. »Die bekommen da jede Woche von Sony oder bei wem sie arbeiten ein Care-Paket zugeschickt. Da sind die neuesten japanischen Videos drin, Comics für die Kinder, Essen und alles andere, damit sie auch im Ausland japanisch leben können.« Um einmal ein lockeres Gespräch zu führen, seien diese japanischen Clubs in Europa die falsche Adresse, »da wird so viel auf die richtige Anrede und den nötigen Respekt geachtet, dass man sich fast überhaupt nicht mehr bewegen kann«.

Zusammenhalt unter Asiaten, wie ihn manch Deutscher gern unterstellen würde, kennt die Japanerin nicht: »Japan besteht aus vier Inseln, alles andere nennen wir Ausland, ›Übersee‹. Deutschland ist da mental so weit weg wie China.« Umgedreht wird die EU dann aber wieder zu einem Kreis von Gleichen: »Ihr habt den christlichen Glauben und seid Brotesser«, sagt die Japanerin ohne Schmunzeln, »wir sind Reisesser«. Diese »Reisesser« würden in Deutschland aber oft in eine Hierarchie gesteckt: »Ich bin schon oft angepöbelt worden, ob ich aus China käme. Wenn ich dann sage, ›Nein, Japan‹, dann sind auf einmal alle ganz freundlich. Ich weiß dann immer nicht, wie ich mich dabei fühlen soll.« Japaner stünden nun einmal »für reiche Touristen, die hier kurz durchfahren und viel Geld ausgeben«, während Chinesen den Ruf hätten, »arm zu sein und zu bleiben«.

Den Wunsch, ganz in Europa zu bleiben, hat Emi inzwischen nicht mehr. Sie fährt jedoch noch so oft es geht nach Berlin. Die Künstlerin tritt hier mit selbst geschriebenen, getanzten Gedichten auf und setzt unbedarfte Zuschauer wie mich durch ihr perfektes Deutsch in Erstaunen – dem dank sechs Jahren Schweiz sogar das typisch »l« gesprochene »r« abhanden gekommen ist. Einmal blieb sie auch schon mit spezieller Genehmigung zwölf Monate am Stück – »aber damals ging es eben nicht dauerhaft wegen der Aufenthaltsgenehmigung.« Sie kenne mehrere Japanerinnen, die dafür sogar geheiratet hätten, aber »das wollte ich nicht, da sehe ich Grauen«. Auf den Gedanken, einen Mann zu suchen, der Steuern sparen wolle und ihr im Gegenzug den Zugang zu Papieren ermögliche, war sie erstaunlicherweise noch gar nicht gekommen und reagiert ehrlich überrascht. Irgendwie sei das doch nicht rechtens. Auch die dritte Variante, eine echte Ehe, schien ihr dann doch zu aufwendig: »Einen Mann muss man ja pflegen, sonst geht er weg.«

Inzwischen ist Emi jedoch auch sehr zufrieden mit ihrem Leben zwischen beiden Kulturen: »Ich erlebe dort Dinge, die es hier nicht gibt und umgekehrt. Am liebsten werde ich mich weiter in dieser Rolle der jeweils halben Aus- und Einwanderin sehen.«

Vietnamesen

Das Herkunftsland

Fläche: 331 114 km² (Weltrang: 64)
Einwohner: 78 523 000 (Weltrang: 13)
Hauptstadt: Hanoi, 3 060 000 Einwohner (Großraum)
Sprachen: 80 % Vietnamesisch (Amtssprache), Sprachen der Minderheiten, Chinesisch
Bruttosozialprodukt je Einwohner: 390 $
Größe der Gruppe in Deutschland: 83 526 (Minderheitenrang: 18)
Migrationsgründe: ursprünglich politisch und ökonomisch motiviert; seit den 80er Jahren überwiegend ökonomisch
Religion: 55 % Buddhisten, 5 % Katholiken, protestantische Minderheit; Taoismus und Konfuzianismus verbreitet, zahlreiche Sekten

Die Vietnamesen sind die einzige größere Minderheit in Deutschland, deren Ursprünge zumindest zum Teil auch in der Geschichte der DDR verwurzelt sind. Etwa 70 000 Vietnamesen verbrachten einige Jahre als Studenten[76], Lehrlinge und vor allem »Vertragsarbeiter« im Osten Deutschlands. Eingesetzt wurden sie, ähnlich wie die »Gastarbeiter« im Westen, vor allem (oftmals im Drei-Schicht-Betrieb) zu einfachen Arbeiten, für die sich in der DDR kaum jemand finden ließ. Für die vietnamesische Regierung wiederum hatte das Abkommen den Vorteil, dass sich alle Vertragsarbeiter verpflichten mussten, 12 bis 16 % ihres Lohnes direkt an den vietnamesischen Staat abzuführen.

Solcherart doppelt ausgenutzt, stellte der Aufenthalt in der DDR dennoch insofern ein begehrtes Ziel dar, als dass die Möglichkeit bestand, für die Familie zu Hause den Lebensunterhalt bestreiten zu können. Schließlich lag Vietnam infolge des Krieges noch über Jahre ökonomisch am Boden, die DDR schien da mit ihren vergleichsweise hohen Löhnen ein echter Magnet. Aber auch darüber hinaus konnte man hier eine europäische Mentalität kennenlernen, eine Fremdsprache erlernen und sich organisatorische Fähigkeiten aneignen.

Kontakt zur einheimischen Bevölkerung, der über den beruflich notwendigen hinausging, wurde seitens der DDR-Behörden jedoch kaum gefördert. Viele der Vietnamesen stellten ihn trotzdem in Grauzonen her. Bei Teilen der Bevölkerung waren sie schließlich nicht nur auf Grund ihrer »Exotik« beliebt, die ermöglichte, etwas über die Welt »draußen« zu erfahren, ohne selbst hinausgehen zu dürfen. Vielfach konnte aus einem Kontakt zu Vietnamesen auch ein praktischer Vorteil entstehen: Denn da niemand in den DDR-Regierungsstellen auf die Idee gekommen war, dass die Arbeiterinnen und Arbeiter in ihren Wohnunterkünften anstatt zu schlafen zur Nebeneinkunft auch Jeans und andere begehrte Textilien herstellen würden, war es nicht verboten worden. Neben Kleidung gab es häufig noch einen kleinen Handel mit Westprodukten, so dass von den Verbindungen zwischen Westdeutschen und Vietnamesen beider Länder schließlich auch Ostdeutsche profitierten, die hier manch Spielkonsole oder Videorekorder erstehen konnten, die es in der DDR sonst nicht gab.[77]

»Integriert« waren diese Vietnamesen allemal, und zwar im Sinne der DDR. Diese erwartete politische Anpassung, also kritiklose Einhaltung jeglicher Regelungen und Bestimmungen bei gleichzeitiger Unterordnung gegenüber Autoritäten wie zum Beispiel Studienbetreuern, Wohnheim- oder Gruppenleitern. Widersetzte sich ein Ausländer den vertragsgemäßen Bestimmungen, konnte er problemlos gen Heimat zurückgeschickt werden. Kam es ganz gegen den Plan dennoch zu einer engeren ostdeutsch-vietnamesischen Bindung, so wurde der Wunsch nach Heirat und dauerhaftem Beisammensein vielfach zerstört: »Die Entscheidung über Anträge wurde schließlich oft auf Jahre hinausgezögert, in den meisten Fällen fiel das Ergebnis zuungunsten der Antragsteller aus. Denn ohne vorliegende Genehmigung zur Eheschließung wurde die Aufenthaltsgenehmigung nicht verlängert, so dass zahlreiche Partnerschaften zwangsweise getrennt wurden, ohne Aussicht, den Partner jemals wiederzusehen. Selbst wenn schon Kinder geboren waren und ein Elternteil (zumeist der Kindsvater) nach Vietnam zurückkehren musste, bestand kein Recht auf Familienzusammenführung.«[78]

Vietnamesisches Plattdeutsch

Vor 25 Jahren kam Nguyen Mank Tan nach Rostock und begrüßt mich folglich in breitestem Norddeutsch. »Deutsch hab ich schnell gelernt, ich bin ja kein Dummer, ne?!« Schließlich sei die Sprache ja auch für wirklich entscheidende Lebensbereiche wichtig. »In Deutschland gibt es schöne Mädchen, da muss man auch mal schöne Worte hinlegen und kann nicht nur mit Händen und Füßen gestikulieren!« Er selbst hat eine von den »Norddeutschen mit schwedischer Abstammung geheiratet, Sybille«. Sybilles Eltern waren erst nicht wirklich begeistert von dem neuen Vertragsarbeiter-Familienmitglied. »Das waren eigentlich nette Leute, aber ihre Tochter wollten sie nicht so sehen, das ist ja auch normal. Wenn meine Tochter einen Afrikaner heiraten wollte, würde ich vermutlich auch nicht gleich schreien: ›Hurra, das hast du toll gemacht!‹«

Inzwischen sind 20 Jahre vergangen, und »wir führen eigentlich eine ganz traditionelle Ehe, gehen arbeiten und zahlen Steuern.« Die Frau war es auch, die Tan in Deutschland hielt. Denn eigentlich war der Aufenthalt nur für fünf Jahre geplant. »Bei uns durften die besten zehn der Fachhochschule ins Ausland. Zur Wahl standen Ungarn, Russland und die DDR. Ich gehörte zu den Besten und habe mich für die DDR entschieden, schließlich fand ich die deutsche Geschichte schon immer interessant, nicht zuletzt auch wegen der Teilung des Landes.« 20 Jahre war der Vietnamese damals alt und wurde »in Rostock richtig gut empfangen. Ich hatte eigentlich Schwermaschinenbau gelernt und habe dann hier im Hotelfach gearbeitet. Das kam so, weil ich gerne nach Rostock wollte wegen des Meeres. Und hier hab ich dann oben im Hotel gewohnt, unten gearbeitet, und der Koch des Hotels war schon mal in Vietnam gewesen und wurde dann als unser Betreuer abgestellt.«

Das Leben sei nicht schlecht gewesen, zumal »man sich in der DDR keinen Kopf machen musste, ob der Job weg ist oder man kein Geld hatte«. Dennoch wäre der Vietnamese wohl vertragsgemäß wieder zurückgekehrt, wenn seine jetzige Frau 1986 nicht schwanger geworden wäre. »Und dann geht man natürlich nicht einfach.« Also wurden erstmal sämtliche Papiere besorgt, bis 1989 schließlich geheiratet werden konnte. »Ich habe damals 8000 Mark an den vietnamesischen Staat gezahlt, um hier bleiben zu dürfen. Deutsche verstehen das nicht, wie sowas möglich ist, aber es war so eine Art Ausbildungsabgabe, weil ich dann ja dort nie gearbeitet habe.« Selbst zu Besuch in der Heimat war Tan in den vergangenen 20 Jahren nur »zwei- oder dreimal. Eigentlich müsste ich dort jetzt auch öfter hin, da meine Mutter nun alt ist und ich als ältester Sohn mich kümmern müsste. Ich versuche das nun von hier aus so gut wie möglich zu organisieren.«

Seine beiden Kinder waren bislang lediglich zum Tet-Fest 2000 im Heimatland des Vaters. »Meine Tochter ist ein großer Schweden-Fan und möchte immer dorthin gehen. Ich fände es aber auch schön, wenn sie mal ein, zwei Jahre nach Vietnam ginge und die dortige Kultur kennenlernen würde.« Schließlich gäbe es dort genug Unterschiede zu entdecken. »Mein erster Eindruck hier von Rostock war ja etwas enttäuschend. Ich bin in der Millionenstadt Hanoi groß geworden, wo immer etwas los war. Am Sonntag zum Beispiel zog man sich fein an, ging spazieren und traf Leute, die man sonst die ganze Woche nicht gesehen hatte. Hier ist die Stadt sonntags oft wie ausgestorben.« Wie man sich Jahre darüber unterhalten könne, ob Geschäfte auch mal am Sonntag aufmachen dürften, könne er deshalb auch nicht nachvollziehen. »Man muss die Geschäfte aufmachen, wenn ein gutes Geschäft zu machen ist. Da muss man auch mal ein bisschen flexibel sein!«

Weniger flexibel ginge es dagegen bei vietnamesischen Familien zu. »Da gibt es so etwas nicht, dass man abends nach Hause kommt und die anderen haben schon gegessen. Da wird aufeinander gewartet.« Zumindest gab es das zu seiner Zeit nicht, auch in Vietnam ist die Zeit ja nicht stehen geblieben. »Aber wenn ich heute zu meinen Kindern sage, wie ich damals aufgewachsen bin, was ich habe machen müssen, dann komme ich natürlich nicht gut an.« In vielen Bereichen, so der 45-Jährige, sei er aber auch schon sehr deutsch geworden. »Ich sage jetzt oft gerade heraus, was ich denke. Das macht man in Vietnam bestimmt nicht!« Gerade heraus erzählt er auch, wie er die Ausschreitungen gegen das

Tan in den Räumen des Vereins »Diên Hông – Gemeinsam unter einem Dach e.V.« in Rostock

von Vietnamesen bewohnte Haus in Rostock-Lichtenhagen 1991 erlebt hat. »Du kannst hier auf die Straße gehen und irgendwelche Leute fragen, was sie von Vietnamesen halten. Die werden alle sagen: ›Das sind ruhige, friedliche Menschen, die hier ihr Leben leben.‹ Die Rostocker haben nichts gegen Vietnamesen!« Jahrelang habe man gut zusammen oder doch zumindest friedlich nebeneinander gelebt, bis dann eine größere Anzahl von Sinti und Roma direkt auf die Rasenfläche vor dem Wohnheim gewiesen worden seien. Es habe weder feste Unterkünfte noch Toiletten gegeben. »Die waren dann auf dem Rasen, den wir vorher jahrelang gepflegt und sauber gehalten haben, und benahmen sich auch sonst oft nicht so, dass man seine Kinder da in Ruhe vorbeigehen lassen mochte.« Tan selbst wohnte nicht mehr in Lichtenhagen, schließlich habe es dort Besuchszeiten gegeben, »und meine Frau musste dann um 22 Uhr raus. Deshalb hab ich mir eine eigene Wohnung gesucht. Das ging offiziell nicht, aber über einen Freund wurde es dann doch möglich.«

Die Ausschreitungen erlebte der Vietnamese somit nicht als direkt Betroffener. »Ein paar Tage später auf der Straße hat mir eine alte Frau plötzlich zehn Mark in die Hand gedrückt und gesagt: ›Kaufen Sie sich was Schönes!‹ Ich wusste gar nicht, was ich machen sollte, und konnte sie ja schlecht fragen, ob wir davon zusammen ein Eis essen gehen wollen.«

Obschon er selbst von den Ereignissen nicht direkt betroffen war, engagiert sich Tan inzwischen in dem Verein »Diên Hông – Gemeinsam unter einem Dach e.V.«. Ausgelöst von den ausländerfeindlichen Krawallen, setzt der sich seit 14 Jahren »gegen Rassismus und Ausgrenzung, für Gleichberechtigung und Annäherung zwischen Deutschen und Zugewanderten« ein.[79] Ursprünglich ein vietnamesischer Verein, treffen sich hier heute Menschen aller möglichen Nationalitäten und finden kompetente Ansprechpartner. »Diên Hông« setzt sich für die rechtlichen Belange der Migranten ein wie zum Beispiel die Anerkennung ihrer Arbeit durch das deutsche Rentenrecht; der Verein bietet eine umfassende Sozialberatung, die bis zur Erstellung von fremdsprachigen Broschüren mit Titeln wie »Beim Frauenarzt« reicht; er hilft bei der Arbeitsvermittlung und führt Sprachkurse sowie Weiterbildungsmaßnahmen durch.

Tan selbst bildet hier zusammen mit dem Geschäftsführer des Vereins, Michael Hugo, die Redaktion der vierteljährlich erscheinenden Broschüre »Vietnamesisch-deutscher InfoDienst Rostock-Viet Nam«. »Ich habe letztes Jahr angefangen, auch als Bildjournalist zu arbeiten«, erzählt der 45-Jährige stolz, immerhin sind schon mehrere seiner Fernsehbeiträge im vietnamesischen Fernsehen gelaufen. Außerdem ist da natürlich auch noch der Imbiss, den Tan 1991 mit seiner Frau eröffnet hat. »Der heißt ›Dierkower-Snack‹ nach dem Ortsteil und hat 30 Sitzplätze. Wir haben viele Stammkunden und bieten vor allem deutsche Gerichte an, da muss man sich ja anpassen. Nur die Nudelpfanne steht noch auf der Karte, die ich genau so mache, wie ich sie noch von zu Hause kenne.«

Irgendwann einmal wieder nach Vietnam zurückzukehren, scheint für den Journalisten, Übersetzer und Imbissbetreiber nicht möglich. »Auch wenn ich in vielen Dingen noch typisch vietnamesisch bin, melancholische Gedichte schreibe und traditionelle Musik über die Heimat höre, bin ich trotzdem der glücklichste Mensch der Welt: Denn ich habe die Vereinigung Vietnams und Deutschlands miterlebt!«

Ozeanien

Australier

Das Herkunftsland

Fläche: 7 692 030 km² (Weltrang: 6)
Einwohner: 19 195 000 (Weltrang: 52)
Hauptstadt: Canberra, 310 500 Einwohner
Sprachen: Englisch (Amtssprache), australische Sprachen
Bruttosozialprodukt je Einwohner: 20 240 $
Größe der Gruppe in Deutschland: 7879 (Minderheitenrang: 75)
Migrationsgründe: vor allem Arbeitsmigration und Familienzusammenführung
Religion: 68 % Christen (davon 27 % Katholiken und 22 % Anglikaner), 1 % Buddhisten, 1 % Muslime, Minderheit von Hindus, Juden, Anhängern von Naturreligionen

Känguruh-Kabarett

»The first you learn in Bavaria is: ›Grüß Gott‹, the first in Schleswig-Holstein is: ›Moin, Moin!‹, the first in Berlin: ›Das geht nicht!‹«, erläutert Kim auf der Bühne des »Comedy Club Kookaburra«. Einmal im Monat findet hier die »English Comedy Night« statt, bei der gerade heute so ziemlich alle Technikpannen schlecht träumender Kleinkünstler zur Realität werden. Kein Problem für den Besitzer des Lokals, der die Bühne stürmt, als gerade Kabel und Mikrofon getrennte Wege gehen und Techniker wie Künstler gemeinsam über die Bühne robben, um den Schaden zu beheben: »Look at me, I am exotic!« ruft er und entfaltet einen kreisrunden Lampion auf dem Kopf »I am from India!«

Auch im Publikum gibt es »Exoten«: Neben Briten, US-Amerikanern, Neuseeländern und Deutschen finden sich auch eine Syrerin und Ukrainer. Ich selbst bin mit Gaye gekommen, der Organisatorin des »Aussie-Stammtisches«. »Viele Australier sind ganz erschrocken, wenn sie hören, dass ich schon 21 Jahre hier bin«, erklärt Gaye und lacht. »Well, es ist eben so passiert. Geplant hatte ich das auch nicht.« Der Grund für ihr Kommen hieß Eckhard. Drei Monate zog es ihn per Rucksack durch das Känguruh-

Land, »und in der letzten Woche haben wir uns dann kennengelernt«. Gaye beschloss einen Gegenbesuch, »denn in Deutschland war ich zwar schon gewesen, aber noch nie in Berlin. Das war eine gute Gelegenheit.« Acht Monate später landete sie in Tegel, »es war August, und vom Flugzeug aus sah alles sehr grün aus, so viele Parks und Seen – ich war begeistert!« Aus Augenhöhe betrachtet, kamen dann zwar noch ein paar graue Häuser hinzu, die Liebe zum deutschen Rucksackträger hingegen blieb. Auch 21 Jahre später sitzt er noch neben seiner Sydneyer Urlaubsbekanntschaft.

Geheiratet wurde damals schnell, schon wegen der Aufenthaltsgenehmigung. »Als Australier kommt man hier problemlos mit einem Touristenvisum rein, das dann zwar irgendwann abläuft, aber ja von niemandem kontrolliert wird. Nur kann man damit eben nicht arbeiten.« Also musste Gaye ihr »Eheunbedenklichkeits-« sowie das »Ehefähigkeitszeugnis« besorgen, um dann den Nachbarn Besuch zu bescheren: »Die Ausländerpolizei ist kurz nach der Hochzeit zu unseren Nachbarn ins Haus gekommen und hat sich über uns erkundigt.« Offenbar war man sich im Treppenhaus einmal händchenhaltend begegnet, so dass ein weiterer Zahnbürstentest zum Ausschluss einer möglichen Scheinehe unterblieb.

Dass es für beide ein Daueraufenthalt in Berlin wurde, war indes nicht vorgesehen. »Wir haben zunächst immer gesagt, dass wir nach Australien gehen, wenn unsere Tochter geboren wird; dann, wenn sie zur Schule kommt; jetzt sagen wir: ›Wenn wir in Rente sind.‹ Aber sicher ist das nicht.« Denn schließlich würde ein Zurückgehen eine Art Rückschritt bedeuten. »Die Leute dort sind inzwischen auch alle 20 Jahre älter geworden, sonst hat sich nichts geändert. Es wäre keine neue Herausforderung.« Vorstellen können sie sich deshalb schon eher, in eine andere australische Stadt zu ziehen, »aber dann wäre meine Familie bestimmt beleidigt«, lacht sie, »die wohnen ja alle in Sydney und würden dann sagen, ›Jetzt bist du zurückgekommen und doch nicht da!‹«

Ein wirklicher Grund besteht aber auch nicht, wieder ans andere Ende der Welt zu ziehen. »Arbeit zu finden war hier nicht schwer. Es gibt ja immer Firmen, die englische Muttersprachler suchen.« Derzeit ist sie gerade bei einer deutsch-amerikanischen

Immobilienfirma tätig. »In Australien war ich Rechtsanwältin. Das macht sich im Lebenslauf gut, weil die Leute dann denken, ›Doof kann sie nicht sein.‹ Aber wirklich etwas damit anfangen kann man hier nicht, das Rechtssystem ist ja ganz anders.« Im Gegensatz zu manch Deutschem, dessen Bewerbung hier schon mal auf Grund eines nicht lückenlosen und vielleicht gar wenig stringenten Lebenslaufes erfolglos bleibt, akzeptierte man die australische Quereinsteigerin stets. »Ich bin wohl so fremd, dass man aufgibt bei dem Versuch, deutsche Maßstäbe anzulegen.«

Liebe und Arbeit gibt es also in Berlin, so dass kein Heimweh entsteht. »Seit es Internet gibt, ist es ja kein Problem mehr, den Kontakt zu halten. Ich lese manchmal den *Sydney Morning Herald* schon vor meiner Schwester, denn die kauft ihn ja am Kiosk, ich lese ihn schon in der Nacht vorher im Netz. Auch telefonieren ist ja viel billiger geworden. Ein Gespräch mit meiner Familie in Australien kostet inzwischen weniger, als wenn Eckhard mit seinen Verwandten in Bayern spricht.« Auch deshalb, meint Gaye, sei das Interesse am Aussie-Stammtisch zurückgegangen. »Früher haben wir uns jeden Monat getroffen, es kamen stets mindestens 20 Leute. Das wurden dann immer weniger, so dass wir beide zum Schluss manchmal alleine mit unserem Bier dasaßen. Und mit meinem Mann kann ich auch so was trinken, da brauchen wir keinen Stammtisch für.«

Also trifft man sich seit ein paar Monaten nur noch manchmal in der Botschaft. »Wir haben einen E-Mail-Verteiler, da gebe ich dann immer die Nachrichten weiter, wenn in der Botschaft vom Social Club zum Beispiel Spiele-Abende veranstaltet werden, bei denen man dann australischen Wein oder Ähnliches gewinnen kann. Dann kommen auch viele, weil das ja etwas Besonderes ist. Bier trinken kann man dagegen überall.«

Schließlich neigten die Australier ja auch nicht so zur Gruppenbildung. »Wir sind eigentlich keine Club-Menschen, die sich immer zusammenschließen wollen und unter sich bleiben.« Deutsche Freunde habe sie selbst hier allerdings auch nicht gefunden. »Bekannte, das ja. Aber richtige deutsche Freunde eher nicht. Das liegt vielleicht auch an der Sprache, denn im Deutschen muss ich mich immer noch konzentrieren. Da bin ich nicht so natürlich.« Auch mit ihrem Mann spreche sie bis heute nur Englisch, genauso wie mit der Tochter. »Die wächst zweisprachig auf und hat auch beide Staatsbürgerschaften. Mit der ›Southern Cross Group‹ haben wir auch durchgesetzt, dass man jetzt neben der australischen noch eine zweite Staatsbürgerschaft annehmen darf. Die Deutschen akzeptieren das leider nicht.«

Für die »Southern Cross Group« ist Gaye auch Repräsentantin hier in Berlin. Die Gruppe setze sich für die Interessen der Auslands-Australier ein und hat ihren »Stammsitz« im Internet. »Da kann man sich dann anmelden und sagen, dass man mitmachen will.« Ab und an werden dann auch lokale Veranstaltungen durchgeführt, bei denen zum Beispiel Anwälte über das Ausländerrecht des jeweiligen Landes referieren. »Ich bin ja nicht Deutsche. Wenn ich hier die Staatsbürgerschaft annehmen würde, müsste ich meinen australischen Pass abgeben. Nur wer von Geburt an beide bekommt, so wie meine Tochter, darf Australier bleiben. Für mich ist das doof, weil ich so nicht wählen kann. Ich habe keine Rechte!« In Deutschland mangels Pass, in Australien wegen zu langer Abwesenheit. Das deutsche Staatsbürgerschaftsrecht entsprechend zu ändern, wäre somit ihr größter Wunsch an die Politik.

Eine »richtige Deutsche« zu sein, denkt Gaye, kann man hingegen nie lernen. »Das sind so Phasen, die man im Ausland durchmacht bei der Integration. Erst ist man beschäftigt, die Sprache zu lernen, Arbeit zu finden, herauszubekommen, wie alles funktioniert. Dann denkt man sich: ›Ich mache doch jetzt alles, wie die Deutschen, warum bin ich nicht deutsch?‹ Und dann merkt man irgendwann, dass man in mancher Hinsicht immer anders bleiben wird – und dass das auch nicht schlecht ist!« Schließlich sei so das Deutsche für sie bereichernd. »Und ich bereichere hoffentlich auch die Deutschen!«, sagt sie lachend. An denen gäbe es neben der schon sprichwörtlichen Unfreundlichkeit im öffentlichen Leben nur eine wirklich nervende Sache: »Diesen Satz: ›Lass mich bitte ausreden!‹ Ich hasse das und frage: Warum? You are talking crap!« – Du redest einfach Unsinn.

Aussiedler

Vor 1939 lebten außerhalb der Grenzen des Deutschen Reiches in fast allen osteuropäischen Ländern Deutsche, insgesamt schätzungsweise 8,6 Millionen. Weitere 9,5 Millionen waren in den damaligen Ostprovinzen (Ostpreußen, Schlesien, Pommern und Ostbrandenburg) zu Hause, die nach dem Zweiten Weltkrieg an Polen fielen. Da sie von ihren Heimatländern als mitverantwortlich für die Politik der Nationalsozialisten und somit auch für den Zweiten Weltkrieg betrachtet wurden, erlebten sie nach 1945 Vertreibungen, Deportationen und Entrechtung.

Seit 1950 kamen deshalb über vier Millionen Aussiedler in die Bundesrepublik Deutschland. Bis zum Ende der 80er Jahre gelang ihre Integration weitgehend erfolgreich, seit dem Beginn der 90er Jahre kommt es zu Schwierigkeiten, die zum einen in der wirtschaftlichen Verschlechterung Deutschlands liegen, zum anderen auch an den weniger guten Voraussetzungen auf Seiten der Aussiedler, die heute zum Beispiel oftmals kaum noch Deutsch können.

Um den Zuzug zu begrenzen, wurde 1993 das Kriegsfolgen-Bereinigungsgesetz beschlossen. Kriegsfolgen lassen sich leider nicht per Gesetz bereinigen, weshalb durch die neue Regelung lediglich eine Neudefinition der im Osten lebenden Deutschstämmigen erfolgte. Galten bis dato alle Angehörigen deutscher Minderheiten in Osteuropa als vom Kriegsfolgenschicksal betroffen, musste nun jeder Antragsteller individuell sein Kriegsfolgenschicksal nachweisen. Ausgenommen von dieser Regelung waren lediglich die Deutschen aus den ehemaligen Staaten der Sowjetunion – diese stellen seit 1993 mit über 90 % der Aussiedler die dominante Gruppe.[80] Auch sie müssen jedoch seit 1996 an einem Deutschtest teilnehmen, bei dem sich jedoch das Familienmodell für sie als hilfreich erweist. Denn auch mit Test kann die Mehrheit der einwandernden Deutsch-Russen kein Deutsch – denn die Prüfung muss nur der »Statusträger« bestehen. Dabei kann es sich um einen 70-Jährigen handeln, der dann mit einer vielköpfigen Familie einreist. Das Wort »Statussymbol« kann also in Zusammenhang mit Deutsch-Russen als neu definiert betrachtet werden!

Eigentlich gibt es »die« Aussiedler nicht. Schließlich unterscheiden sie sich nicht nur nach ihren Herkunftsländern, sondern auch nach ihrer dort erlebten Geschichte. Während manche noch aus den alten deutschen Siedlungsgebieten im Osten kommen, haben andere Vorfahren, die zwangsumgesiedelt oder deportiert wurden. Auch Grad und Art der Unterdrückung als »Deutsche« gestalteten sich sehr verschieden, was sich meist an den Deutschkenntnissen ebenso wie am mitgebrachten Deutschlandbild ablesen lässt. Unter den Begriff »Aussiedler« können also ganz unterschiedliche Lebensgeschichten fallen wie zum Beispiel Familien aus Siebenbürgen in Rumänien, die auf eine Jahrhunderte umfassende Siedlungstradition zurückblicken; Deutsch-Polen, die sich in der Nachkriegszeit bewusst auf die polnische Seite geschlagen haben, um der Vertreibung zu entgehen; Deutsch-Russen, die zunächst vom Schwarzen Meer zum Zwecke der »Germanisierung« ins »Warthegau« umgesiedelt worden waren, Richtung Deutschland flohen, in die Sowjetunion »repatriiert« wurden, wo sie die Deportation nach Kasachstan erwartete – und viele andere Einzelschicksale mehr.[81]

Allen gemein ist jedoch, dass sie bei ihrer Ankunft in der Bundesrepublik das Recht auf einen deutschen Pass erhalten, also keine »Ausländer« sind.[82] Trotzdem befinden sie sich de facto in einer echten Einwanderungssituation. Immerhin kommen sie aus einem grundverschiedenen politisch-ökonomischen System, in dem Mentalität und Sozialverhalten nicht mit jenem in der Bundesrepublik zu vergleichen sind. Vom Schlangestehen vor leeren Geschäften bis zur überbordenden Gastfreundschaft haben diese Aussiedler die ganze Palette sowjet-sozialistischen Mentalitätstrainings mitgemacht.

Anstatt nun also endlich den Traum des Lebens »als Deutscher unter Deutschen«[83] leben zu können, sind die Aussiedler hier plötzlich wieder Fremde: »Dort war ich Deutsche, hier auf einmal Russin – ich weiß auch nicht, wie mir das auf der kurzen Reise passieren konnte!«, erklärte mir eine meiner Interviewpartnerinnen. In der Bundesrepublik gelten die mitgebrachten Überzeugungen und Orientierungslinien zumeist als überholt. Die Stellung von Mann und Frau in Familie und Gesellschaft ist eine andere, Erziehungs- und Glaubensfragen werden anders beantwortet. Auf besonderes Interesse für ihre Werte oder gar eine Flexibilität des aufnehmenden Systems können die Aussiedler auch nicht hoffen. Denn schließlich spricht man im heutigen Deutschland nicht nur gern von Reformstau und verkrusteten Strukturen – auch die Umgangsformen scheinen mit dem Beton eines seit Jahrzehnten vor-sich-hin-werkelnden Landes ausgegossen: Anders als unmittelbar nach dem Zweiten Weltkrieg, wo sich Vertriebene, Flüchtlinge, rückkehrende Kriegsgefangene, Ausgebombte und Evakuierte zu einer gegenseitigen Integration aufschwangen, treffen jene Deutschen, die besonders lange unter den Folgen einer Diktatur zu leiden hatten, nun auf ein festes Sozialgefüge. Sie sind in den Augen ihrer neu gewonnenen Landsleute schlicht die Fremden und haben sich anzupassen.

Genau geregelt ist ebenfalls, wer als Spätaussiedler oder Spätaussiedlerin gilt. So liest man in § 4 des Bundesvertriebenengesetzes über die zu erfüllenden Voraussetzungen: »Sie müssen insbesondere deutscher Volkszugehörigkeit im Sinne des § 6 Bundesvertriebenengesetz sein. Hierzu zählt, wer sich in seiner Heimat zum deutschen Volkstum bekannt hat und dieses durch bestimmte Merkmale wie Abstammung, Sprache, Erziehung und Kultur bestätigt wird. Personen, die nach dem 31. Dezember 1923 geboren sind, sind deutsche Volkszugehörige, wenn sie von mindestens einem Elternteil mit deutscher Staatsangehörigkeit oder Volkszugehörigkeit abstammen.«[84]

Sollte ein Aussiedler zum Beispiel kein Deutsch können und sich nicht »zum deutschen Volkstum« bekannt haben, »jedoch auf Grund der Gesamtumstände der Wille unzweifelhaft ist, der deutschen Volksgruppe und keiner anderen anzugehören«, kann er dennoch berechtigt auf Anerkennung hoffen. Dieser »Wille, der deutschen Volksgruppe und keiner anderen« angehören zu wollen, ist als Grundlage für die Zuerkennung der deutschen Staatsbürgerschaft auch deshalb bemerkenswert, da Aussiedler den Adler problemlos als zusätzlichen Pass beantragen können: »Auch wenn Sie Aufnahme in der Bundesrepublik Deutschland gefunden und die deutsche Staatsangehörigkeit erworben haben, werden Sie

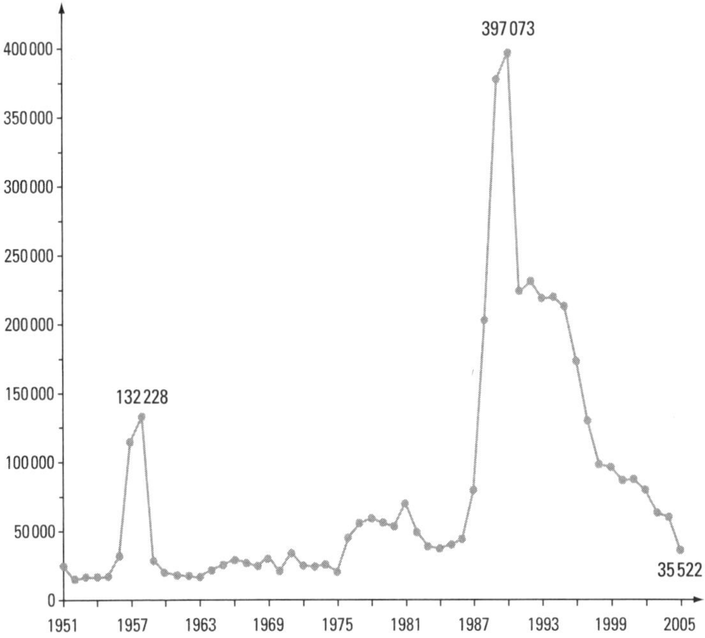

Zuzug von Aussiedlern[85]

in der Regel weiterhin die Staatsangehörigkeit Ihres Herkunftslandes besitzen«, gibt das Bundesinnenministerium den Neuankömmlingen mit auf den Weg.[86] Im Gegensatz zu anderen Zuwanderergruppen, bei denen auch nach Jahren der Diskussion der Wunsch nach einer möglichen doppelten Staatsbürgerschaft beinahe als Verrat an der Gastgesellschaft betrachtet wird, scheint die Problematik der doppelten Zugehörigkeit bei Spätaussiedlern in den Augen deutscher Behörden nicht halb so gefährlich.

Stattdessen wird den Neuankömmlingen erst einmal in einem vom Innenministerium herausgegebenen »Wegweiser« erklärt, wie Marktwirtschaft funktioniert: »Das Waren- und Dienstleistungsangebot in Deutschland ist fast unüberschaubar groß und vielfältig. So werden beispielsweise einige hundert Brotsorten und über Tausend Wurstsorten angeboten. (...) So angenehm es auch ist, aus einer Vielzahl von Artikeln auswählen zu können, so hat die Angebotsfülle auch Nachteile. Sie müssen beim Kauf nicht nur die unterschiedliche Qualität berücksichtigen, sondern auch Preisvergleiche anstellen, denn ein und derselbe Gegenstand wird nicht in allen Geschäften zum gleichen Preis angeboten.«[87] Der neue Spätaussiedler solle sich im Zweifel an die Stiftung Warentest wenden und immer das Kleingedruckte in Verträgen lesen.

Ähnlich wenig vertrauenerweckend wie deutsche Vertragsangebote an Haustüren (eher nicht unterschreiben!) sind allerdings auch russische Führerscheine: Dürfen etwa Polen, Slowaken, Tschechen und Ungarn innerhalb der ersten drei Jahre nach ihrer Einreise ihren Führerschein in Deutschland umschreiben lassen, braucht der Russe sowohl eine theoretische als auch praktische Prüfung – sicher ist sicher!

Ob mit oder ohne Führerschein, mithilfe eines Statussymbols »Opa mit Deutschkenntnissen« oder als stolze, deutsche Siedlerfamilie – insgesamt gelangten seit 1950 über vier Millionen Aussiedler nach Deutschland und stellen so die mit erheblichem Abstand größte Zuwanderergruppe dar.

Kasachen

Sehnsucht nach der Heimat

»Ich hoffe, dass Sie mich überhaupt verstehen können«, sagt Lidia Serdukow gleich zu Anfang, »schließlich hab ich bis vor einem Jahr noch in Kasachstan gelebt, und wir reden da anders und haben viele andere Worte als hier.« Sie ist schüchtern, ohne Frage, nach einem Jahr als »Deutsche unter Deutschen«. Schließlich hatte sie sich alles ganz anders vorgestellt im fernen und fremden »Heimatland« und sagt heute, »wenn ich gewusst hätte, wie es hier ist, wäre ich wohl nicht gekommen.« Schließlich hatte Serdukow schon ein ganzes, schweres Leben hinter sich, das auch gern entspannt und friedlich hätte auslaufen können.

1941 in Stawropol geboren, wurde die Familie sieben Tage später ausgesiedelt nach Kasachstan. »Das Leben war schwer. Der Krieg war da, nach dem Krieg war der Hunger. Die anderen Leute dort hatten einen Garten, eine Kuh. Wir hatten nichts mitnehmen können, nur etwas zum Anziehen.« Der Vater noch an der Front und später in Gefangenschaft, versucht die Mutter ihre bis dahin

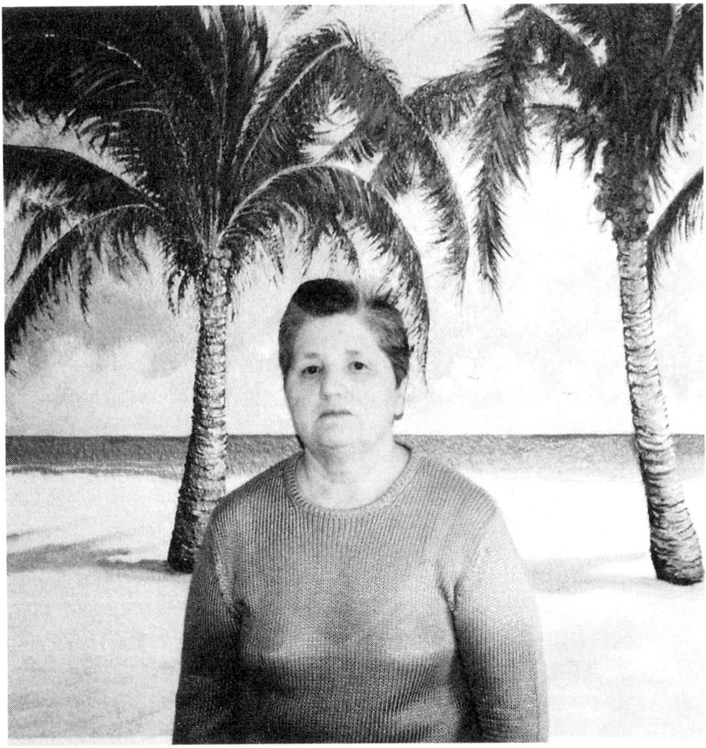

Lidia Serdukow ein Jahr nach ihrer Ankunft in Deutschland

drei Kinder irgendwie über die Runden zu bringen. »Wir haben oft Gras gegessen. So sind wir am Leben geblieben. Gras ist ja sehr gesund.« 1946 kam dann der Vater zurück und mit ihm ein zumindest etwas besseres Leben – es gab zu Essen. »Es kamen dann noch zwei Geschwister nach dem Krieg, wir sind zur Schule gegangen im Winter und im Sommer zur Feldarbeit. Im Winter war es kalt, -30, -40, manchmal sogar -50° C, und wir hatten wenig zum Anziehen und oft keine Schuhe.«

Im Dorf waren nur drei Familien deutsch und bei den anderen nicht gerade gern gesehen. »Die Menschen haben ja gedacht, dass wir den Krieg gemacht haben, die haben ja nicht gewusst, dass wir Leute sind, gerade so wie sie!« Das Geld war auch nach ein paar Jahren noch knapp. »Ich habe dann nach der 7. Klasse angefangen zu arbeiten. Ich war Putzfrau, habe auf die Kinder anderer Leute aufgepasst und so allerlei Arbeiten ausgeführt. Zur weiterführenden Schule gehen konnte ich nicht, denn die war in einem anderen Ort, da hätte ich leben müssen und die Leute natürlich auch bezahlen, damit ich da wohnen darf. Dafür hatten wir kein Geld.«

»Bis ich 18 war, lebte ich zu Haus, dann hat mir meine Schwester gesagt, ich soll zu ihr in die Stadt kommen.« Denn die Schwester hatte inzwischen Arbeit in einer Bäckerei gefunden. »Da habe ich Brot machen gelernt, es verkauft und den Laden sauber gehalten.« Der Ort hieß Schantobe und gehörte zu Kasachstans Bergarbeiterstädten. »Vor der Stadt haben die Männer Uran von unter der Erde geholt. Mein Mann und mein ältester Sohn auch. Ich habe immer Angst gehabt, dass die Erde herunterfällt und sie nicht mehr herauskommen.« Geheiratet hatte Serdukow einen Kasachen, so dass zu Hause nur Russisch gesprochen wurde. »Dort gab es ja auch sonst keine Deutschen außer meiner Schwester.« Drei Kinder bekam sie und lebte in der neuen Stadt ganze 48 Jahre. »Die Zeit nach der Perestrojka hat das Leben dann schwer gemacht. Arbeit war da, aber gab hat viele Monate keinen Lohn; die Renten wurden nicht bezahlt. Wir hatten Rüben, Kartoffeln, Kraut, Äpfeln und anderes Gemüse im Garten und haben dann für den Winter auch Tomaten und Gurken eingemacht.«

Irgendwie überlebte man so einigermaßen; das Ohr gen Deutschland war aber offen. »Meine Schwester war nach Rostock gegangen und hat mir Briefe geschrieben, hier brauche man nicht so schwer zu arbeiten. Das ist ja auch richtig so. Und dann habe ich die Papiere beantragt, das hat viereinhalb Jahre gedauert, bis die kamen. Und inzwischen war die Lage in Kasachstan viel besser.« Schließlich habe sie ihre Rente nun wieder pünktlich bekommen, genauso wie der Mann, sie hatten eine schöne Wohnung, einen Garten, eine Gans, Hühner und eine Kuh, »und mein Mann ist immer zum großen See vor dem Ort gefahren und hat geangelt, große Fische, die ich dann auf dem Markt in der Stadt verkauft habe. Wir hatten immer Geld und es ging uns gut.«

Die Schwester habe aber gedrängt, sie sollten doch endlich kommen. »Ich glaube manchmal, sie fühlte sich hier einfach allein.« So packte die Familie schließlich ihre Koffer. »Meine Tochter ist auch mitgekommen und mein Sohn mit seiner Frau – aber mein anderer Sohn konnte nicht mit.« Eine Frau mit Kind hatte der geheiratet und bekam nicht rechtzeitig die Adoptionsbescheinigung von den russischen Behörden, so dass er das Kind nicht hätte mitnehmen können und somit zurück in Russland blieb, wo er derzeit arbeitet. »Im Lager in Berlin-Marienfelde habe ich dann gefragt, ob er später noch nachkommen kann, aber die Beamten haben gesagt, nun ist es zu spät, und ich kann ihn nicht holen. Mir bangt es so sehr um ihn!«

Nicht nur den Sohn hat Serdukow zurückgelassen, auch alles andere Gewohnte. »Hier sitzt man immer allein zu Haus. Ich besuche meine Schwester, und sie besucht mich, aber sonst ist man immer allein. In Kasachstan hatte ich so viele Bekannte. Wenn man mit den Leuten 50 Jahre gelebt hat, hat man sich lieb gewonnen. Ich sehne mich so sehr nach daheim!« Zurückgehen könne sie aber auch nicht. »Wir haben ja die Wohnung verkauft und mussten die Möbel dalassen, die konnten wir nicht mitnehmen, und die Leute wussten das, so dass wir sie nicht gut verkaufen konnten. Wenn ich jetzt wieder zurückgehen würde, müsste ich eine neue Wohnung und alles neu kaufen. Dafür haben wir kein Geld, wir mussten ja die Reise bezahlen und den teuren Ausreise-Zoll.« Schließlich hätten sie viel mitgenommen, »auch Geschirr, wir wussten ja nicht, dass man das hier so einfach und billig kaufen konnte, und wir mussten an der Grenze für alles bezahlen, ich verstehe nicht warum, nur weil wir nach Deutschland wollten.«

Auch die anderen der Familie haben keinen wirklichen Anschluss an die neue Gesellschaft gefunden. »Meine Tochter hat in Kasachstan mit armen Leuten gearbeitet, das war so etwas wie hier das Sozialamt, ein guter Posten. Hier hat sie den Sprachkurs gemacht und findet nun keine Arbeit. Wenn ein Mensch jung und gesund ist, muss er arbeiten und kann nicht zu Hause sitzen. Das geht nicht.« Auch Sohn und Schwiegertochter haben größte Probleme, nur ihr Mann »bangt sich nicht so, der geht angeln, Wasser gibt es hier ja genug«.

Für Serdukow selbst ist nun »der größte Traum, einmal zurückzufahren auf Besuch. Nochmal das Leben dort zu sehen – und meinen Sohn. Wenn auch nur als Tourist.«

Deutsch und fremd

Seit Tagen berichten die Medien von nichts anderem als der »sibirischen Kälte«, die Ostdeutschland fest im Griff habe, als ich entsprechend stark vermummt die Pension der Dawidows betrete. Den Namen hätten sie bei der Ausstellung des deutschen Passes schreiben können wie sie wollen, sagt Dawidow, »und mir gefiel es mit dem doppelten W am besten.« Immerhin stehen in der Vitrine am Eingang keine Zigarettenschachteln sondern Schmuckkästen mit russischem Tee, Samowar, Krimsekt und Wodka. »Sowas bringen unsere Gäste mit«, sagt er, während ich mich über den typischen Hintergrund fürs Foto freue. Denn eigentlich sind die Dawidows zwar Deutsche, irgendwie ja aber auch Russen.

Wohl kaum jemanden traf diese Fremdzuschreibung so überraschend, wie die Aussiedler, die ein Leben lang in Russland Deutsche waren – nur um anschließend hier zu Russen zu werden. »Ich hatte in meinem Pass ›Nationalität: Deutsch‹ stehen«, erklärt Lili, mit der ich in einen der hinteren Räume ihrer Pension gehe, um eine ihrer kurzen Pausen für ein Gespräch zu nutzen. »Ich bin mal von einem russischen Beamten gefragt worden, ob ich lieber ›Russe‹ stehen haben würde, aber da hab ich geantwortet, dass keiner meiner Verwandten Russe ist und ich mit denen also gar nichts zu tun habe.« Ihre Großeltern väterlicherseits seien als Wolgadeutsche nach Kasachstan »abgeschoben worden, die sprachen Russisch nur mit Akzent.« Die beiden mütterlicherseits kamen nicht einmal so weit, »der Großvater von Muttis Seite ist irgendwo im Krieg verschwunden, der war ja auch Deutscher, und Großmutter starb auch früh«.

Nicht nur als Deutscher verschwand man zu jener Zeit leicht, auch das Deutsche wurde unterdrückt. »Der Pfarrer hat in Privathäusern auf Deutsch gepredigt, sonst war das ja auch verboten.« In ihrer Schule gab es nur Englisch als Fremdsprache, so dass die 44-Jährige, wie viele ihrer Alterskollegen, kaum etwas verstand von ihrer »Muttersprache«, denn »die Eltern haben ja den ganzen Tag gearbeitet, die hatten keine Zeit, uns auch noch Deutsch beizubringen.« Immerhin habe es in ihrem Städtchen Taldy Korgau viele Deutsche gegeben, »das schweißt zusammen«, zumal der Druck von außen auch in den 70er und 80er Jahren noch spürbar war: »Stand im Pass ›Deutscher‹, hieß es gleich: ›Faschist!‹«

Die Dawidows in ihrer Berliner Pension

Zum Studium verließ Lili diese Enklave und ging ins sibirische Nowosibirsk. Dort lernte sie ihren Mann kennen, »der Russe ist, aber immer schon für alles Deutsche schwärmte und viel besser die Sprache konnte als ich.« Die beiden schlossen ihr Bauingenieur-Studium ab, arbeiteten einige Jahre am Baikalsee und gerieten dann unversehens in den Auswanderungsstrudel. »Meine Tante war 1988 in Deutschland als Erbin gesucht worden und nach Berlin gekommen. So hatten wir eine Möglichkeit hinterherzuziehen.« Die Eltern hätten ein schönes Haus und eine gute Arbeit in Kasachstan gehabt, »aber unseretwegen, also um den Kindern eine bessere Zukunft zu ermöglichen, haben sie sich dann entschlossen, alle zusammen nach Deutschland zu gehen.«

Sechs Jahre später erreichten Eltern, Geschwister und Familien das inzwischen wiedervereinigte Deutschland und erlebten zunächst einmal eine Überraschung. »In Kasachstan heißt es, alle Deutschen seien pünktlich, sauber und ordentlich. Das waren dort auch alle. Aber hier habe ich bemerken müssen, dass nicht alle Deutschen so sind. Das war eine schlimme Erfahrung, schließlich war ich doch eigentlich immer stolz darauf gewesen, Deutsche zu sein.«

Beruflich ging die Integration da schon schneller. »Wir haben eine Weiterbildung bekommen, und mein Mann ist schon während des Praktikums übernommen worden und hat dann gut verdient.« Sie selbst beließ es eine Weile bei einer Halbtagsstelle, da, kaum in Deutschland angekommen, ein anderer großer Wunsch in Erfüllung ging: »Wir waren 15 Jahre verheiratet – ohne Erfolg.« Kein Arzt oder Heiler habe in Kasachstan einen Rat gewusst – hier in Berlin habe ein einziger Praxisbesuch geholfen. »Ich sollte ein paar Tabletten nehmen, und schon kam Emil! Alexandra kam dann knapp zwei Jahre später spontan hinterher.« Schon deshalb habe sie nie bereut, nach Deutschland gekommen zu sein, strahlt die inzwischen zweifache Mutter. »In Kasachstan hätten wir vielleicht nie Kinder bekommen.«

Schließlich ist Familie wichtig. Als ich frage, ob sie hier Freunde gefunden habe, antwortet Lili, »meine Schwägerin ist meine Freundin. Da haben wir auch einen Vorteil, wenn viel zu tun ist, hilft man sich untereinander, kann sich aufeinander verlassen«. Der Zusammenhalt sei größer als in hiesigen deutschen Familien, zusätzliche Freunde brauche es da eigentlich nicht. Schließlich sei ja auch die Zeit inzwischen sehr knapp. »2003 haben wir uns selbstständig gemacht mit dieser Zimmervermietung. Wir haben fünf Wohnungen zu einer Pension umgebaut. Seitdem gibt es sehr viel zu tun, und wir fahren auch nicht mehr in den Urlaub.« Die Ferien davor verbrachte das Ehepaar allerdings auch nicht in Kasachstan: »Wir sind nie wieder zurückgegangen. Warum auch. Meine Schwiegermutter besucht uns hier, das ist praktischer, und meine Familie lebt komplett in Berlin.« Vielleicht würden sie in zehn Jahren einmal, wenn die Kinder groß seien, mit ihnen an den Baikalsee fahren, »damit sie sehen, wo mein Mann und ich da gearbeitet haben.«

Mit Kasachstan hat Lili ganz abgeschlossen, selbst die Staatsbürgerschaft hat sie freiwillig zurückgegeben. »Da musste man sogar 100 DM bezahlen, um rausgelassen zu werden, und inzwischen ist das noch teurer«, erklärt sie leicht empört. Auf meine Frage, warum sie denn unbedingt habe »austreten« wollen, wo doch so viele Menschen gerne eine doppelte Staatsangehörigkeit haben wollten, antwortet sie, die Beamten hätten ihnen gesagt, dass der deutsche Staat nicht viel für sie tun könne, sollten sie als Doppelstaatler im Ausland in Not geraten, »und außerdem: Wofür brauche ich den kasachischen Pass? Das hat keine Logik!«

Die Zukunft liege für die Dawidows eindeutig in Deutschland. »Meine Kinder verstehen zwar noch Russisch, sprechen aber nicht mehr richtig. Denen geht es jetzt so wie mir mit meinen Eltern – es fehlt einfach die Zeit, ihnen das beizubringen.« Stattdessen hätten die Kinder viele deutsche Freunde. »Mein Sohn hat zu seinem Geburtstag am Montag zehn Kinder eingeladen,« erzählt Lili leicht seufzend und sieht sich wohl innerlich schon der tobenden Meute hinterherräumen. Zumindest Emil und Alexandra scheinen als richtige Deutsche anerkannt zu werden.

Polen

Anstehen Richtung Deutschland

»Bei meinem ersten Berlin-Besuch habe ich fast nichts von der Stadt mitbekommen«, erklärt Peter. »Wir waren von meinem Großonkel eingeladen worden, sind den ganzen Tag durch Berlin gelaufen und das Einzige, an was ich denken konnte, war die angerissene Sehne in meinem Fuß!« 1978 war das – und Peter bzw. die fehlende Chance, hier einen Arzt aufzusuchen, der Grund, warum die Tour ganz anders ausging, als von der Mutter geplant: »Sie hatte sich sehr gut vorstellen können, hier zu bleiben, aber weil ich die ganze Zeit gejammert habe, dass ich nach Hause will, waren wir ein paar Tage später eben wieder in Katowice.«

Dort waren die Großeltern auch nach 1945 geblieben, »weil mein Opa von den Russen für drei Jahre ins Arbeitslager gesteckt worden war und meine Oma nicht einfach ohne ihn nach Deutschland gehen wollte«. Nach seiner Entlassung war dann der Zug gen Westen für die Familie abgefahren, »denn er war Facharbeiter und hat mehrere gute Erfindungen gemacht, so dass ihn die Polen nicht gehen lassen wollten.«

So blieb die Familie also und zählte fortan zur schlesischen Minderheit des Landes, denn »Deutsche gab es in Polen offiziell nicht, da war immer nur von Schlesiern die Rede.« Deutsch sprach auch kaum noch jemand. »Meine Oma hat zwar versucht, mir das beizubringen, aber ich war damals nicht so richtig sprachinteressiert. Ich wusste nicht, wozu ich das brauchen sollte, und hatte dann keine Lust, es zu lernen.« Die kam erst ein paar Jahre später bei der Arbeit als Schweißer. »Da gab es immer irgendeinen Einstand oder ein Fest oder auch nur den Feierabend – jedenfalls einen Grund zum Saufen. Und ich hatte eigentlich gedacht, ›Das hast du mit 16, 17 Jahren gemacht, das kennst du, und es hat dir nicht gefallen‹ und wollte da nicht immer mit einem Wodka herumstehen. Aber wenn du in Polen nicht trinkst, kommst du nicht weit. Ich habe da einfach von der Mentalität nicht hingepasst«, sagt der 36-Jährige und betrachtet die Zitronenscheibe in seinem Cola-Glas.

Also schlug er der Familie 1988 vor, doch zusammen nach Berlin zu gehen. »Ich habe nicht lange überlegt und mir große Vorstellungen gemacht, was mich erwartet. Da bin ich nicht der Typ für. Bei mir ist das so, wenn ich eine Idee gut finde, dann mache ich das und plane nicht vorher schon mit allen Unwägbarkeiten.« Und die Idee hieß »Weg aus Polen!«

Während der Vater vorerst blieb, um die Wohnung aufzulösen und ein von staatlicher Seite freies Geleit zu ermöglichen, machte sich Peter samt Mutter und Großmutter auf nach Berlin. »Wir sind dann in den frühen Morgenstunden hier angekommen, haben unsere Sachen beim Großonkel abgestellt und sind gleich zur Aufnahmestelle nach Marienfelde. Schließlich wollte der Onkel uns nicht bei sich zu Hause haben. Er meinte, dass wir noch am selben Tag eine Notunterkunft finden müssten, weil er uns sonst nie wieder los würde.« Eine berechtigte Sorge, wie die drei im

Peter Brinkner

Chaos der eigens für Aussiedler angelegten Sammelstelle feststellen mussten: »Wir haben da fünf Stunden angestanden und uns beinahe mit den anderen um den entsprechenden Übernachtungsstempel geprügelt.« Mit Erfolg, so dass alle drei mit ein paar anderen in einer umgebauten Küche ihre erste Nacht in der neuen Heimat verbrachten, »mit dem Lichtschalter auf dem Flur, so dass es immer an und aus ging, wenn jemand vorbeikam«. Dank des energischen Einsatzes der Großtante, »die immer gerufen hat, ›Hier kommt eine gebrechliche Frau, lassen Sie uns vor!‹ und sich an allen mit meiner Oma am Arm vorbeidrängelte,« fanden die drei schon am nächsten Tag eine Wohnung in einem Aussiedlerheim.

Von dort startete man dann in eine anstrengende Zeit: »Morgens haben wir immer in Marienfelde angestanden. Da waren Außenstellen von allen möglichen Ämtern, Sozialamt, Arbeitsamt, Wohnungsamt und so weiter, und man bekam eine Art Laufzettel, wo man sich Stempel draufdrücken lassen musste. Da passierte es regelmäßig, dass man dann wieder fünf Stunden angestanden hatte, endlich drankam und dann festgestellt wurde, dass man für diesen Stempel erst noch den einer anderen Stelle benötigte.« Am Nachmittag gingen Mutter und Sohn gemeinsam zum Deutschkurs. »Da habe ich auch nicht gewusst, worauf ich mich einlasse, aber wir haben das dauernde Beisammensein doch irgendwie durchgestanden.« Nach und nach klappte es mit dem Deutschen besser, was bei den Ämterbesuchen jedoch nicht nur von Vorteil war: »Ich habe dann angefangen zu verstehen, was meine Oma den Leuten immer erzählt hat, das war immer dieselbe Geschichte, wie sie als junge Frau mit drei kleinen Kindern aus ihrer Wohnung geworfen wurde. Und das war sicher sehr tragisch, aber die Leute wollten das eigentlich nicht hören, die wollten nur sehen, ob sie einen Stempel setzen konnten, um dann schnell den nächsten abzuarbeiten, aber meine Oma hat immer ihre Geschichte erzählt – und die war lang.«

Seine eigene Geschichte mochte Peter den ausgelagerten Arbeitsamtmitarbeitern indes nicht erzählen: »Ich hatte ja zuerst Automechaniker gelernt, obwohl ich doch von Autos überhaupt gar keine Ahnung hatte und nie in der Lage gewesen wäre, wirklich ein Auto zu reparieren. Über Beziehungen bin ich dann an die zweite Lehre als Schweißer rangekommen. Und hier in Deutschland wollten die mich nun natürlich in eine Autowerkstatt vermitteln.« Da selbst eingestandene Unfähigkeit ein schlechtes Licht auf den Gesellen wirft, behauptete der Neudeutsche, aus gesundheitlichen Gründen nicht in einer Autowerkstatt arbeiten zu können. »Dann haben sie mich vor die Wahl gestellt, ob ich Werkzeugmacher oder Feinmechaniker lerne. Das ist ja fast dasselbe, und Lust hatte ich zu keinem, aber ›Feinmechaniker‹ klingt einfach besser, und so habe ich mich dafür entschieden.« Nach drei Jahren war die Lehrzeit erfolgreich herumgebracht, nur hatten in der Zwischenzeit alle Betriebe Pleite gemacht, bei denen ein gut klingender Feinmechaniker auch Anstellung hätte finden können. »Also wurde ich erstmal arbeitslos und hatte dann noch einmal riesiges Glück«, lacht er, »ich wurde noch mit 24 Jahren zum Zivildienst eingezogen.«

Mehrfach vorgestellt, nahm ihn schließlich die Innere Abteilung eines Krankenhauses. »Ich habe erst später erfahren, was andere Zivildienstleistende da so machen müssen – ich selbst habe am zweiten Tag Blutdruck messen gelernt, bin immer mitgelaufen bei der Visite, habe Betten gemacht, Verbände gewechselt, bei ärztlichen Untersuchungen assistiert, Spritzen gegeben und vieles mehr.« Das Leben als ziviler Krankenpfleger inklusive Arztaufgaben gefiel dem Einwanderer, so dass er sich anschließend für eine vierte Lehre und anschließende Anstellung bewarb. »Leider suchte damals nur eine psychiatrische Abteilung in Berlin einen Krankenpfleger, und da wollte ich natürlich auf gar keinen Fall hin. Aber man muss nehmen, was man kriegen kann. Also habe ich mich dort vorgestellt und gemeint, ich hätte mein ganzes Leben davon geträumt, einmal in der Psychiatrie arbeiten zu dürfen.« Der Traum ging in Erfüllung – und stellte sich als gar nicht so schlecht heraus. Seit ein paar Jahren arbeitet Peter dort nun als Krankenpfleger.

Polen verlassen zu haben, hat Peter in all der Zeit nicht eine Minute bereut. »Viele sind hier nur hergekommen, um ein paar Jahre zu arbeiten und dann wieder zurückzugehen. Ich bin da kein typischer Fall und wollte gleich für immer weg. Einem Kumpel in Polen hab ich dann noch ein, zwei Mal einen Brief geschrieben, und das war es. Für mich war klar, ich gehe endgültig und brauche keinen Kontakt zu halten.« Die ersten Jahre sei er so auch gar nicht über die von Berlin aus doch nahe Grenze gefahren.

Erst eine Frau relativierte diesen radikalen Schlusspunkt noch einmal. Selbst auch Deutsch-Polin hatte sie ihren Cousin im Aussiedlerwohnheim besucht, lernte Peter kennen – und wurde fortan fast jedes Wochenende in ihrem Heimatort angesteuert. »Sie hatte damals schon unabhängig von mir einen Antrag auf Übersiedlung gestellt.« Die behördliche Neuregelung sah jedoch ab 1989 vor, dass Deutschstämmige in ihrer Heimat dem Gang der Dinge zu harren hätten, um so bürokratische Chaosknoten à la Marienfelde auflösen zu können – und nebenbei vielleicht noch den ein oder anderen zum Daheimbleiben zu animieren. »Bei mir hat die Eindeutschung drei Monate gedauert, bei meiner Frau drei Jahre, das war wohl eine absichtliche Neuerung, so zur Abschreckung.«

Schließlich hatte das Warten dann ein Ende, zunächst kam sie nach Deutschland, und anschließend kamen zwei gemeinsame Kinder auf die Welt. Gesprochen wird indes Deutsch. »Unsere Kinder verstehen noch etwas Polnisch, sprechen aber nicht mehr richtig.« Besonders stören würde ihn das allerdings auch nicht. «Ich lese keine polnischen Zeitungen, höre kein Radio und weiß insgesamt vielleicht ein bisschen weniger über die Entwicklung dort als ein durchschnittlicher Deutscher. Es interessiert mich einfach nicht mehr.« Selbst den polnischen Pass habe er abgeben wollen, »aber als ich mal auf dem Konsulat war, hat mich der Angestellte dort nur ganz komisch angeguckt, als ich fragte, wo ich hier meine Staatsangehörigkeit abgeben könne. Und da ich sie ja nun nicht unbedingt loswerden will und selbst der mir nicht weiterhelfen konnte, habe ich sie dann eben behalten.«

Einwanderungsland Deutschland – Soll und Haben

Wo sind sie nun, die Parallelgesellschaften inmitten der Bundesrepublik? Was ist das überhaupt, eine »Parallelgesellschaft«? Oder noch früher angesetzt: Was ist »deutsch« und was ist »ausländisch« – und wie verträgt sich beides?

Sucht man in Statistiken und wissenschaftlichen Untersuchungen nach Antwort, wird man belehrt, dass mehr als zwei Drittel der Deutschen angeben, keine Berührungsängste mit Zuwanderern zu haben: Nur 2,3 % der Westdeutschen (und 7,1 % der Ostdeutschen) wollen keinen Italiener zum Nachbarn haben, 16,5 % der Westdeutschen (und 27,4 % der Ostdeutschen) wollen keinen türkischen Namen am benachbarten Klingelschild sehen, und 30,5 % (31,4 % Ostdeutsche) möchten keinen Asylbewerber in der Nähe wissen.[88]

Wie es die andere Seite mit der Abgrenzung hält, darüber gibt es indes fast nur Vermutungen. So erklärte etwa Berlins Ausländerbeauftragter Günter Piening im Mai 2006, in Deutschland wisse man über jedes Huhn Bescheid, das ein Ei legt, »aber nichts über Integrationsverläufe der hier zugewanderten Menschen und ihrer Kinder«.[89] Fragen wie »Fühlen sich die Migranten hier zu Hause?« oder »Haben sie den Eindruck, dass sie an der Gesellschaft partizipieren?« müssten endlich wissenschaftlich untersucht werden.

Meine eigenen Erfahrungen mit dem Deutschlandbild aus Migrantenperspektive waren indes überraschend positiv: Durch besondere Gastfreundschaft glänzt der Besitzer eines Adlerpasses zwar nicht gerade, ansonsten aber sieht es hierzulande höchst erfreulich aus: Es gibt eine Demokratie und einen Rechtsstaat, ein vergleichsweise funktionstüchtiges Bildungs-, Gesundheits- und Sozialwesen, betretbare Straßen und benutzbare U-Bahnen.

Aber – gibt es auch »Parallelgesellschaften«, von denen derzeit so gern die Rede ist? Was ist eine »Parallelgesellschaft«? Eine allgemein anerkannte und gültige Definition dieses Begriffes gibt es bislang nicht, was seinem vielfältigen Gebrauch keinen Abbruch tut. Als Versuch einer solchen Definition sei hier einmal vorgeschlagen, dass Parallelgesellschaften soziale Kollektive sind, auf die in ausschlaggebendem Maße die folgenden Merkmale zutreffen:

- ethno-kulturelle bzw. kulturell-religiöse Homogenität;
- nahezu vollständige lebensweltliche und ökonomische Segregation;
- nahezu komplette Verdoppelung der mehrheitsgesellschaftlichen Institutionen;
- siedlungsräumliche oder nur sozial-interaktive Segregation, sofern die anderen Merkmale erfüllt sind.[90]

Diskutiert man anhand dieser Merkmale über ein mögliches Vorhandensein von Parallelgesellschaften, so geht es zumeist um die Bewertung des Kriteriums der »kompletten« Absonderung. Dafür brauche es, so meinen manche Wissenschaftler, die Ausbildung eines eigenen Rechtskreises, wie ihn etwa die Muslime Indiens haben, die als einzige religiös-kulturelle Gruppe des Landes auf ein eigenes Familienrecht zurückgreifen können. Andere Forscher fügen diesem offiziell eigenständigen Rechtskreis auch noch den faktischen hinzu: Ist der sozio-kulturelle Druck innerhalb einer Gemeinschaft so groß, dass ihre Mitglieder von wesentlichen, staatlich garantierten Grundrechten keinen Gebrauch machen oder im Streitfall nicht staatliche Gerichte sondern »eigen-ethnische« bzw. »kultur-religiöse« Schiedsstellen anrufen, kann ebenfalls von einer zumindest »unvollständigen« Parallelgesellschaft gesprochen werden.

Problematisch sind diese sowohl für die Mehrheitsgesellschaft als auch für die Mitglieder der Parallelgesellschaften selbst: »Die grundlegenden gemeinsamen Handlungsorientierungen, die den Kern einer alle verbindenden politischen Kultur ausmachen, können verlässlich und umfassend nur aus einer gemeinsamen Praxis des sozialen, zivilgesellschaftlichen und politischen Handelns hervorgehen und sich in ihr fortlaufend erneuern.«[91] Mit anderen Worten: Die Mehrheitsgesellschaft braucht einen Konsens, wohin die Reise gehen soll; ausschließende Gruppensolidarität entfremdet und verhindert den Prozess der gemeinsamen Entwicklung.

Für Zuwanderer zeigen sich zunächst vor allem die Vorzüge von ethnischen Gemeinschaften: Hilfs- und Orientierungsfunktionen werden angeboten; das Umfeld scheint vertraut und puffert die Fremdheitserfahrungen in der neuen Gesellschaft ab. Werden aus den ethnischen Gemeinschaften jedoch Parallelgesellschaften, die sich gegen die Mehrheitsgesellschaft abgrenzen, wird aus der ursprünglichen Stütze ein Integrationshindernis: Werden etwa fast ausschließlich Massenmedien des Herkunftslandes genutzt, führt dies zu einer Konzentration auf dessen Probleme, Themen und Ansichten. Eine Entfremdung von den Problemen, Themen und Ansichten der Aufnahmegesellschaft ergibt sich so fast von selbst.[92]

Fundierte empirische Untersuchen, die belegen, dass es in Deutschland Parallelgesellschaften gibt oder nicht, sind noch nicht vorhanden. Dass es Strömungen gibt, die eine Herausbildung solcher Parallelgesellschaften fördern, ist indes sichtbar. So verbreitet etwa das islamische »Ansar-Service Dialog Forum« aus Nürnberg: »Es ist an der Zeit, dass wir uns dazu bekennen, dass wir zu unserem Schutz und zum Schutz unserer Kinder in dem Maße eine Parallelgesellschaft bilden, in dem diese Gesellschaft [die deutsche] in moralischer Hinsicht degeneriert.«[93] Und auf dem Jahrestreffen der »Islamischen Gemeinschaft in Deutschland« (IGD) im September 2003 in Berlin soll der bekannte Islam-Prediger Umar Abd al Kafi unter dem Beifall der 4000 Anwesenden erklärt haben: »Integration darf nicht zu weit gehen. Wir müssen die ganze Welt besiedeln und zum Islam bekehren. Die Zukunft gehört der Religion Allahs. Mit eurer Hilfe werden wir es schaffen, mit den Alten und den Jungen.«[94]

Geschafft werden soll in Deutschland noch eine ganze Menge. So gibt zum Beispiel der Konvertit Ahmad von Denffer in seinem »Islam-Knigge«[95] die Stoßrichtung etwa im Bereich Schule vor: Nicht nur Sport- und Schwimmunterricht sollen nach Geschlechtern getrennt unterrichtet werden, Mädchen sollten dabei auch noch Kleidung tragen, »die den ganzen Körper bedeckt«. Sollte dies in Schulen nicht möglich sein, so »sind muslimische Schülerinnen zu befreien.« Selbiges gelte für den Kunstunterricht, sollten dort Tiere oder Menschen gemalt werden, was nach Koran und Sunna verboten sei. Sexualkundeunterricht könne muslimischen Kindern auch nicht zugemutet werden, da dort schließlich »Abbildungen unbekleideter Körperteile« zu erwarten seien. In einem Fall lehnten muslimische Eltern gar die Lektüre von Fontanes »Effi Briest« ab – immerhin werde dort Ehebruch begangen.

Dies scheinen aber eher Auswüchse zu sein. Meine eigenen Erfahrungen bei den Reisen durch Deutschland auf der Suche nach Einwanderern und Zuwanderern, Organisationen und Institutionen sowie einzelnen, aber symptomatischen Geschichten brachte wenig von dem zu Tage, was unter »Parallelgesellschaft« zu verstehen wäre. Zwar begegneten mir afrikanische Gruppen, die über ein internationales Netz gefälschte Markenartikel aus China und der Türkei nach Deutschland schmuggeln und sie hier weiterverkaufen. Ebenso traf ich junge Russen, deren Einkommensquelle sich hauptsächlich aus Raub und Diebstahl schöpfte, und die begeistert von größeren Zusammentreffen verfeindeter Gangs berichteten, die man zum gegenseitigen Kräftemessen nutze. Ein typisches Symbol für die Einwanderung nach Deutschland scheinen mir diese vereinzelten kriminellen Zusammenschlüsse jedoch kaum zu sein. Viel bedeutender ist da die starke soziale Segregation – die in dem Augenblick besonders augenfällig wird, in dem vor allem Einwanderer von ihr betroffen sind. Mit anderen Worten: Arbeiterviertel gab es immer schon, sammeln sich hier aber vor allem Menschen ausländischer Herkunft, fallen sie schlicht mehr auf. Von einer dort stattfindenden ethnischen Trennung zu sprechen, scheint aber schon deshalb abwegig, weil in solchen »Problemvierteln« in aller Regel eben keine ethnisch getrennten Räume und Rechtsformen entstehen, sondern Menschen türkischer Herkunft neben solchen aus arabischen oder auch osteuropäischen Ländern leben.

Aus deutscher Perspektive scheint heute wichtig, der derzeit noch kleinen Gruppe von militanten Islamisten Einhalt zu gebieten. Gerade in einer wirtschaftlich schwachen Zeit, in der viele schlecht ausgebildete Jugendliche desillusioniert in eine graue Zukunft ohne Arbeit und Perspektive schauen, erscheint jenen mit Migrationshintergrund die von militanten Islamisten angebotene Gegenwelt als attraktive Kompensation für Diskriminierungen und Demütigungen. Deutschlands Politik und Gesellschaft müssen gegensteuern, um die Zeitbombe dieses »Trotz-Fundamentalismus« rechtzeitig zu entschärfen. Bei dieser Gefahrenabwehr sollte es also um eine Art »wehrhafte Religionsfreiheit« gehen, wie es der Religionswissenschaftler Hartmut Zinser einmal bezeichnete. »Diese Gefahr [islamistischer politischer Bewegungen] wird deshalb nicht erkannt, weil diese Gesellschaft Opfer ihrer eigenen Überheblichkeit ist, weil sie sich einbildet, dass Menschen, die ein Kopftuch tragen oder einen Bart und in dicken Pluderhosen herumlaufen, nicht in der Lage sind, Computer oder Atomreaktoren zu bedienen, Jets zu fliegen, Umstürze zu organisieren, die Medienlandschaft zu dominieren, die Weltbörsen zu beherrschen. Diese Mehrheitsgesellschaft ist noch immer diesen Vorurteilen unterlegen und unterschätzt deshalb die Gefahr.«[96]

Mindestens ebenso wichtig wie der Kampf gegen eine Islamisierung größerer Gruppen der Immigranten bleibt jedoch auch, die tatsächlichen Lebensbedingungen nicht nur von Migranten zu verbessern. Im Angesicht von fünf Millionen Arbeitslosen stets nur von mangelnder Motivation und dem Herunterschrauben sozialer Unterstützung zu sprechen, anstatt sich intensiv für die Wiederherstellung von Arbeitsmöglichkeiten zu engagieren oder andere Wirtschafts- und Beschäftigungsmodelle zu versuchen, scheint politisch äußerst kurzsichtig. Schließlich schätzen die meisten Menschen, ob mit oder ohne Migrationshintergrund, die Perspektive, ein auch finanziell eigenständiges Leben zu führen, das einem das Gefühl vermittelt, nicht komplett wertlos zu sein.

Dann ist durchaus möglich, aus den vielfältigsten Einwanderergruppen der Bundesrepublik keine Gefahr werden zu lassen, sondern stattdessen die entstehenden Chancen zu nutzen. Immerhin hat sich »die ›deutsche‹ Kultur nicht, wie in völkischen Ideologien behauptet, aus sich selbst heraus entfaltet, sondern ist das Ergebnis einer langen Geschichte der Überlagerung und Befruchtung durch andere Kulturen (...) In der hysterischen Polemik gegen Multikulturalität äußert sich die Sehnsucht nach einer kulturellen nationalen Homogenität, die gerade in Deutschland wegen seiner konfessionellen Gespaltenheit nie existierte und die es erst recht nicht in der heutigen Gesellschaft geben kann. Dabei bedeutet kulturelle Freiheit keineswegs Relativismus der Werte: Kulturelle Freiheit findet ihre Grenzen in den Grundwerten der Verfassung und Rechtsordnung. Kriterien für die Zugehörigkeit zur Republik aber können nur Bejahung der Verfassung und Gesetzestreue sein. Das Bürgerrecht in der Republik darf wegen religiöser Einstellungen oder kultureller Herkunft nicht verweigert werden.«[97]

Die Muslime, mit denen aus Perspektive der Mehrheitsgesellschaft oftmals Probleme im Zusammenleben entstehen, sollten eingeladen werden, sich mit der Konzeption eines europäischen Islam, einer muslimischen Identität in Europa, zu beschäftigen, welche auf die heutigen Schwierigkeiten eingeht und Lösungen schafft. Wie passen Schächtung und Tierschutz zusammen? Wie steht es um die gesellschaftliche Gleichberechtigung der Frauen? Wie sieht es mit dem islamischen Menschenrechtsverständnis aus? Wie können Demokratie und Pluralismus islamisch legitimiert werden? Wie können islamische Organisationsformen und Institutionen in Deutschland gebildet werden, die einen legitimen Repräsentanzanspruch haben und sich als offizielle Ansprechpartner eignen? Wie also können »islamische Identität« und »Integration« vereinbart werden?

Um die so entstehenden Chancen einer gemeinsamen Entwicklung nutzen zu können, sollten die derzeitigen Schwierigkeiten zunächst genannt und eingegrenzt werden. So lassen sich die heutigen Probleme grob in vier Bereiche einteilen: Wohnsituation (Ghettobildung), Arbeitsmarkt, Familiennachzug und »Zweite Generation« sowie das Verhältnis zwischen Deutschen und Ausländern.

Nicht immer sind diese Probleme so neu und groß, wie oftmals in der Presse dargestellt. Betrachtet man etwa die Geschichte deutscher Einwanderer in den USA, wird schnell deutlich, dass auch sie zunächst möglichst eng beieinander wohnten. Schließlich kann eine solche »Einwandererkolonie« einen schützenden Übergangsraum zwischen Herkunfts- und Ankunftsland darstellen. Denn während Maßstäbe und Regeln des Herkunftslandes langsam verblassen, präsentiert sich die Gesellschaft des neuen Heimatlandes zunächst eher abweisend und schwer zu durchschauen. Der Zwischenstopp in der Einwanderergemeinschaft kann somit durchaus hilfreich für die Integration sein.

Wichtig ist jetzt, nicht mehr Zeit mit wohlwollender Aufklärung oder gar »Aussitzen« zu verbringen, sondern aktiv in Politik und Recht gegenzusteuern: »Es gilt, ›Einwanderung‹ als langfristigen und umfassenden, mit ganzheitlichen Konzeptionen zu begleitenden Sozial- und Kulturprozess verstehen zu lernen, also als gesellschaftliche Aufgabe ersten Ranges und nicht etwa nur als punktuellen Rechtsakt im Sinne der Einbürgerung. Nötig ist ein neues Selbstverständnis der Republik, das den unübersehbaren gesellschaftlichen Fakten Rechnung trägt: Die Bundesrepublik Deutschland ist ein Einwanderungsland neuen Typs.«[98]

Zu glauben, dass mit einer neuen Politik, welche Einwanderung etwa durch Quotierung reglementiert und lenkt, auch alle Probleme gelöst werden könnten, ist falsch. Stattdessen sollte inzwischen klar sein, dass ein Land wie Deutschland, das am östlichen Wohlstandsgürtel Europas liegt, immer Ziel von Migranten sein wird, dass es immer Schwierigkeiten bei deren Integration geben und dass es immer verschiedene Auffassungen geben wird, wie diese zu bewerkstelligen sind. Die Akzeptanz des Problems ist zugleich ein Teil seiner Lösung.

Was in Deutschland fehlt, ist somit oftmals weniger die »Integrationsbereitschaft« zuwandernder Minderheiten als vielmehr ein überzeugendes Konzept von und für die Mehrheit. Leider gibt es eine überzeugende Perspektive bislang noch nicht – die Diskussion um Zuwanderung wird sich solange weiterhin im Kreise drehen.

Anstatt also Einwanderung wahlweise als eine Bedrohung oder eine Verheißung wahrzunehmen, sollte im öffentlichen und veröffentlichten Bewusstsein endlich ankommen, dass Einwanderung nichts weiter als gesellschaftliche Realität ist. Dann sollten zwei Fragen beantwortet werden:

Welche Bestandteile ihrer Ursprungskultur sollen die Einwanderer dem Aufnahmeland quasi als Mitgift hinzufügen – und welche sollen außen vor bleiben?

Die Aufnahmegesellschaft muss klären, was zum Grundbestand der deutschen Kultur gehört, was wird also von allen erwartet, und wozu ist jeder verpflichtet? Es ist nicht immer unbedingt hilfreich, wenn in ein und derselben Zeitungsausgabe von der einzufordernden Gesetzestreue der Einwanderer zu lesen ist – sowie vom öffentlichen und offiziellen Verfassungsbruch deutscher Politiker, ein Vorgang, der derzeit etwa bei der Verabschiedung von Länder- und Bundeshaushalten beinahe üblich geworden ist. Ferner sollte gefragt werden, ob es in Deutschland etwas gibt, das zu Recht kritisiert oder abgelehnt werden kann?

Wie etwa schaut es mit der verpönten deutschen Regelungswut aus? Nimmt sie nicht viel Energie, wenn zunächst einmal ein wochenlanger Behördenlauf ansteht, nur um einen kleinen Laden eröffnen zu können? Und nimmt dann nicht das Ladenschlussgesetz den Einwanderern einen entscheidenden Vorteil? Man denke nur an Länder wie die USA, wo manch Neubürger sein Geschäft bis spät in die Nacht aufhält und so Kunden gewinnen kann. Überhaupt – der Arbeitsmarkt: Wenn Geringqualifizierte ins Land geholt wurden, deren Kinder auf Schulen geschickt werden, die im internationalen Vergleich über besonders geringe Durchlässigkeit verfügen und folglich wieder geringqualifizierte Kinder herauskommen[99] – wer wundert sich dann über deren hohe Arbeitslosigkeit? Dass Deutschland kaum noch über Arbeitsplätze verfügt, für die keine Ausbildung von Nöten ist, weiß jeder; wo also sollen die so Herangezogenen arbeiten?

Die Reflexe von Politik und Medien zu beobachten, so es um das Thema der »Integration« geht, ist auch immer wieder aufs Neue erfrischend. So wird etwa eine Berliner Schule (natürlich kurzfristig) unter Polizeischutz gestellt, weil hinter deren Mauern Lehrer mit Radiergummis beworfen werden. Man fragt sich gelegentlich, was solche Maßnahmen bewirken sollen – und wo solche Aufträge erteilende Menschen ihr sonstiges Leben verbringen. Dass Hauptschule ein Symbol für frühzeitiges Verlieren ist, war meinen Mitschülern und mir schon vor 22 Jahren klar. Damals wurde unsere Klasse im beschaulichen Schleswig-Holstein ins dreigliedrige Schulsystem gesiebt. Jeder Zehnjährige wusste, dass inzwischen für die meisten Lehrstellen der Gegend Abitur oder Mittlere Reife gefordert wurden. Die Zustände auf der Hauptschule galten als purer Stress – übrigens auch und vor allem für die Schüler, für die Prügeleien, Diebstahl, Raub und sexuelle Nötigung schon im Alter von elf Jahren zum Bestandteil des Alltages wurden. Im Gegensatz zu ihren Lehrern konnten sie nicht auf einen abgesicherten Beruf mit Eigenheim und Pensionsanspruch hoffen. In ihrer Mehrzahl waren sie Deutsche, deren Migrationshintergrund sich zwischen norddeutschen Dörfern und Kleinstädten erschöpfte.

Interessant auch, was passiert, wenn ein »Ehrenmord« (unter 1,7 Millionen in Deutschland lebenden Türken) verübt wird. Anstatt diese Tat als das zu sehen, was sie ist, nämlich ein entsetzlicher Einzelfall einer sehr rückständigen Familie, sieht sich die Durchschnittsdeutsche auf einmal in einem Meer von Frauenrechtlern wieder, die sich gegen »den Islam« oder »die Türken« abgrenzen. Erstaunt reibt sie sich die Augen, hatte sie doch zuvor noch gar nicht bemerkt, dass die Bundesrepublik von Gleichberechtigung lebenden Männern bevölkert wird. Der stolze Satz »Ich helfe im Haushalt mit« kann immerhin nur von einem Mann kommen; desgleichen ist bekannt und statistisch jederzeit nachprüfbar, dass der Regelfall für deutsche Frauen eine schlechtere Bezahlung und schlechtere berufliche Aufstiegschancen vorsieht. Als Ausgleich leistet sie dafür den ganz überwiegenden Anteil der Kinder- und Altenpflege. Regelmäßig ist zudem in deutschen Zeitungen von (deutschen) »Eifersuchtsmorden« zu lesen – Verbrechen also, die entstanden, weil Stolz und Ego des Mannes in einem für ihn offenbar nicht mehr tragbaren Ausmaß verletzt wurden. Niemand würde indes auf die Idee kommen, solch Verhalten als »typisch deutsch« zu bezeichnen. Erwähnt man dies in deutscher Runde, die gerade in »dem Ausländer« einen gemeinsamen kleineren Nenner gefunden zu haben scheint, wird einem empört bedeutet, das sei doch »etwas ganz anderes!«

Parallelwelten, so sie noch nicht real vorhanden sind, werden oft genug konstruiert. Dass »Multi-Kulti« gescheitert ist, erfährt im Jahre 2006 jeder geneigte Deutsche aus seiner Tagespostille. Tritt er in einer Großstadt wie Berlin alsdann vor die Haustür und tauscht die fiktive Realität gegen die Wahrnehmung der eigenen Augen, entsteht ein kaum aufzulösender Widerspruch: Vor dem Fenster des Schreibtisches, an dem diese Zeilen geschrieben wurden, liegt der neue Großstadtteil Berlin-Mitte, jener Bezirk mit der stadtweit größten Ausländerdichte. Gemüseladen, Änderungsschneiderei, Textilreinigung und Dönerimbiss sind in türkischer Hand, die Restaurants werden von Arabern, Italienern, Kroaten und Indern betrieben, das Internetcafé gehört einem Angolaner, der Kiosk einer Koreanerin und das Blumengeschäft einem Vietnamesen. »Multi-Kulti« ist hier wie vielerorts also weder gescheitert noch geglückt – sie ist schlicht deutsche Realität, die mal schwierig, mal erfreulich verläuft, wie jede andere Form des Zusammenlebens auch.

Anhang

Ausländische Bevölkerung am 31.12.2004 nach Staatsangehörigkeiten[100]

Staatsangehörigkeit	insgesamt	männlich	weiblich
Belgien	21 791	10 877	10 914
Dänemark	17 965	7 776	10 189
Estland	3 775	1 136	2 639
Finnland	13 110	3 763	9 347
Frankreich	100 464	46 131	54 333
Griechenland	315 989	172 152	143 837
Irland	9 989	5 257	4 732
Italien	548 194	323 834	224 360
Lettland	8 844	3 245	5 599
Litauen	14 713	4 396	10 317
Luxemburg	6 841	3 669	3 172
Malta	332	146	186
Niederlande	114 087	62 197	51 890
Österreich	174 047	92 669	81 378
Polen	292 109	132 041	160 068
Portugal	116 730	63 827	52 903
Schweden	16 172	7 188	8 984
Slowakei	20 244	8 428	11 816
Slowenien	21 034	10 571	10 463
Spanien	108 276	54 589	53 687
Tschechische Republik	30 301	10 637	19 664
Ehem. Tschechoslowakei	8 498	4 049	4 449
Ungarn	47 808	27 831	19 977
Vereinigtes Königreich	95 909	57 796	38 113
Zypern	788	446	342
EU-STAATEN	2 108 010	1 114 651	993 359

Staatsangehörigkeit	insgesamt	männlich	weiblich
Albanien	10 449	5 613	4 836
Andorra	30	21	9
Bosnien-Herzegowina	155 973	80 787	75 186
Bulgarien	39 167	17 764	21 403
Island	1 244	640	604
Liechtenstein	194	76	118
Kroatien	229 172	113 431	115 741
Mazedonien	61 105	33 206	27 899
Moldau, Republik	12 941	6 015	6 926
Monaco	21	10	11
Norwegen	6 251	2 715	3 536
Rumänien	73 365	31 667	41 698
Russische Föderation	178 616	73 531	105 085
San Marino	13	9	4
Schweiz	35 441	15 488	19 953
Ehem. Jugoslawien 1)	381 563	204 704	176 859
Serbien und Montenegro 2)	125 765	67 109	58 656
Ehem. Sowjetunion	10 945	4 862	6 083
Türkei	1 764 318	943 644	820 674
Ukraine	128 110	51 655	76 455
Vatikanstadt	25	10	15
Weißrussland (Belarus)	17 290	5 953	11 337
übriges Europa	336	209	127
EUROPA ZUSAMMEN	5 340 344	2 773 770	2 566 574
Ägypten	10 309	7 425	2 884
Äquatorial Guinea	75	37	38
Äthiopien	11 390	5 807	5 583
Algerien	14 480	11 145	3 335
Angola	7 591	4 380	3 211
Benin	1 332	970	362
Botsuana	93	39	54
Burkina Faso	1 353	1 103	250
Burundi	527	321	206
Côte d'Ivoire	2 744	1 798	946
Dschibuti	72	36	36
Eritrea	5 698	2 448	3 250
Gabun	338	210	128
Gambia	2 532	1 985	547
Ghana	20 636	10 262	10 374

Staatsangehörigkeit	insgesamt	männlich	weiblich
Guinea	2 706	2 103	603
Guinea-Bissau	286	217	69
Kamerun	13 834	8 668	5 166
Kap Verde	355	219	136
Kenia	6 134	1 866	4 268
Komoren	46	26	20
Kongo, Republik	2 059	1 109	950
Kongo, dem. Volksrepublik	12 175	6 397	5 778
Lesotho	64	30	34
Liberia	2 222	1 830	392
Libyen	2 963	1 935	1 028
Madagaskar	609	220	389
Malawi	118	67	51
Mali	740	546	194
Marokko	73 027	43 255	29 772
Mauretanien	619	528	91
Mauritius	848	216	632
Mosambik	2 236	1 725	511
Namibia	401	148	253
Niger	867	752	115
Nigeria	15 280	10 747	4 533
Ruanda	719	377	342
Sambia	316	153	163
São Tomé und Príncipe	29	16	13
Senegal	2 184	1 588	596
Seychellen	200	70	130
Sierra Leone	3 316	2 483	833
Simbabwe	734	434	300
Somalia	5 930	3 256	2 674
Sudan	3 357	2 470	887
Südafrika	4 957	2 122	2 835
Swasiland	47	15	32
Tansania, Vereinigte Republik	1 010	564	446
Togo	12 099	7 555	4 544
Tschad	201	153	48
Tunesien	22 429	15 392	7 037
Uganda	1 430	690	740
Zentralafrikanische Republik	79	50	29
übriges Afrika	1 177	1 051	126
AFRIKA ZUSAMMEN	276 973	169 009	107 964

Staatsangehörigkeit	insgesamt	männlich	weiblich
Antigua und Barbuda	12	9	3
Argentinien	4 725	1 965	2 760
Bahamas	56	22	34
Barbados	167	104	63
Belize	35	18	17
Bolivien	1 680	733	947
Brasilien	27 176	6 754	20 422
Chile	5 734	2 549	3 185
Costa Rica	712	281	431
Dominica	163	62	101
Dominikanische Republik	5 772	1 605	4 167
Ecuador	4 330	1 653	2 677
El Salvador	442	166	276
Grenada	45	32	13
Guatemala	632	259	373
Guyana	106	45	61
Haiti	421	180	241
Honduras	547	171	376
Jamaika	1 231	528	703
Kanada	12 485	6 346	6 139
Kolumbien	9 345	2 908	6 437
Kuba	8 566	3 545	5 021
Mexiko	7 092	2 635	4 457
Nicaragua	513	221	292
Panama	297	97	200
Paraguay	955	262	693
Peru	8 590	2 799	5 791
St. Kitts und Nevis	1	–	1
St. Lucia	127	61	66
St. Vicent und die Grenadinen	32	16	16
Suriname	31	15	16
Trinidad und Tobago	438	184	254
Uruguay	638	264	374
Venezuela	3 149	1 113	2 036
Vereinigte Staaten	96 642	55 630	41 012
übriges Amerika	38	19	19
AMERIKA ZUSAMMEN	202 925	93 251	109 674

Staatsangehörigkeit	insgesamt	männlich	weiblich
Afghanistan	57 933	31 321	26 612
Armenien	10 535	5 225	5 310
Aserbaidschan	15 950	8 228	7 722
Bahrain	54	37	17
Bangladesch	4 286	2 879	1 407
Bhutan	323	262	61
Brunei Darussalam	32	22	10
China	71 639	38 444	33 195
Taiwan	4 199	1 639	2 560
Georgien	13 629	5 118	8 511
Indien	38 935	26 138	12 797
Indonesien	10 778	4 950	5 828
Irak	78 792	51 146	27 646
Iran, Islam. Republik	65 187	37 038	28 149
Israel	9 151	5 565	3 586
Japan	27 550	11 611	15 939
Jemen	2 099	1 475	624
Jordanien	8 145	5 310	2 835
Kambodscha	766	346	420
Kasachstan	58 645	26 837	31 808
Katar	84	57	27
Kirgistan	9 142	3 876	5 266
Korea, dem. Volksrepublik	1 925	915	1 010
Korea, Republik	20 658	8 879	11 779
Kuwait	205	135	70
Dem. Volksrepublik Laos	910	422	488
Libanon	40 908	23 707	17 201
Malaysia	3 542	1 687	1 855
Malediven	58	39	19
Mongolei	4 785	1 648	3 137
Myanmar	739	495	244
Nepal	2 517	1 777	740
Oman	127	78	49
Pakistan	30 892	18 931	11 961
Philippinen	19 966	3 731	16 235
Saudi-Arabien	995	629	366
Singapur	1 225	425	800

Staatsangehörigkeit	insgesamt	männlich	weiblich
Sri Lanka	34 966	17 864	17 102
Syrien, arab. Republik	27 741	15 955	11 786
Tadschikistan	740	360	380
Thailand	48 789	7 010	41 779
Turkmenistan	1 304	569	735
Usbekistan	8 246	3 653	4 593
Vereinigte Arabische Emirate	661	455	206
Vietnam	83 526	42 461	41 065
übriges Asien	3 225	2 131	1 094
ASIEN ZUSAMMEN	826 504	421 480	405 024
Australien	7 879	4 007	3 872
Fidschi	69	24	45
Kiribati	93	81	12
Nauru	1	–	1
Neuseeland	1 572	830	742
Papua-Neuguinea	27	11	16
Salomonen	2	1	1
Nördliche Marianen	2	–	2
Samoa	34	8	26
Tonga	49	12	37
Tuvalu	55	55	–
Marshall-Inseln	3	1	2
Mikronesien	2	–	2
Vanuatu	6	4	2
übriges Ozeanien	7	3	4
AUSTRALIEN U. OZEANIEN ZUSAMMEN	9 801	5 037	4 764
Staatenlos	13 504	7 876	5 628
Ungeklärt	45 170	26 877	18 293
Ohne Angabe	1 894	1 049	845
INSGESAMT	6 717 115	3 498 349	3 218 766

Entwicklung der Einbürgerungen in der Bundesrepublik ab 1945*)

Zeitraum	Anzahl	Zeitraum	Anzahl
8.5.1945 bis 31.12.1950[1)]	2 024	1978	32 710
1951	2 357	1979	34 952
1952	8 430	1980	37 003
1953	9 554	1981	35 878
1954	9 832	1982	39 280
1955	16 515	1983	39 485
1956	37 924	1984	38 046
1957	37 540	1985	34 913
1958	33 073	1986	36 646
1959	31 028	1987	37 810
1960	24 071	1988	46 783
1961	19 621	1989	68 526
1962	18 125	1990	101 377
1963	17 799	1991	141 630
1964	17 943	1992	179 904
1965	19 194	1993	199 443
1966	18 433	1994	259 170
1967	21 929	1995	313 606
1968	19 142	1996	302 830
1969	17 818	1997	278 662
1970	18 586	1998	291 331
1971	18 914	1999	248 206
1972	18 645	2000	186 688
1973	18 858	2001	178 098
1974	24 744	2002	154 547
1975	24 925	2003	140 731
1976	29 481	2004	127 150
1977	31 632		

*) Ab 1991 in Deutschland; einschl. Spätaussiedler bis 31. Juli 1999.
1) Ohne Berlin-West.

Anmerkungen

1 Kerstin E. Finkelstein: Ausgewandert. Wie Deutsche in aller Welt leben. Berlin 2005.

2 Zitiert nach Herbert, Ulrich: Geschichte der Ausländerpolitik in Deutschland. Saisonarbeiter, Zwangsarbeiter, Gastarbeiter, Flüchtlinge, Bonn 2003, S. 29 f.

3 Ebd, S. 9.

4 Bei der Bundesdeutschen Volkszählung am 1. September 1950 wurden fast zwölf Millionen Vertriebene gezählt. Das entsprach einem Anteil von 16,4 % der Gesamtbevölkerung. Die Flüchtlinge konzentrierten sich in bestimmten Gebieten, so dass der Anteil der Vertriebenen an der Gesamtbevölkerung in Bayern bei 21,1 %, in Niedersachsen bei 27,2 %, in Schleswig-Holstein bei 33 % und in Mecklenburg sogar bei 42,5 % lag. Siehe Benz, Wolfgang: Fremde in der Heimat: Flucht – Vertreibung – Integration, in: Bade: Deutsche im Ausland – Fremde in Deutschland, München 1993, S. 382.

5 Vgl. ebd., S. 16; sowie Bade, Klaus J.: Fremde im Land, Osnabrück 1997, S. 11.

6 Einzig Israel kennt eine Zuwanderung noch größeren prozentualen Ausmaßes.

7 Ulrich Herbert vertritt die These, dass ohne die Vertriebenen gar kein »Wirtschaftswunder« möglich gewesen wäre. So seien bei den Bombenangriffen der Alliierten in erster Linie Wohnviertel zerstört worden, die Industrie mit ihren Maschinen sei weit weniger betroffen gewesen. Nach dem Abzug der Millionen von den Nazis zur Zwangsarbeit ins Land geholten Menschen habe es Deutschland Ende der 40er, Anfang der 50er Jahre also nicht an Maschinen gefehlt, sondern an Menschen, welche diese bedienen konnten. Diese Lücke hätten die Flüchtlinge aus den Ostgebieten schließen können. Wie Ulrich Herbert formuliert: »Ohne das ›Wirtschaftswunder‹ wäre die Integration der Flüchtlinge und Vertriebenen, ohne deren zusätzliches Arbeitskräftepotential wäre das ›Wirtschaftswunder‹ nicht möglich gewesen.« Herbert, Ulrich: Geschichte der Ausländerpolitik, S. 195.

8 Beschreibung einer Düsseldorfer Polizeiaktion im *Handelsblatt*. Zitiert nach Herbert, Ulrich: Geschichte der Ausländerpolitik, S. 215.

9 Stirn, Hans (Hrsg.): Ausländische Arbeiter im Betrieb. Ergebnisse der Betriebserfahrung, 1964, S. 47.

10 »Mehr Auslandsinvestitionen – weniger Gastarbeiter«, *Handelsblatt*, 23.1.1971, zitiert nach Herbert, Ulrich: Geschichte der Ausländerpolitik, S. 227.

11 Herbert, Ulrich: Geschichte der Ausländerpolitik, S. 228 f.

12 Bodenbender, Wolfgang: Zwischenbilanz der Ausländerpolitik, 1976, zitiert nach: Herbert, Ulrich: Geschichte der Ausländerpolitik, S. 234.

13 »Heidelberger Manifest« vom 17.6.1981; zitiert nach Herbert, Ulrich: Geschichte der Ausländerpolitik, S. 239.

14 Vgl. Herbert, Ulrich: Geschichte der Ausländerpolitik, S. 244

15 Auch heute noch gibt es Arbeitsverbote, die offenbar weniger aus ökonomischen Einsichten ausgesprochen werden als vielmehr zur »abschreckenden« Lebensverschlechterung der Asylbewerber dienen. So berichtet etwa die *Süddeutsche Zeitung* (6.6.2005) von mehreren Asylbewerbern, denen in Bayern die Arbeitserlaubnis entzogen wurde. Vorher hatten diese gearbeitet und für ihren Lebensunterhalt selbst gesorgt, nun mussten sie in Containerwohnungen von staatlicher Unterstützung leben. Die zuständigen Stellen wollten so ihre Kooperationsbereitschaft bei der Identitätsfeststellung und Passbeschaffung steigern.

16 Münch, Ursula: Asylpolitik in der Bundesrepublik Deutschland. Entwicklung und Alternativen, Opladen 1993, S. 253.

17 Zitiert nach Herbert: Geschichte der Ausländerpolitik, S. 276.

18 Ebd.

19 Siehe Reandchen, Oliver: Fremde in Deutschland: Vietnamesen in der DDR, in: Hinz, Hans-Martin (Hrsg.): Zuwanderungen – Auswanderungen, Wolfratshausen 1999, S. 79 ff.

20 Diese Regelung wurde erst im März 1989 auf Drängen der vietnamesischen Regierung geändert.

21 »Vielen Bürgern der Ex-DDR dienen Asylbewerber als Sündenböcke«, *Frankfurter Rundschau*, 6.3.1991.

22 Bade, Klaus J.: Ziel Deutschland: Zuwanderung nach 1945, in: Hinz, Hans-Martin (Hrsg.): Zuwanderungen – Auswanderungen. S. 15.

23 Bundesamt für Migration und Flüchtlinge. Quelle: MARiS. Bis 1994 werden alle gestellten Anträge aufgeführt. Dabei ist zu beachten, dass es sich bei etwa drei Vierteln der Gesamtsumme um Erstanträge handelt, etwa ein Viertel entfällt auf Folgeanträge. Ab 1995 handelt es sich um die Anzahl der Erstanträge (Quelle Statistisches Bundesamt, dort: vom Bundesamt für Migration und Flüchtlinge). Die Anerkennungsquote im Asylverfahren ist jedoch gering. 1995 wurden 9 % der Anträge positiv beschieden, seither ist die Quote trotz sinkender Bewerberzah-

len noch einmal erheblich zurückgegangen und liegt nun bei gut 1 %. Direkt abgelehnt werden demgegenüber weit mehr als 50 %.

24 Vgl. »Wer darf kommen«, www.faz.net, 9.7.2004

25 Jugend 2000. 13. Shell-Jugendstudie, 2. Band, Opladen 2000, S. 247. Zitiert nach: Wittich, Dietmar: Fremdenfeindlichkeit in Deutschland. Eine empirisch-soziologische Annäherung, UTOPIE kreativ 160 (Februar 2004), S. 133.

26 Herbert, Ulrich: Geschichte der Ausländerpolitik in Deutschland, S. 201.

27 Vgl. Statistisches Bundesamt: Ausländische Bevölkerung in Deutschland, Stuttgart 2001, S. 25.

28 Das Statistische Bundesamt Deutschland zählte im Jahr 2000 186 700 Einbürgerungen, 2002 waren es 154 500.

29 Statistische Ämter des Bundes und der Länder. Quelle: Bevölkerungsfortschreibung. Stand: 16.2.2005.

30 Statistisches Bundesamt. Datenreport 2004, Bonn 2004, S. 48.

31 Statistisches Bundesamt, Angaben aktualisiert am 2. Mai 2005. Quelle: Ausländerzentralregister.

32 Die Lastenausgleichsgesetzgebung förderte die wirtschaftliche Integration der Heimatvertriebenen. Sie diente der Entschädigung bzw. besseren Verteilung der Verluste aus Krieg, Vertreibung und Währungsreform. Insgesamt wurden so mehr als 114 Milliarden DM verteilt. Vgl. Benz, in Bade: Deutsche im Ausland. S. 384.

33 Statistisches Bundesamt: Ausländische Bevölkerung in Deutschland, S. 18.

34 Derst, Peter: Bundesamt für Migration und Flüchtlinge: Die neuen Aufenthaltstitel, in: aid, Integration in Deutschland, 3/2005, S. 17 f.

35 Leibold, Jürgen; Kühnel, Steffen; Heitmeyer, Wilhelm: Abschottung von Muslimen durch generalisierte Islamkritik?, in: Aus Politik und Zeitgeschichte, 1–2/2006, 2.1.2006, Thema Parallelgesellschaften?, S. 4.

36 Leibold, Kühnel, Heitmeyer, S. 5.

37 Statistisches Bundesamt Deutschland. Quelle: Ausländerzentralregister. Stand: 2.5.2005.

38 Die Einbürgerungszahlen haben sich nach einem klaren Anstieg im ersten Jahr nach der Reform auf hohem Niveau eingependelt: 1998: 106 790; 1999: 143 267; 2000: 186 688; 2001: 178 098; 2002: 154 547). Quelle: Bundeszentrale für politische Bildung, 15.3.2005.

39 Siehe auch: Schiffer, Sabine: Der Islam in deutschen Medien, in: Aus Politik und Zeitgeschichte, 20/2005, S. 23–30, sowie: Verzerrtes Bild. Ilka Desgranges zu Migranten in den Medien, in: Integration in Deutschland, 1/2006, S. 15.

40 Hehemann, Rainer: »... jederzeit gottlose böse Leute« – Sinti und Roma zwischen Duldung und Vernichtung, in: Bade: Deutsche im Ausland. Fremde in Deutschland. S. 272.
41 Ebd., S. 273.
42 Bekannte Beispiele hierfür sind die Hugenotten (aus Frankreich), Kalvinisten (aus den Niederlanden und Frankreich) sowie Salzburger Protestanten. Vgl. hierzu: Duchhardt, Heinz: Glaubensflüchtlinge und Entwicklungshelfer: Niederländer, Hugenotten, Waldenser, Salzburger, in: Bade: Deutsche im Ausland. S. 278–287.
43 Ebd., S. 282.
44 Bade, Klaus J.: »Billig und willig« – die »ausländischen Wanderarbeiter« im kaiserlichen Deutschland, in: Bade: Deutsche im Ausland. S. 312.
45 Vgl. Herbert, Ulrich: Geschichte der Ausländerpolik in Deutschland, S. 26 f.
46 Bade, Klaus J.: »Preußengänger« und »Abwehrpolitik«: Ausländerbeschäftigung, Ausländerpolitik und Ausländerkontrolle auf dem Arbeitsmarkt in Preußen vor dem Ersten Weltkrieg, in: Archiv für Sozialgeschichte (AfS), 24 (1984), S. 111; zitiert nach Bade: »Billig und willig« in: Ders. (Hrsg.): Deutsche im Ausland, S. 312.
47 Bade: Preußengänger, S. 105 f., zitiert nach Bade: Deutsche im Ausland. S. 319.
48 Zitiert nach Herbert, Ulrich: Geschichte der Ausländerpolitik in Deutschland. S. 86.
49 Herbert, Ulrich: Geschichte der Ausländerpolitik in Deutschland, S. 23.
50 Herbert, Ulrich: Geschichte der Ausländerpolitik in Deutschland. S. 119.
51 Herbert, Ulrich: Geschichte der Ausländerpolitik in Deutschland. S. 126.
52 Herbert, Ulrich: »Ausländer-Einsatz« in der deutschen Kriegswirtschaft, 1939–1945, in: Bade: Deutsche im Ausland, S. 361.
53 Ebd, S. 357–360.
54 Als »displaced persons« (DPs) bezeichneten die Alliierten solche Menschen, die sich nicht in ihrer Heimat befanden, gegenwärtig hilflos waren und ohne alliierte Unterstützung nicht heimkehren oder eine neue Heimat finden konnten. Von Anfang Mai bis Ende September 1945 wurden aus Deutschland und Westeuropa rund 5,2 Millionen DPs in ihre Ausgangsländer zurückgeführt. Mit dem einsetzenden Winter und der sich verändernden politischen Lage kam die Rückführung ins Stocken. Von 1947–51 wurde unter Federführung der International Refugee Organization (IRO) auf internationaler Ebene ein

großzügiges Aufnahmeprogramm vereinbart, das den DPs neben der Rückkehr in die Heimat und dem Verbleib in Deutschland auch die Möglichkeit zur Auswanderung in Drittländer eröffnete.

55 Jacobmeyer, Wolfgang: Ortlos am Ende des Grauens: »Displaced Persons« in der Nachkriegszeit, in: Bade: Deutsche im Ausland. S. 367–373.

56 Die Verquickung von islamischem Leben in Deutschland und der Türkei wird u.a. am Einfluss der Türkisch-Islamischen Union der Anstalt für Religion DITIB deutlich. Die DITIB steht etwa 500 Moscheen in Deutschland vor, entsendet in der Türkei ausgebildete Imame in die Bundesrepublik. Vorsitzender der DITIB ist zumeist der türkische Botschaftsrat.

57 Nach einer Studie des Essener Zentrums für Türkeistudien stieg die Zahl der türkischstämmigen Migranten, die sich als religiös bezeichnen, im Jahr 2003 um 14 % auf 71 % der hier lebenden Türken. Die Zahl derjenigen, die sich als »sehr religiös« einschätzen, stieg von 8 % auf fast 20 %. Vgl.: Kandel, Johannes: Organisierter Islam in Deutschland und gesellschaftliche Integration, Friedrich-Ebert-Stiftung, September 2004. 40 % besuchen regelmäßig eine Moschee (2000: 22 %), dem täglichen Gebet gehen 43 % nach (früher 36 %), 75 % fasten zu Ramadan (2000: 62 %). Vgl.: *Focus* 46/2005. Zwei Drittel der türkischen Jugendlichen sind der Meinung, der Islam sei die einzige rechtgläubige Religion. Alle anderen Menschen seien Ungläubige. Vgl.: Heitmeyer u.a.: Verlockender Fundamentalismus, Frankfurt 1997, S. 123, zitiert nach: Martin, Klaus-Peter: Fundamentalismus türkischer Jugendlicher. Ist die multikulturelle Gesellschaft gescheitert? www.oeko-net.de/kommune/kommune7-97/ZZMARTIN.html.

58 Zu den vom Verfassungsschutz überwachten Organisationen gehört u.a. Milli Görus (übersetzt als »Nationale religiöse Sicht« oder »Monotheistische Ökumene«) mit inzwischen etwa 26 500 Mitgliedern und 274 Moscheen. Milli Görus bietet neben dem Gebet auch in eigenen Vereinen Hausaufgabenhilfe, Computerkurse, Zeltlager und anderes mehr an. Gerade bei Jugendlichen, die sich von traditionellen Jugendeinrichtungen oftmals ausgegrenzt fühlen, kann Milli Görus so punkten. Ein Drittel der in Deutschland lebenden türkischen Jugendlichen fühlt sich durch die Organisation gut oder zumindest teilweise vertreten. Vgl. ebd. Journalisten, die über das Innenleben der Islamischen Gemeinschaft Milli Görüs (IMIG) berichteten, wurden verklagt und teilweise massiv bedroht. Vgl. *taz*, 7.5.2004. Derzeit versucht die IMIG, auf öffentliche antisemitische und antidemokratische Äußerungen zu verzichten, um als Gesprächspartner von anderen Religionsgemeinschaf-

ten und offiziellen deutschen Stellen akzeptiert zu werden. Sie ist 1990 dem »Islamrat für die Bundesrepublik Deutschland« beigetreten, dominiert diesen und versucht als Religionsgemeinschaft in Deutschland offiziell anerkannt zu werden.

59 Kandel, Johannes: Organisierter Islam in Deutschland.

60 Quelle: Lemmen, Thomas: Muslime in Deutschland, Baden-Baden 2001, entnommen: aid, Integration in Deutschland, 1/05, S. 13. Die Organisationen anderer als der türkischen Nationalität sind nicht von großer Bedeutung. Die schiitischen Muslime aus dem Iran konzentrieren sich um das »Islamische Zentrum Hamburg e.V.«, die arabischstämmigen Muslime in den »Islamischen Zentren« in Aachen und München. Erwähnenswert sind auch die »Deutschen Muslim-Ligen« in Hamburg (gegr. 1952) und Bonn (gegr. 1989). Vgl Schmidt-Fink, Ekkehart: isoplan, aid, Integration in Deutschland, 1/2005, S. 13.

61 Vgl.: Kandel, Johannes: Die Islamische Charta. Fragen und Anmerkungen. Online-Akademie der Friedrich-Ebert-Stiftung.

62 Siehe Heitmeyer u. a.: Verlockender Fundamentalismus, Frankfurt/M. 1997, S. 276, zitiert nach: Martin, Klaus-Peter: Fundamentalismus türkischer Jugendlicher.

63 Schiffer, Sabine: Der Islam in den deutschen Medien, in: Aus Politik und Zeitgeschichte, 20/2005, S. 24.

64 Die Daten zum Herkunftsland entstammen jeweils dem Fischer Weltalmanach 2003, dem Kleinen Lexikon der ethnischen Minderheiten in Deutschland (Hrsg. Cornelia Schmalz-Jacobsen und Georg Hansen) von 1997 sowie aktuellen Daten des Statistischen Bundesamtes.

65 Schindling, Anton: Bei Hofe und als Pomeranzenhändler: Italiener im Deutschland der Frühen Neuzeit, in: Bade: Deutsche im Ausland. S. 287–294.

66 Wennemann, Adolf: Arbeit im Norden. Osnabrück 1997, S. 195f.

67 Deutschland. Die besten Rezepte. Künzelsau o. J., S. 184.

68 Kleßmann, Christoph: Einwanderungsprobleme im Auswanderungsland: Das Beispiel der ›Ruhrpolen‹; in: Bade: Deutsche im Ausland. Fremde in Deutschland. S. 305. Die genaue Zahl der damals eingewanderten Polen ist nicht festzustellen, da sich die Polen nicht genau von den aus dem südlichen Ostpreußen stammenden Masuren trennen lassen, die nicht ohne weiteres zu den Polen gerechnet werden können. Schließlich sprachen die Masuren einen altpolnischen Dialekt, waren im Gegensatz zur Mehrheit der Polen evangelisch und vor allem ganz und gar preußisch und monarchisch gesinnt.

69 Ebd., S. 307.

70 Ebd., S. 310.

71 Statistisches Bundesamt: Datenreport 2004, S. 577ff.

72 So weisen auch die Befunde der PISA-Studien auf die großen Probleme deutscher Schulen hin, soziale Benachteiligungen auszugleichen oder zumindest abzumildern. Bei Kindern und Jugendlichen mit Migrationshintergrund werden die Versäumnisse deutscher Bildungspolitik besonders deutlich. Vgl. hierzu: 6. Empfehlung der Bildungskommission der Heinrich-Böll-Stiftung. Schule und Migration.
73 Statistisches Bundesamt: Datenreport 2004, S. 582.
74 Der Name wurde geändert.
75 Mehr zu dem Verein »Diên Hông« im Kapitel »Vietnamesen«.
76 Wie viele Vietnamesen genau kamen und wie viele von ihnen etwas studieren oder lernen konnten, ist heute nicht mehr zweifelsfrei zu eruieren. So spricht Karin Weiss etwa von 42 000 ausländischen Studierenden in der DDR insgesamt, von denen »eine beträchtliche Anzahl aus Vietnam stammte.« Daneben wurden »nach DDR-Quellen mehr als 68 000 vietnamesische Arbeitskräfte eingesetzt.« Siehe Weiss, Karin: Vietnam: Netzwerk zwischen Sozialismus und Kapitalismus, in: Aus Politik und Zeitgeschichte 27/2005, S. 25 f.
77 Reandchen, Oliver: Fremde in Deutschland: Vietnamesen in der DDR, in: Hinz (Hrsg.): Zuwanderungen – Auswanderungen, S. 90 ff.
78 Ebd., S. 96.
79 Heusch-Lahl, Renate: 10 Jahre Diên Hông – Gemeinsam unter einem Dach e.V., Rostock 2002.
80 Heinen, Ute: Zuwanderung und Integration in der Bundesrepublik Deutschland, in: Informationen zur politischen Bildung 267 (2000), 2. Quartal, Thema: Aussiedler, S. 36.
81 Siehe hierzu: Bade, Klaus J.: Fremde Deutsche: »Republikflüchtlinge« – Übersiedler – Aussiedler, in: Bade: Deutsche im Ausland. S. 405 f.
82 Interessant ist hierbei, welche Kriterien als Beleg für die Identität als »Statusdeutscher« gelten. Hierzu zählten anfangs auch der Dienst in der Waffen-SS und die Aufnahme in die »Volksliste 3«, in der in Polen erfasst wurde, wer den nationalsozialistischen Besatzern »eindeutschungsfähig« erschien. Siehe ebd., S. 407.
83 Als »Deutscher unter Deutschen« leben zu wollen, war in den 60er und 70er Jahren noch einer der Hauptgründe für Aussiedler, nach Deutschland zu wandern. Inzwischen verbindet nur noch etwa ein Viertel der Aussiedler mit ihrer Migration dieses Ziel, wirtschaftliche Beweggründe haben hingegen stark zugenommen, ebenso wie der Wunsch, wieder mit bereits eingewanderten Familienmitgliedern zusammenzuwohnen.
84 Bundesinnenministerium des Innern: Wegweiser für Spätaussiedler, S. 20.

85 Statistik des Bundesverwaltungsamtes Köln.
86 Bundesinnenministerium des Innern: Wegweiser für Spätaussiedler, S. 30.
87 Ebd., S. 22.
88 Wittich, Dietmar: Fremdenfeindlichkeit in Deutschland. Eine empirisch-soziologische Annäherung, UTOPIE kreativ, 160 (Februar 2004) S. 130.
89 Zitiert nach: *Berliner Zeitung*, 30.5.2006
90 Meyer, Thomas: Parallelgesellschaft und Demokratie. Online-Akademie der Friedrich-Ebert-Stiftung (www.fes-online-akademie.de). Für Johannes Kandel sind bereits die Forderung nach Ausbildung eines selbstverwalteten Rechtsbezirkes ebenso wie die faktische Verhinderung der von der demokratischen Rechtsordnung gewährten individuellen Menschen- und Grundrechte Merkmale einer Parallelgesellschaft – und nicht erst die offizielle, institutionelle Umsetzung.
91 Ebd.
92 1981 lasen noch knapp 40 % der türkischen Haushalte in Deutschland eine Zeitung aus der Heimat, heute liegt der Anteil bei 90 %. Vgl. Özdemir, Cem: Im Dienste der Nation. Türkische Presse in Deutschland. In: Kommune 3/1997.
93 Zitiert nach: Kandel, Johannes: Organisierter Islam in Deutschland und gesellschaftliche Integration, Friedrich-Ebert-Stiftung, September 2004.
94 Zitiert nach ebd.
95 Denffer, Ahmad von: Islam-Knigge. Ratschläge zum Umgang mit Muslimen in Deutschland. In: Al-Islam 4/1996.
96 Kleff; Sanem: »Von Kopftüchern und Grauschleiern. Ein Stück Stoff zwischen Religion, Politik und Kultur.« Tagungsbericht einer Veranstaltung der Heinrich-Böll-Stiftung und der Beauftragten der Bundesregierung für Migration, Flüchtlinge und Integration; am 8.7.2003, S. 25.
97 Der Freiburger Politologe Dieter Oberndörfer, zitiert nach Herbert: Geschichte der Ausländerpolitik, S. 327.
98 Bade, Klaus J.: Politik in der Einwanderungssituation. Migration – Integration – Minderheiten, in: Bade: Deutsche im Ausland, S. 446.
99 In keinem anderen Industrieland ist laut OECD der Abstand zwischen Zuwanderer- und den übrigen Kindern so groß wie in Deutschland. Nirgendwo habe folglich die Sprache der Eltern einen ebenso großen Einfluss auf die Bildungschancen. Das Auseinanderklaffen der Lebenslagen von gebürtigen Deutschen und Zuwanderern sei Besorgnis erregend. Siehe *Berliner Zeitung:* »Zuwanderer haben schlechte Karten.« Februar 2006.
100 Statistisches Bundesamt, Wiesbaden 2005, Quelle: Ausländerzentralregister.

Literatur

Angenendt, Steffen (Hrsg.): Migration und Flucht. Aufgaben und Strategien für Deutschland, Europa und die internationale Gemeinschaft, Bundeszentrale für politische Bildung, Bonn 1997.

Bade, Klaus J. (Hrsg.): Ausländer, Aussiedler, Asyl in der Bundesrepublik Deutschland. Aktuell/Kontrovers, Niedersächsische Landeszentrale für politische Bildung, 1994.

Bade, Klaus J. (Hrsg.): Deutsche im Ausland – Fremde in Deutschland. Migration in Geschichte und Gegenwart, C. H. Beck, München 1993.

Bade, Klaus J. (Hrsg.): Fremde im Land. Institut für Migrationsforschung und Interkulturelle Studien (IMIS), Rasch, Osnabrück 1997.

Bade, Klaus J. (Hrsg.): Migration, Ethnizität, Konflikt. Institut für Migrationsforschung und Interkulturelle Studien (IMIS), Rasch, Osnabrück 1996.

Bade, Klaus J. (Hrsg.): Rat für Migration e.V. (RfM), Integration und Illegalität in Deutschland. Institut für Migrationsforschung und Interkulturelle Studien (IMIS), Osnabrück 2001.

Bagana, Elisabeth u. a.: Treff- und Informationsort für Frauen aus der Türkei (TIO). Lebenssituation von Frauen aus der Türkei und Möglichkeiten der Sozial- und Gemeinwesenarbeit, Berlin Verlag, Berlin 1982.

Bericht der Unabhängigen Kommission »Zuwanderung«: Zuwanderung gestalten, Integration fördern. Bundesministerium des Innern, Berlin 4. 7. 2001.

Berliner Gesellschaft zur Förderung der Kurdologie e.V.: Das kurdische Berlin. Hrsg. von der Ausländerbeauftragten des Senats, Berlin 2003.

Bommes, Michael; Halfmann, Jost (Hrsg.): Migration in nationalen Wohlfahrtsstaaten. Institut für Migrationsforschung und Interkulturelle Studien (IMIS), Rasch, Osnabrück 1998.

Bundesamt für die Anerkennung ausländischer Flüchtlinge (Hrsg.): Asylpraxis. Schriftenreihe Bände 1–6, Nürnberg 2001, 2002.

Bundesamt für die Anerkennung ausländischer Flüchtlinge (Hrsg.): 50 Jahre Behörde im Wandel, 1953–2003. Nürnberg 2004.

Bundesamt für die Anerkennung ausländischer Flüchtlinge (Hrsg.): Zuwanderung und Asyl. Schriftenreihe Band 8, Nürnberg 2001.

Bundesamt für die Anerkennung ausländischer Flüchtlinge (Hrsg.): Wanderungsbewegungen. Migration, Flüchtlinge und Integration. Schriftenreihe Band 10, 2. Auflage, Nürnberg 2004.
Bundesamt für Migration und Flüchtlinge (Hrsg.): Asylmigration in Europa. Schriftenreihe Band 12, Nürnberg 2004.
Bundesamt für Migration und Flüchtlinge (Hrsg.): Migration und Asyl in Zahlen, Nürnberg 2004.
Bundesministerium des Inneren: Wegweiser für Spätaussiedler. Information, Beratung, Hilfe. 24. Auflage, Berlin 2003.
Bundesministerium des Innern: Migrationsbericht. Bericht des Sachverständigenrates für Zuwanderung und Integration im Auftrag der Bundesregierung in Zusammenarbeit mit dem europäischen forum für migrationsstudien (efms) an der Universität Bamberg, Berlin 2004.
Bundesministerium des Innern: Nationale Minderheiten in Deutschland, Berlin 2004.
Bundesministerium für Familie, Senioren, Frauen und Jugend (Hrsg.): Ältere Ausländer und Ausländerinnen in Deutschland. Abschlußbericht zur wissenschaftlichen Begleitung der Modellprojekte: Adentro!: Spanisch sprechende Seniorinnen und Senioren mischen sich ein. Deutsche und Ausländer gemeinsam: Aktiv im Alter, W. Kohlhammer, Stuttgart/Berlin/Köln 1997.
Bundesministerium für Familie, Senioren, Frauen und Jugend (Hrsg.): Ältere Ausländer und Ausländerinnen in Deutschland. Datenbank Migration: Kontaktadressen, W. Kohlhammer, Stuttgart/Berlin/Köln 1999.
Burchard, Amory: Das russische Berlin. Hrsg. von der Ausländerbeauftragten des Berliner Senats. 2., vollständig überarbeitete Auflage, Berlin 2002.
Der Beauftragte des Senats von Berlin für Integration und Migration (Hrsg.): Flüchtlingspolitik in europäischen Großstädten. Eine transnationale Kooperation zwischen Berlin, London und Rom, Berlin 2004.
Die Ausländerbeauftragte des Senats (Hrsg.): Vietnamesen in Berlin. Exil und neue Heimat. Zwei Generationen, Berlin 1997.
Die Beauftragte der Bundesregierung für Migration, Flüchtlinge und Integration (Hrsg.): Förderung von Migranten und Migrantinnen im Elementar- und Primarbereich, Bonn 2003.
Die Beauftragte der Bundesregierung für Migration, Flüchtlinge und Integration (Hrsg.): Förderung von Migrantinnen und Migranten in der Sekundarstufe I, Berlin und Bonn 2004.
Die Beauftragte der Bundesregierung für Migration, Flüchtlinge und Integration (Hrsg.): Religion – Migration – Integration in Wissenschaft, Politik und Gesellschaft, Berlin und Bonn 2004.

Die Beauftragte der Bundesregierung für Migration, Flüchtlinge und Integration: Bericht über die Lage der Ausländerinnen und Ausländer in Deutschland, Berlin 2005.
Diehl, Claudia und Urban, Julia: Die soziale und politische Partizipation von Zuwanderern in der Bundesrepublik Deutschland. Hrsg. von der Friedrich-Ebert-Stiftung, Bonn 1999.
Erzbischöfliches Ordinariat Berlin (Hrsg.): Betrifft: migration, Nr. 4, Dezember 1999: Illegal in Berlin. Momentaufnahmen aus der Bundeshauptstadt, Servi Verlag, Berlin 1999.
Esser, Hartmut: Integration und ethnische Schichtung. Zusammenfassung einer Studie für das »Mannheimer Zentrum für Europäische Sozialforschung«, Friedrich-Ebert-Stiftung, online-akademie 2001.
Evangelisches Missionswerk in Deutschland e.V. (Hrsg.): Bloß nicht auffallen! Illegale in Deutschland, Hamburg 2004.
Finkelstein, Kerstin E.: Ausgewandert. Wie Deutsche in aller Welt leben. Berlin 2005.
Gesemann, Frank: Junge Zuwanderer und Kriminalität in Berlin. Bestandsaufnahme – Ursachenanalyse – Präventionsmaßnahmen. Herausgegeben vom Beauftragten des Senats von Berlin für Migration und Integration, Berlin 2004.
Greve, Martin; Cinar, Tülay: Das türkische Berlin. Hrsg. von der Ausländerbeauftragten des Senats, 2. Korrigierte Auflage, Berlin 1998.
Heinrich-Böll-Stiftung: Schule und Migration. Brücken in die Zukunft, Berlin 2004.
Heinrich-Böll-Stiftung: Von Kopftüchern und Grauschleiern. Ein Stück Stoff zwischen Religion, Politik und Kultur. Dokumentation der Veranstaltung am 8.7.2003 in Berlin.
Herbert, Ulrich: Geschichte der Ausländerpolitik in Deutschland. Bundeszentrale für politische Bildung, Bonn 2003.
Hermansen, John: Dauerhafte Beziehungen. Zweihundert Jahre Amerikaner in Berlin. Herausgegeben von der Ausländerbeauftragten des Senats, Berlin 1995.
Heusch-Lahl, Renate: 10 Jahre Diên Hông – Gemeinsam unter einem Dach e.V., Rostock 2002.
Hinz, Hans-Martin (Hrsg.): Zuwanderungen – Auswanderungen. Integration und Desintegration nach 1945, Edition Minerva Hermann Farnung, Wolfrathshausen 1999.
Japanisch-Deutsches Zentrum Berlin (Hrsg.): 20 Jahre Japanisch-Deutsches Zentrum Berlin, Berlin 2005.
Kahane, Anetta und Torossi, Eleni: Begegnungen, die Hoffnung machen, Herder, Freiburg im Breisgau 1993; verwendet: Lizenzausgabe Bundeszentrale für politische Bildung, Bonn 1993.
Kandel, Johannes: Die islamische Charta. Fragen und Anmerkungen. Friedrich-Ebert-Stiftung, online-akademie 2002.

Kandel, Johannes: Organisierter Islam in Deutschland und gesellschaftliche Integration. Friedrich-Ebert-Stiftung, Berlin 2004.

Meyer, Thomas: Parallelgesellschaft und Demokratie. Friedrich-Ebert-Stiftung, online-akademie 2002.

Mitteilungen der Beauftragten der Bundesregierung für Ausländerfragen: Allein im Exil. Unbegleitete minderjährige Flüchtlinge in der Bundesrepublik Deutschland, Bonn 1998.

Mitteilungen der Beauftragten der Bundesregierung für Ausländerfragen: Integration in Städten und Gemeinden, Berlin und Bonn 2000.

Oestreich, Heike: Der Kopftuchstreit. Das Abendland und ein Quadratmeter Islam, Brandes & Apsel, Frankfurt/Main 2004.

Sachverständigenrat für Zuwanderung und Integration (Hrsg.): Migration und Integration – Erfahrungen nutzen, Neues wagen. Jahresgutachten 2004, Nürnberg 2004.

Scherzer, Landolf: Die Fremden. Unerwünschte Begegnungen und verbotene Protokolle, Aufbau-Verlag, Berlin 2002.

Schiffauer, Werner: Migration und kulturelle Differenz. Studie für das Büro des Ausländerbeauftragten des Senates von Berlin, Berlin 2002.

Schmalz-Jacobsen, Cornelia; Hansen, Georg (Hrsg): Kleines Lexikon der ethnischen Minderheiten in Deutschland, C.H.Beck, München 1997.

Statistisches Bundesamt (Hrsg.): Ausländische Bevölkerung in Deutschland, Metzler-Poeschel, Stuttgart 2001.

Statistisches Bundesamt (Hrsg.): Datenreport 2004. Zahlen und Fakten über die Bundesrepublik Deutschland, Bundeszentrale für politische Bildung, Bonn 2004.

Stienen, Inga: Leben zwischen zwei Welten. Türkische Frauen in Deutschland, Beltz Quadriga, Weinheim/Berlin 1994.

Stirn, Hans (Hrsg.): Ausländische Arbeiter im Betrieb. Ergebnisse der Betriebserfahrung, Frechen/Köln 1964.

Weiss, Karin: Vietnam: Netzwerk zwischen Sozialismus und Kapitalismus, in: Aus Politik und Zeitgeschichte, 27/2005, S. 24–30.

Wennemann, Adolf: Arbeit im Norden: Institut für Migrationsforschung und Interkulturelle Studien (IMIS), Rasch, Osnabrück 1997.

Willemsen, Roger: »Die Deutschen sind immer die anderen.« Künstler sehen Deutschland. 40 Gespräche, Henschel, Berlin 2001.

Wittich, Dietmar: Fremdenfeindlichkeit in Deutschland. Eine empirisch-soziologische Annäherung, in: UTOPIE kreativ, H. 160 (Februar 2004), S. 128–136.

Zentralrat der Muslime in Deutschland e.V.: Islamische Charta. Grundsatzerklärung des Zentralrates der Muslime in Deutschland (ZMD) zur Beziehung der Muslime zum Staat und zur Gesellschaft. Islam.de, veröffentlicht am 20.2.2002.

Adressen

Beauftragte der Bundesregierung für Migration, Flüchtlinge und Integration

In ihrem Aufgabenbereich finden sich zum Beispiel Flucht und Asyl, Ausländerrecht, Integration und Bildung. Eingehende Informationen zu diesen Themen finden sich auf der Homepage. (Jedes Bundesland verfügt zudem über einen eigenen Ausländerbeauftragten.)
11018 Berlin
Tel: 01888/5551835; Fax: 01888/5554512
www.integrationsbeauftragte.de

Beauftragter der Bundesregierung für Aussiedlerfragen und nationale Minderheiten

Die Aufgabe des Beauftragten ist, die Koordination der vielfältigen Integrationsaktivitäten der Spätaussiedler zu koordinieren. Informationen zur Integration von Aussiedlern sowie zum Zuwanderungsgesetz finden sich auf der Homepage.
www.aussiedlerbeauftragter.de

Institut für Migrationsforschung (IMIS)

Das IMIS bschäftigt sich seit über zehn Jahren mit den Themen Wanderungsbewegungen (Migration) und Eingliederung (Integration) in Geschichte und Gegenwart. Auf der Homepage des Instituts erhält man einen Einblick in seine Arbeit und die Kooperation mit anderen Forschungsinstitutionen im In- und Ausland, ebenso wie in Veranstaltungen.
www.imis.uni-osnabrueck.de; imis@uni-osnabrueck.de

Bundesamt für die Anerkennung ausländischer Flüchtlinge (BAFL)

Das BAFL ist zuständig für die Umsetzung der beschlossenen Maßnahmen auf Bundesebene im Bereich des Asylrechts und der

Integration. Auf der Homepage finden sich u. a. Informationen über neue Sprachkursregelungen oder die aktuellen Asylantragsstatistiken.
90343 Nürnberg
www.bafl.de; info@bafl.de

»Integration durch Sport«
Die offizielle Homepage des DSB-Bundesprogramms informiert über Entwicklungen und Ereignisse im Rahmen der angestrebten Integration durch Sport.
www.integration-durch-sport.de

Sport überspringt kulturelle Hürden (START)
Otto-Fleck-Schneise 4
60528 Frankfurt/M.
Tel: 069/6789440
www.projekt-start.org; projektstart@lsbh.de

Stiftung Zentrum für Türkeistudien
www.zft-online.de

Diên Hông – Gemeinsam unter einem Dach e.V.
Waldemarstr. 33
18057 Rostock
Tel: 0381/7698305; Fax: 0381/7689971
www.dienghong.de; dienhongrostock@aol.com

Vesy-el Karani Moschee Kaltenkirchen
www.al-imran.de

Metropol FM
Erstes türkischsprachiges Radio in Deutschland
Potsdamer Str. 131
10783 Berlin
Tel: 030/2179700; Fax: 030/217970-20
info@metropolfm.de

Pro Asyl
Postfach 160634, 60069 Frankfurt/M.
Tel: 069/23 06 95
www.proasyl.de; email: proasyl@proasyl.de

BAG Asyl in der Kirche
Geschäftsstelle:
Berliner Freiheit 16
53111 Bonn
Tel: 0228/9650342
www.kirchenasyl.de; info@kirchenasyl.de

Migrations-Newsletter:

Integration in Deutschland – AiD
Aktueller Informationsdienst zu Fragen der Migration und Integrationsarbeit; Hrsg. Isoplan Consult, Sozioökonomische Forschung und Beratung
Martin-Luther-Str. 20
66111 Saarbrücken
www.isoplan.de/aid; aid@isoplan.de

Katholische Arbeitsgemeinschaft Migration
Newsletter KAM info migration
Tel: 0761/200379
www.kam-info-migration.de; email: kam@caritas.de

Migration und Bevölkerung
www.migration-info.de

Forum Migration DGB-Bildungswerk
www.migration-online.de; email: migration@dgb-bildungswerk.de

Development and Migration in International Dialogue (DAMID)
www.publicata.de; email: publicata@t-online.de

Abbildungsnachweis

Kerstin Finkelstein: S. 57, 85, 91, 109, 119, 125, 129, 135, 139, 149, 159, 171, 183, 187
Maximilian Lautenschläger: S. 93
Ch. Links Verlag: S. 69
Privat: S. 79, 105, 155, 191

Zur Autorin

Kerstin E. Finkelstein

Jahrgang 1974, Studium der Politischen Wissenschaft, Geschichte und Slawistik in Wien, Hamburg, Buenos Aires und Potsdam, 2001 Promotion; daneben journalistische Tätigkeit, u. a. Volontariat bei der deutsch-jüdischen Emigrantenzeitung *Semanario Israelita* in Buenos Aires und Freie Mitarbeit bei der *Prager Zeitung* in Prag; seit 2001 freiberufliche Journalistin; 2005 erschien im Ch. Links Verlag: »Ausgewandert. Wie Deutsche in aller Welt leben.«